transpress VERKEHRSGESCHICHTE

Hans-Joachim Uhlemann

Berlin und die Märkischen Wasserstraßen

transpress
VEB Verlag für Verkehrswesen
Berlin 1987

Titelbild: Die Spree im Herzen Berlins. Im Vordergrund ein Großfinowmaß-Schiff mit Z-Antrieb. Die Finowmaß-Schiffe waren im 19. und bis weit ins 20. Jahrhundert *die* Baustofftransportfahrzeuge für den Aufbau Berlins.

Foto: Borchert

Uhlemann, Hans-Joachim:
Berlin und die Märkischen Wasserstraßen. — 1. Aufl.
Berlin: Transpress, 1987. — 192 S.: 195 Abb., 11 Tab.
(Transpress-Verkehrsgeschichte)

ISBN 3-344-00115-9

1. Auflage
VLN 162-925/137/87 P 134/86
Einband: Günter Nitzsche
Typografie: Ingrid Romanowski
Printed in the German Democratic Republic
Gesamtherstellung: Mühlhäuser Druckhaus
LSV 3869
567 220 6

01560

Vorwort

Das vorliegende Buch ist ein Teil umfangreicher und jahrelanger Arbeiten des Verfassers zur Historie der Wasserstraßen auf dem Territorium der DDR. Besonders die Geschichte und Entwicklung Berlins ist aufs engste verknüpft mit der Entwicklung der die Stadt durchfließenden und umgebenden Gewässer. Ohne die günstige Lage am Ufer der Spree wäre Berlin wohl kaum zu der Stadt herangewachsen, wie sie sich heute darbietet.

Hauptanliegen dieses Buches soll es sein, die Bau- und Entwicklungsgeschichte der Märkischen Wasserstraßen zu schildern. Der Begriff der Märkischen Wasserstraßen soll hierbei, ungeachtet der im Laufe der Zeit wechselnden politischen Grenzen, auf die Wasserstraßen zwischen Elbe und Oder in einem Gebiet, das im Norden etwa von der Linie Wittenberge—Fürstenberg/Havel—Schwedt und im Süden von der Linie Magdeburg—Fürstenberg/Oder (später Eisenhüttenstadt) begrenzt wird, festgeschrieben werden. Es handelt sich hier also im wesentlichen um die Wasserstraßen in der sogenannten Mittelmark der früheren Kurmark Brandenburg, dem Kernstück des späteren preußischen Staates.

Ausgehend von den natürlichen Gegebenheiten für die Entwicklung dieser Wasserstraßen soll über die Darstellung der wirtschaftlichen Notwendigkeiten und technischen Voraussetzungen für den Bau von Wasserstraßen zwischen Elbe und Oder zum Hauptteil, der die Bau- und Entwicklungsgeschichte der Märkischen Wasserstraßen zum Inhalt hat, übergegangen werden. Abschließend wird dann noch versucht, die Wechselwirkung zwischen der Entwicklung Berlins und der Entwicklung der Märkischen Wasserstraßen darzustellen. Leider gestattet es der vorgegebene Umfang dieser Schrift nicht, die Thematik erschöpfend zu behandeln, so daß schon gesichtetes und gesammeltes Material weiterhin im Dunkel der Archive verbleiben muß.

Ein Buch, wie das vorliegende, hat neben dem Verfasser viele Mitarbeiter. Es wäre undenkbar ohne die Mitarbeit der im Quellennachweis genannten Chronisten. Ihnen kann zum überwiegenden Teil nur noch postum gedankt werden. Danken kann und möchte ich aber auf diesem Wege den vielen Freunden und Kollegen, insbesondere aus den Dienststellen der Wasserstraßenverwaltung in Berlin, Brandenburg, Eberswalde, Fürstenwalde, Magdeburg und Zehdenick, die mir bei der Materialsuche und -bereitstellung großzügig geholfen haben. Ohne jemand zurückstellen zu wollen, ist es mir vor allem ein Bedürfnis, den Namen meines Freundes und Kollegen Jörg Schmiedeck zu nennen, der mir wertvolle Unterlagen uneigennützig zur Verfügung stellte.

Gedankt sei auch den Institutionen, die mich mit z. T. ausgezeichneten Reproduktionen des oft schon arg vergilbten Materials unterstützt haben. Hier möchte ich an erster Stelle die Fotostelle der Forschungsanstalt für Schiffahrt, Wasser- und Grundbau Berlin nennen, aber auch die Deutsche Staatsbibliothek, die Staatsbibliothek in Berlin (West), das Märkische Museum Berlin und das Museum in Müllrose nicht vergessen. Danken möchte ich weiterhin der Redaktion der Betriebszeitung „Binnenschiffahrt", die mir in vielfältiger Weise hilfreich zur Seite stand.

Last not least danke ich meiner Frau für die ständige Bereitschaft, Ideen und Vorstellungen in übersichtliche Zeichnungen umzusetzen.

Hans-Joachim Uhlemann

Inhalt

1. Die natürlichen Gegebenheiten für die Entwicklung der Wasserstraßen zwischen Elbe und Oder

1.1. Die Topographie des Gebietes

Die Mark Brandenburg verdankt ihre entscheidende Oberflächengestaltung dem pleistozänen Inlandeis.

Gegen Ende des Tertiärs (vor etwa einer Million Jahren) begrub ein von Norden kommender Eisstrom Norddeutschland unter einer 2 000 m dikken Eisdecke. Warme und kalte Perioden wechselten auch im Pleistozän einander ab, so daß es in diesem Zusammenhang zu Rückzügen bzw. Vorstößen des Eisstromes kam. Das führte in Norddeutschland zu drei großräumigen Vereisungsstadien, der Elster-, der Saale- und der Weichselvereisung.

Die Oberflächenformen der Mark Brandenburg wurden im wesentlichen durch den Vorstoß und das darauf folgende Abschmelzen des letzten Inlandeises geprägt. Auch der Rückgang dieses Eises erfolgte nicht gleichmäßig, und es kam immer wieder zu Stillstands- und erneuten Vorstoßperioden. Beim Schmelzen des Inlandeises entstanden breite und tiefe Talfurchen, durch welche die Urströme dem Meer zueilten. Für den uns interessierenden Bereich entstanden so das Warschau—Berliner und das Thorn—Eberswalder Urstromtal. Aus Stillstandslagen des Eises entstanden die Ablagerungen der verschiedenen Endmoränenzüge, die ebenfalls das Antlitz der märkischen Landschaft prägen. Vor diesen Moränen breiteten die Schmelzwasser flache Schwemmkegel, die sogenannten Sander, aus. Nach dem Versanden der großen Talfurchen entstand dann allmählich das jetzige Flußnetz durch Durchbrüche der Oder und zum Teil auch der Elbe.

So bildeten sich vor etwa 10 000 Jahren die heutigen Oberflächenformen der Mark Brandenburg und speziell auch der Mittelmark heraus. Stark gegliederten Hochflächen, wie Barnim, Teltow, Zauche, Lebuser und Ruppiner Hochfläche stehen die beiden schon genannten, sich von Ost nach West erstreckenden Urstromtäler gegenüber. Trotz seiner starken Gliederung stellt das Gebiet der Mittelmark mit seinen relativ geringen Höhenunterschieden, den niedrigen, die Urstromtäler querenden Wasserscheiden und dem von Natur aus stark verzweigten Gewässernetz ein nahezu ideales Gelände für den Bau von Wasserstraßen dar. (Tabelle 1.1)

Tabelle 1.1 Höhenlagen ausgewählter Punkte im Bereich der Märkischen Wasserstraßen, bezogen auf die Mittelwasserstände des jeweiligen Gewässers

Gewässer	Pegel	Höhenlage über NN in m
Elbe	Magdeburg Strombrücke	42,02
	Niegripp	38,04
	Parey AP[1])	33,62
	Wittenberge	19,52
Havel	Fürstenberg UP[2])	51,54
	Zehdenick UP	42,64
	Spandau UP	29,58
	Brandenburg UP	28,21
	Rathenow UP	26,04
	Havelberg/Stadt	23,24
Spree	Beeskow UP	40,35
	Fürstenwalde UP	37,02
	Mühlendamm Berlin UP	30,80
Scheitelhaltung	Oder-Havel-Kanal Normalstau	37,25
	Oder-Spree-Kanal Normalstau	40,89
Oder	Eisenhüttenstadt	28,34
	Frankfurt/Oder	20,07
	Hohensaaten Ostschleuse, AP	3,07
	Schwedt Oderbrücke	1,01

[1]) Außenpegel
[2]) Unterpegel

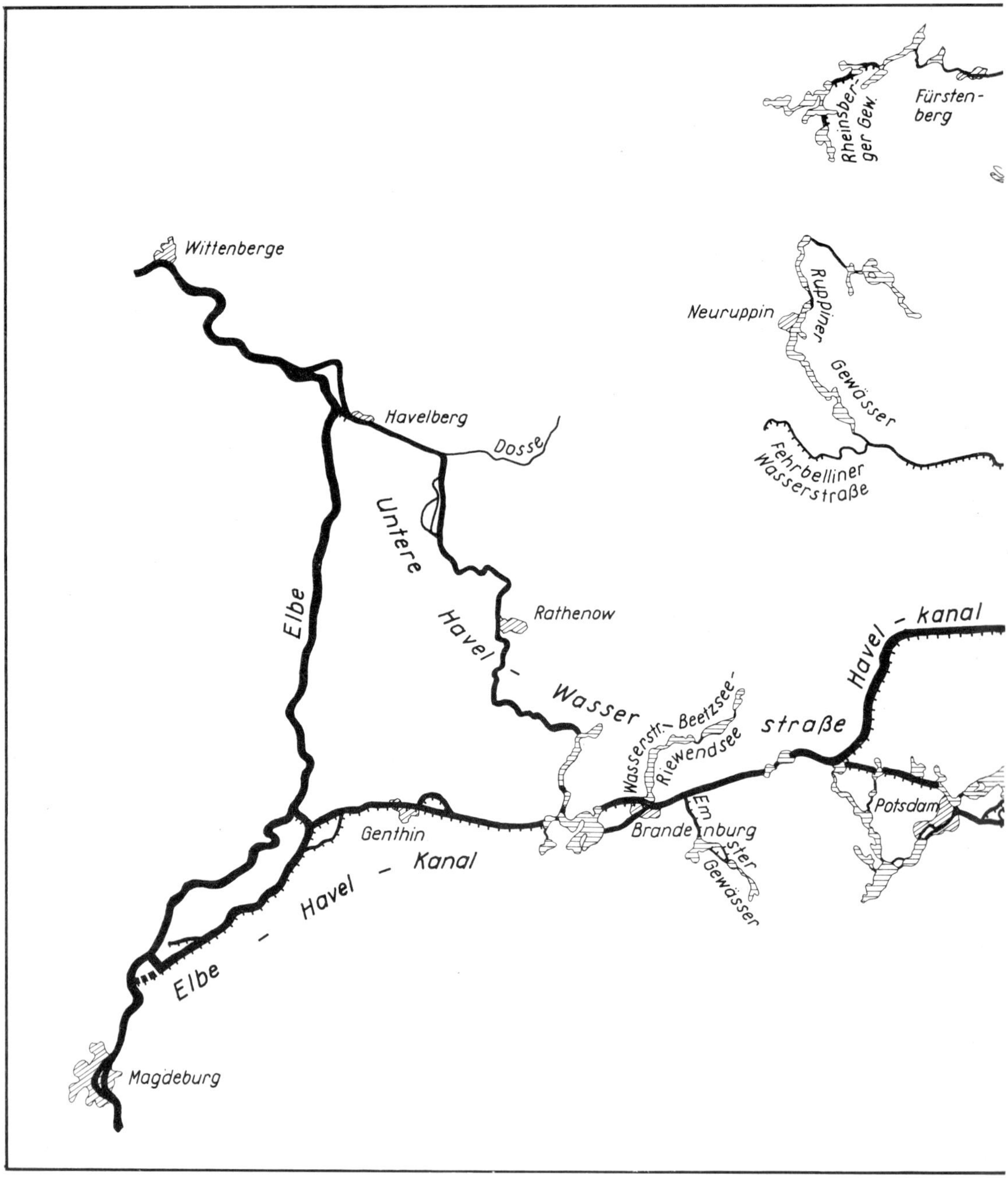

Bild 1 Das System der Märkischen Wasserstraßen. Dargestellt sind auch Wasserstraßen, die, im Text erwähnt, heute nicht mehr schiffbar sind. 1 Landwehrkanal, 2 Berlin-Spandauer Schiffahrtskanal, 3 Spreekanal, 4 Charlottenbur-

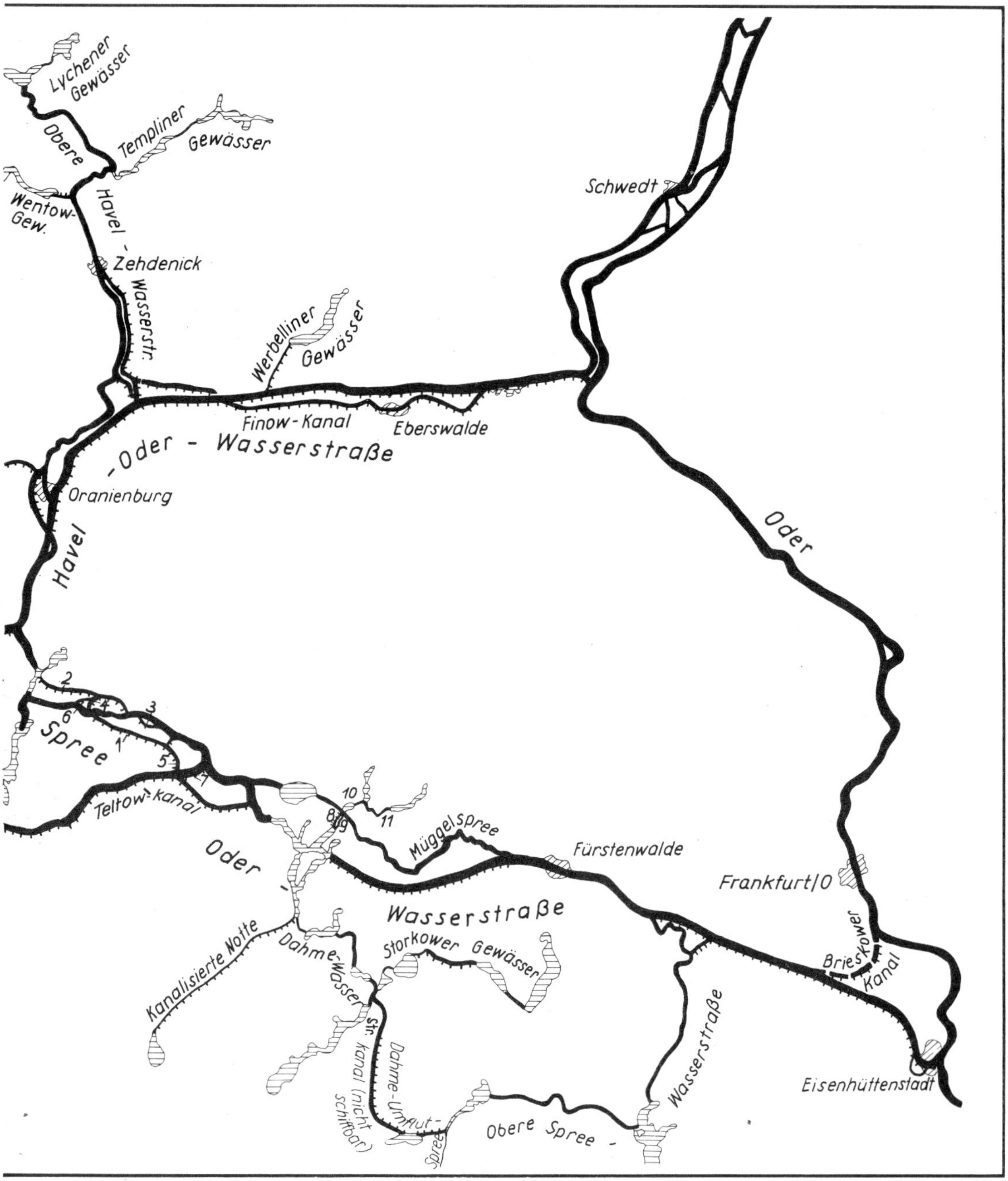

ger Verbindungskanal, 5 Neuköllner Schiffahrtskanal, 6 Westhafenkanal, 7 Britzer Zweigkanal, 8 Gosener Kanal, 9 Gosener Graben, 10 Rüdersdorfer Gewässer, 11 Löcknitz. *Zeichnung: Autor*

1.2. Die Hydrologie des Gebietes

Der überwiegende Teil der Mittelmark gehört durch das Flußsystem von Havel und Spree zum Einzugsgebiet der Elbe, während nur ein kleiner östlich gelegener Teil insbesondere über Schlaube und Finow zur Oder hin entwässert.

1.2.1. Elbe und Oder

Der Beginn der Schiffahrt auf unseren beiden großen Strömen geht weit in die Geschichte zurück. Historisch verbürgt kann ein Schiffsverkehr auf der Elbe für das Jahr 806 und auf der Oder für das Jahr 1211 nachgewiesen werden. Aber auch die kurz vor dem Beginn der Zeitrechnung lebenden römischen Feldherren Drusus d. Ä. und Tiberius erwähnen schon eigene Elbbefahrungen. Obwohl sich die Abflußverhältnisse gegenüber heute nicht wesentlich geändert haben dürften, sah sich die Schiffahrt damals den Bedingungen völlig verwilderter Ströme gegenüber. Große Auskolkungen und Uferabbrüche, wandernde Sandbänke, Stromspaltungen und Neigungen zur Mäanderbildung waren die flußmorphologischen Gegebenheiten. Hinzu kamen im Flußbett lie-

Tabelle 1.2 Pegelstände und Abflußdaten verschiedener Meßstationen im Bereich der Märkischen Wasserstraßen

Gewässer	Pegel	Pegel-Nullpunkt über NN	Pegelstände NNW[1])	MNW[2])	MW[3])	MHW[4])	HHW[5])	Abflußmengen NQ[6])	MNQ[7])	MQ[8])	MHQ[9]	HQ[10])
—	—	m	cm	cm	cm	cm	cm	m^3/s	m^3/s	m^3/s	m^3/s	m^3/s
Elbe	Wittenberge	16,59	45	151	293	506	744	162	297	684	1 770	2 960
			(Jahresreihe 1961/81) [11])					(Jahresreihe 1955/65)				
Havel	Zehdenick UP	41,24	70	120	142	164	252	0,1	2,4	9,4	20,5	30,0
			(Jahresreihe 1961/81)					(Jahresreihe 1937/65)				
	Rathenow UP	24,53	48	80	151	229	298	16,5	32,4	91,2	152	186
			(Jahresreihe 1961/81)					(Jahresreihe 1951/65)				
Spree	Beeskow UP	37,81	150	184	254	315	450	1,22	5,65	21,2	36,1	43,8
			(Jahresreihe 1956/65)					(Jahresreihe 1961/65)				
	Mühlendamm Berlin[12]) UP	28,01	217	262	279	315	436	3,25	11,7	42,0	103,0	148,0
			(Jahresreihe 1961/80)					(Jahresreihe 1971/80)				
Dahme	Königs Wusterhausen Neue Mühle UP[13])	31,11	90	115	126	149	206	0,03	0,08	9,06	30,8	41,5
			(Jahresreihe 1961/80)					(Jahresreihe 1946/65)				
Oder	Hohensaaten Finow	0,16	84	184	312	521	778	111	237	526	1 320	2 580
			(Jahresreihe 1956/65)					(Jahresreihe 1921/65)				

[1]) Niedrigstes Niedrigwasser; unterster bekannter Grenzwert der Wasserstände
[2]) Mittleres Niedrigwasser; arithmetisches Mittel der unteren Grenzwerte der Wasserstände einer Jahresreihe
[3]) Mittlerer Wasserstand; arithmetisches Mittel der täglichen Wasserstände in einem Zeitraum
[4]) Mittleres Hochwasser; arithmetisches Mittel der oberen Grenzwerte der Wasserstände einer Jahresreihe
[5]) Höchstes Hochwasser; oberster bekannter Grenzwert der Wasserstände
[6]) Niedrigste Abflußmenge in der angegebenen Jahresreihe
[7]) Mittlere niedrigste Abflußmenge; Definition analog[2])
[8]) Mittlere Abflußmenge; Definition analog[3])
[9]) Mittlere höchste Abflußmenge; Definition analog[4])
[10]) Höchste Abflußmenge in der angegebenen Jahresreihe
[11]) NNW und HHW stehen außerhalb dieser Jahresreihen
[12]) die Abflußmengen beziehen sich auf den Gesamtabfluß (Mühlendamm, Spreekanal, Landwehrkanal, Kleinmachnow)
[13]) der Abfluß wird durch die Spree beeinflußt (Dahme-Umflutkanal)

gende Baumstämme, Felsblöcke und Schiffsmühlen. Zielgerichtete Verbesserungen der Ströme für die Binnenschiffahrt begannen an der Oder Mitte des 18. Jahrhunderts und an der Elbe Anfang des 19. Jahrhunderts, was nicht ausschließt, daß auch vor dieser Zeit bereits örtliche Maßnahmen erfolgten, bei denen aber meist der Schutz vor Hochwasser und Eis im Mittelpunkt stand.
Die heutigen hydrologischen Gegebenheiten beider Ströme im Grenzbereich zur Mittelmark sind in Tabelle 1.2 enthalten.

1.2.2. Havel

Zusammen mit ihrem größten Nebenfluß, der Spree, stellt die Havel den Hauptanteil am Gewässernetz der Mark.
Der Quellsee der Havel ist der unweit von Kratzeburg gelegene Middelsee. Von einigen Schwenkern abgesehen, verläuft sie im Prinzip erst in südlicher (bis zum Schwielowsee), dann in westlicher (bis zum Plauer See) und zum Schluß in nördlicher Richtung (wo sie bei Quitzöbel die Elbe erreicht). Bei einer Länge von 341 km weist sie ein Gefälle von etwa 39 m auf. Zur Charakterisierung ihres gewundenen Verlaufs sei noch angeführt, daß die Luftlinienentfernung zwischen Quelle und Mündung nur etwas über 90 km beträgt.
Die Havel zeigt in ihrem gesamten Verlauf das Verhalten eines typischen Flachlandflusses mit langanhaltenden, aber nicht sehr ausgeprägten Hochwasserwellen und einer ausgeglichenen Niedrigwasserführung, die durch zahlreiche natürliche Retensionsflächen sowohl im oberen als auch im mittleren Bereich positiv beeinflußt wird. Durch die Einmündung der Spree wird die Havel nicht nur geographisch, sondern auch hydrologisch in zwei stark unterschiedliche Flußbereiche geteilt.
Die Obere Havel von der Quelle bis zur Spreemündung ist von den hydrologischen Gegebenheiten her wesentlich weniger leistungsfähig als die Untere Havel, die erst durch den Abflußbeitrag der Spree zu einem beachtlichen Fluß wird. Nicht unerwähnt bleiben soll, daß beim Zusammenfluß von Spree und Havel die Spree über eine doppelt so große Lauflänge auch eine doppelt so große Abflußmenge mitbringt als die Havel, so daß es logischer gewesen wäre, wenn sie anstelle der Havel den Namen beibehalten hätte. Aber diese hydrologische Ungereimtheit teilt sie mit wesentlich bedeutenderen Flüssen und Strömen. Erinnert sei an das Verhältnis Elbe — Moldau, Oder — Warthe oder Mississippi — Missouri.

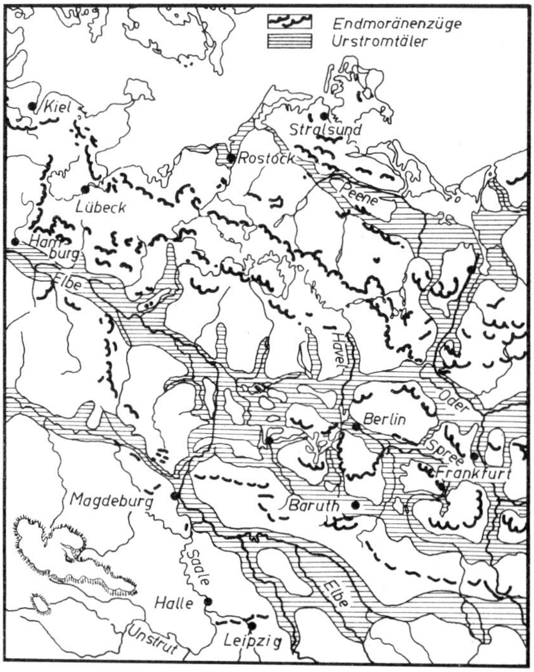

Bild 1.1 Die Endmoränen und Urstromtäler zwischen 10° und 15° östlicher Länge.
Quelle: Stiny, Technische Geologie

Trotz ihrer im Vergleich zur Unteren Havel relativ bescheidenen Wasserführung stellte auch die Obere Havel zwischen Fürstenberg und Spandau von altersher ein gut zu befahrendes Gewässer dar. Das mittlere Gefälle zwischen dem Stolpsee unterhalb Fürstenberg und der Spreemündung beträgt etwa 0,20 pro Mille.
Noch wesentlich günstiger waren die Schiffahrtsverhältnisse im Bereich der Unteren Havel, die bei beträchtlich höheren Abflußmengen und dem geringen mittleren Gefälle von 0,05 pro Mille eine besser als Elbe und Oder zu befahrende Wasserstraße gewesen sein muß. Über die Anfänge der Schiffahrt in diesem Bereich existiert eine Urkunde aus dem Jahre 1236, die über einen regen Schiffsverkehr zwischen der Mark und Hamburg berichtet. Wann das erste Schiff die Havel befahren hat, wird wohl, wie bei all diesen von Natur aus schiffbaren Wasserläufen, niemals exakt festzustellen sein.

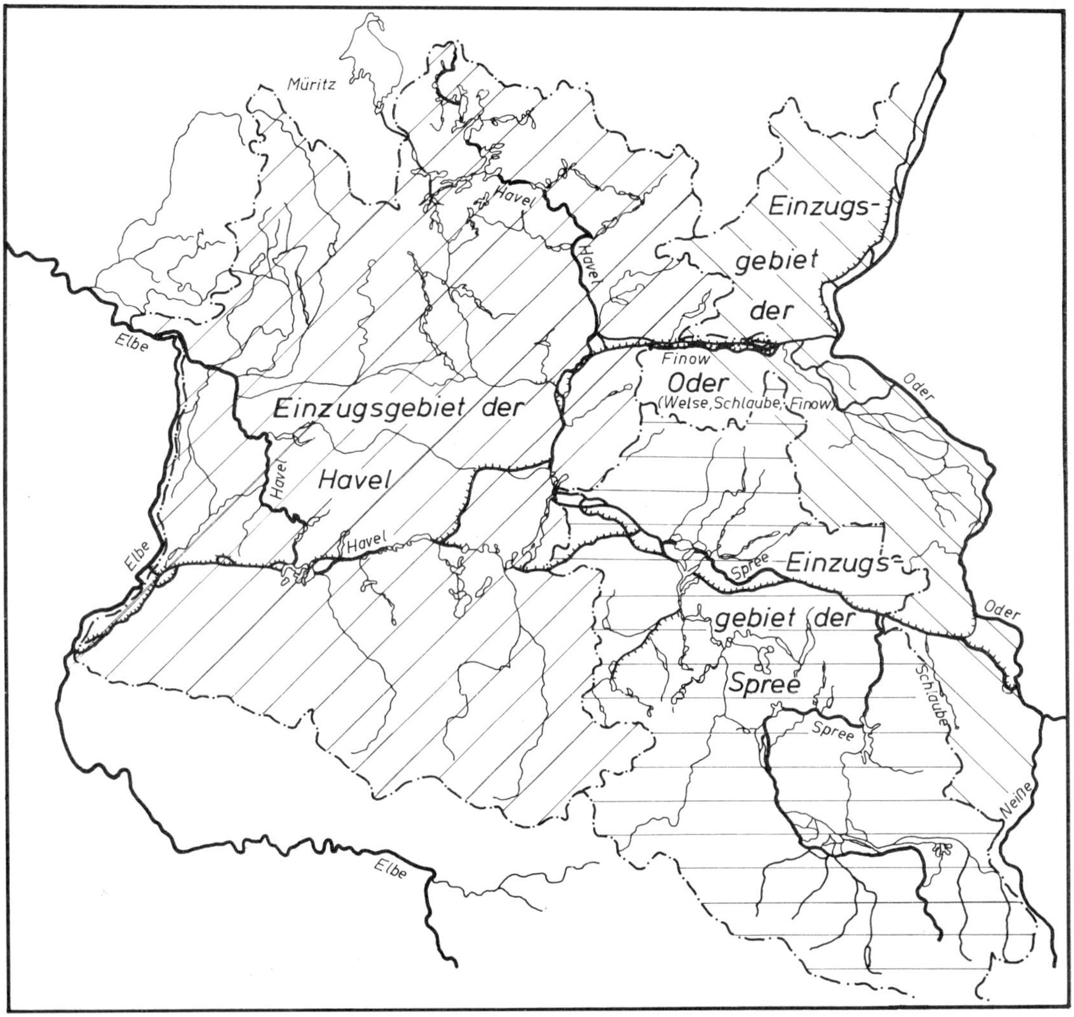

Bild 1.2 Das Abflußsystem zwischen Elbe und Oder. *Zeichnung: Autor*

Mit dem Bau der ersten Wassermühlen in der Mitte des 13. Jahrhunderts setzte die wasserbauliche und damit auch hydrologische Beeinflussung des Flusses ein, auf die wir später zurückkommen.

1.2.3. Spree

Die Quelle der Spree liegt im Lausitzer Bergland, wo sie in einer Höhe von etwa 499 m über NN ihren Anfang nimmt. Bei einer Lauflänge von 403 km weist sie ein Gefälle von 468 m auf, wovon schon 347 m auf den 64 km langen Oberlauf bis Nieder-Gurig entfallen, in dem sie einen typisch gebirgsbachartigen Charakter aufweist. Auf den Mittellauf zwischen Nieder-Gurig und Leibsch kommt ein Gefälle von 107 m auf 162 km Länge, während auf den daran anschließenden Unterlauf

bis zur Mündung der Spree in die Havel nur noch etwa 14 m auf 177 km Länge entfallen.
Das relativ geringe Gefälle des Unterlaufes und die die Wasserführung des Flusses insbesondere in Trockenzeiten positiv beeinflussenden Retensionsflächen des Müggelsees und des im Mittellauf gelegenen Spreewaldes sind die Gewähr dafür, daß auch der Unterlauf der Spree schon seit altersher durch die Schiffahrt benutzbar war. Im Gegensatz zur Havel zeigt die Spree als ein aus dem Mittelgebirge kommender Fluß insbesondere im Ober- und Mittellauf ausgeprägte Hochwasserwellen, die trotz der Pufferwirkung des Spreewaldes in abgeschwächter Form auch den Unterlauf erreichen.
Ebenso wie in der Havel setzte in der Spree um die Mitte des 13. Jahrhunderts die erste menschliche Beeinflussung des Flusses durch die Errichtung von Wassermühlen ein.

1.2.4. Finow und Schlaube

Die zur Oder entwässernden Flüßchen Finow und Schlaube stellten von Natur aus keine schiffbaren Gewässer dar, sieht man von dem etwa 11 km bis 12 km langen untersten Teil der Finow zwischen Eberswalde und ihrer Mündung in die Oder ab. Bei ihrem relativ starken Gefälle und ihrer durch das kleine Einzugsgebiet bedingten bescheidenen Wasserführung (mittlere Abflußmenge der Finow bei Eberswalde 3,2 m^3/s, der Schlaube bei Müllrose etwa 0,7 m^3/s) konnten sie für die Schiffahrt nur durch eine wirkliche Kanalisierung (im Gegensatz zur Stauregelung, wie sie z. B. heute an der Unteren Havel praktiziert wird) erschlossen werden.
Weitere Angaben zur Finow und zur Schlaube erfolgen an späterer Stelle im Kapitel 4 und im Kapitel 5.

2. Notwendigkeiten und Voraussetzungen für den Bau von Wasserstraßen zwischen Elbe und Oder

2.1. Der Verkehr in der Mark Brandenburg

Handel und Verkehr sind so alt wie die Menschheit selbst und eines der ältesten Transportmittel ist das Schiff.
Die gewässerreiche Mark Brandenburg stellte von Natur aus ein ideales Gebiet für die Entwicklung der Binnenschiffahrt dar. Für die zum Teil auf Inseln gelegenen Städte (z. B. Cölln, Brandenburg) war es von Anfang an wichtig, das Lebensnotwendigste, wie Nahrungsmittel sowie Bau- und Brennstoffe aus der unmittelbaren Umgebung auf dem Wasserwege herbeizuschaffen. Aber auch im eigenen Bereich nicht vorhandene Waren zählten zu den transportierten Gütern. Hierunter sowohl lebenswichtige wie das Salz als auch „Luxusartikel" wie orientalische Gewürze, Tabak etc.
Zur Zeit der Entstehung Berlins wurde die Mark Brandenburg von zwei großen Handelsstraßen gequert, deren Schnittpunkt Berlin bildete. Während die eine von Leipzig über Stettin (Szczecin) zur Ostsee führte, zog sich die andere von Breslau (Wrocław) über Frankfurt/Oder nach Wismar und Lübeck hin. Ebenfalls zu dieser Zeit war (wie schon an anderer Stelle erwähnt) ein reger Binnenschiffsverkehr zwischen der Mark und Hamburg über Havel und Elbe zu beobachten.
Mit der zunehmenden Bevölkerung und den damit ebenfalls wachsenden Bedürfnissen der Menschen wurden aber die Ansprüche an das Verkehrswesen höher. Die von der Natur vorgegebenen Verkehrsrichtungen der Wasserstraßen genügten diesen Ansprüchen nicht mehr. Es wurde notwendig, die durch Wasserscheiden getrennten Gebiete zu verbinden.

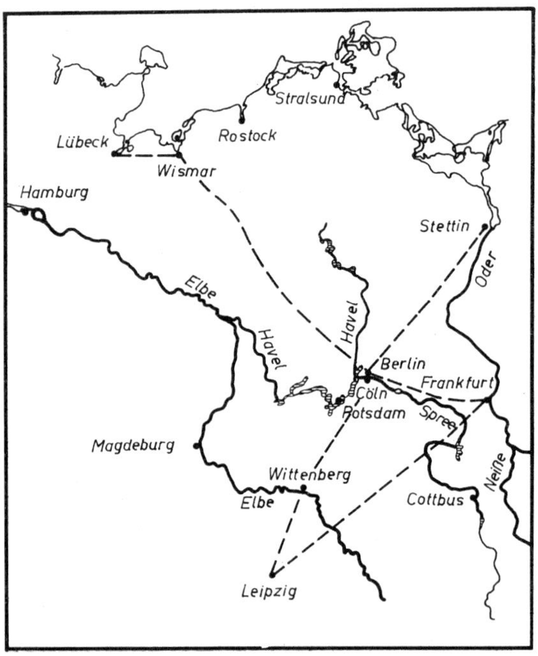

Bild 2.1 Die Haupthandelsstraßen im Einzugsbereich der Mark Brandenburg um 1500. Wichtigster Wasserweg war damals die Verbindung Berlin—Hamburg über Havel und Elbe.
Quelle: Historischer Schulatlas, Leipzig 1921

2.2. Die Erfindung und Entwicklung der Kammerschleuse

Dem wirtschaftlichen Zwang standen technische Schwierigkeiten gegenüber. Als erste technische Hindernisse waren an Spree und Havel Wassermühlen entstanden, die aus dem strömenden Wasser die Energie zum Betrieb der Mahlwerke zogen. Dazu wurde der Fluß gestaut.

Als Mittel zur Überwindung der Stauanlagen dienten sogenannte Stauarchen oder Stauschleusen, die man bald nach dem Bau der Mühlendämme errichtet hatte. Sie waren mit einem beweglichen Wehr verschlossen, das, schnell geöffnet, eine Flut durch einen Graben rinnen ließ (deshalb in der Mark auch als Flutrinne bezeichnet), auf der dann die Schiffe, die sich vorher ober- oder unterhalb gesammelt hatten, verkehren konnten. Waren die Schiffe durchgelassen, so wurde das Wehr wieder geschlossen.

Diese Schiffahrt auf der Flutwelle war nicht ganz ungefährlich und obendrein bergwärts eine mühsame Plackerei. Teilweise ließ man deshalb auch Ober- und Unterwasser sich fast ausspiegeln, um so die Strömungsgeschwindigkeit zu verringern. Dieser Vorgang kostete aber viel Zeit und Wasser und fügte auch dem Mühlenbetrieb dadurch teilweise Schaden zu.

Wann und wo zuerst der Gedanke auftauchte, zwei Stauverschlüsse kurz hintereinander anzuordnen und damit das Prinzip der Kammerschleuse zu erfinden, wird wohl im Dunkel der Geschichte verborgen bleiben. Es ist anzunehmen, daß diese

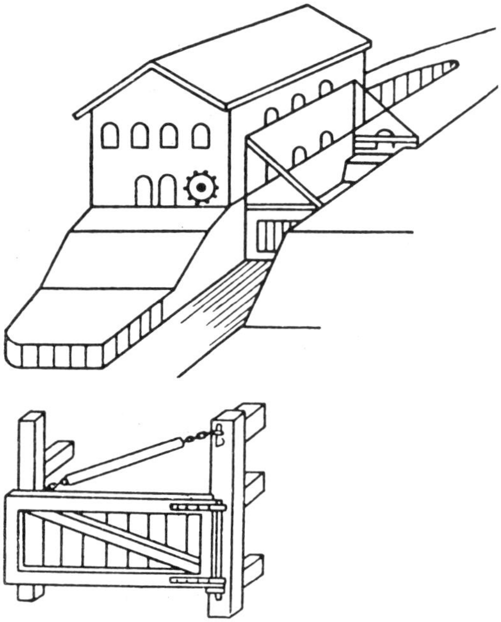

Bild 2.3 Schleuse und Schleusentor nach dem Skizzenbuch Leonardo da Vincis. *Sammlung Autor*

Bild 2.2
Typische Stauschleuse; die Dammarche bei Spandau, um 1900.
Quelle: Klehmet

Erfindung an mehreren Stellen gleichzeitig und eventuell auch unabhängig voneinander in verschiedenen Ländern gemacht wurde. Sicher dürfte sein, daß die ersten Kammerschleusen Anfang des 15. Jahrhunderts in Betrieb gingen. Ob die Hahnenburger Schleusen des ältesten deutschen Kanals, des Stecknitzkanals, schon wirkliche Kammerschleusen waren, ist nicht eindeutig nachzuweisen. Damit gilt als erste genau nachweisbare Kammerschleuse die bei Viarenna im Naviglio grande in der Nähe von Mailand von den Ingenieuren Philipp degli Organi aus Modena und Fioravante aus Bolonia in den Jahren 1438/39 gebaute Schleuse.

Auch die erste Beschreibung einer Kammerschleuse stammt aus Italien. Leone Battista Alberti führt im 10. Buche, Cap. 12 seines Werkes „De re aedificatoria", das er in Fortsetzung der Eusebianischen Chronik im Jahre 1452 dem Papst Nikolaus V. überreichte, folgendes aus: „Man muß doppelte Verschlüsse machen, in dem man den Strom an zwei Stellen sperrt, so daß der Zwischenraum das Schiff nach der Länge aufnehmen kann. Soll das Schiff heraufgehen, so wird der untere Verschluß, nachdem es hineingefahren ist, gesperrt und der obere geöffnet; soll es aber herabgehen, so wird im Gegenteil der obere geschlossen und der untere geöffnet. Auf diese Weise wird das Schiff parallel zu dem fließenden Wasser in sanfter Strömung herausfahren." Einfacher und besser kann man auch heute nicht das Wirkungsprinzip einer Kammerschleuse erklären.

Die ersten zeichnerischen Darstellungen von Kammerschleusen sind von Leonardo da Vinci bekannt, dem man auch die Erfindung des Stemmtores zuschreibt, vor dem auch einfache Hubtore und einflügelige Drehtore in Gebrauch gewesen waren. Die da Vinci'schen Stemmtore, die Torschütze zum Füllen und Leeren der Kammer besaßen, sind im Grundprinzip auch heute noch das dominierende Element zum Verschließen von Schleusen.

Etwa 100 Jahre nach dem ersten nachweisbaren Schleusenbau in Italien setzte auch in der Mark Brandenburg eine rege Schleusenbautätigkeit ein, die anfangs nur der Umgehung von Mühlenstauen, dann aber, mit Beginn des 17. Jahrhunderts, auch dem Bau von Verbindungskanälen zwischen den verschiedenen Flußgebieten diente. Es hatte also über 300 Jahre gedauert, ehe die erste Stauschleuse (Spandau 1232) durch Kammerschleusen (Rathenow und Brandenburg 1548) ersetzt wurde.

Die ersten Schleusen in der Mark waren reine Holzkonstruktionen. Da diese naturgemäß keine große Lebensdauer hatten, setzte schon etwa 100 Jahre später der Bau von Massivkonstruktionen (Mauerwerksbau) ein. Heute dominieren die modernen Baustoffe Stahlbeton und Stahl, die im Schleusenbau verstärkt ab Anfang des 20. Jahrhunderts zum Einsatz kamen.

Die Schleusenverschlüsse waren bis Ende des 19. Jahrhunderts ausschließlich aus Holz, ehe sich auch hier Stahlkonstruktionen durchzusetzen begannen.

Bei der Füllung der Schleusen wich man später vom da Vinci'schen Prinzip der Torfüllung häufig ab; statt dessen füllte man sie durch kurze Umläufe in den Schleusenhäuptern, die separat verschlossen werden konnten oder durch lange Umläufe, die sich in der Kammermauer bis zum Unterhaupt hinzogen und durch Stichkanäle mit der Kammer verbunden waren. Heute hat sich

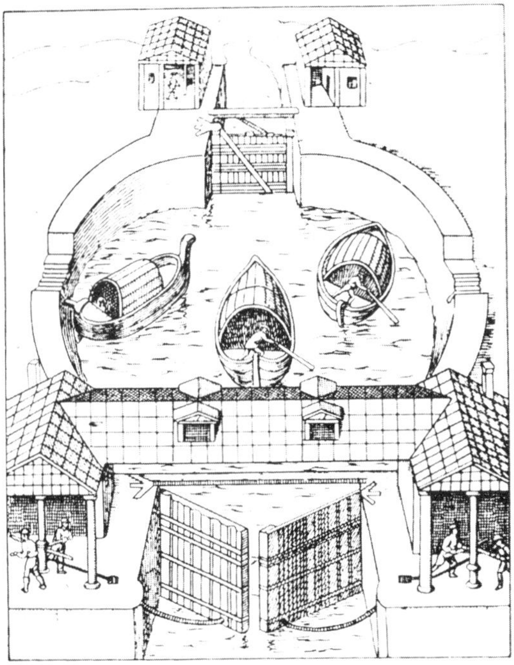

Bild 2.4 Kesselschleuse nach de Zonca (1568 bis 1602). *Sammlung Autor*

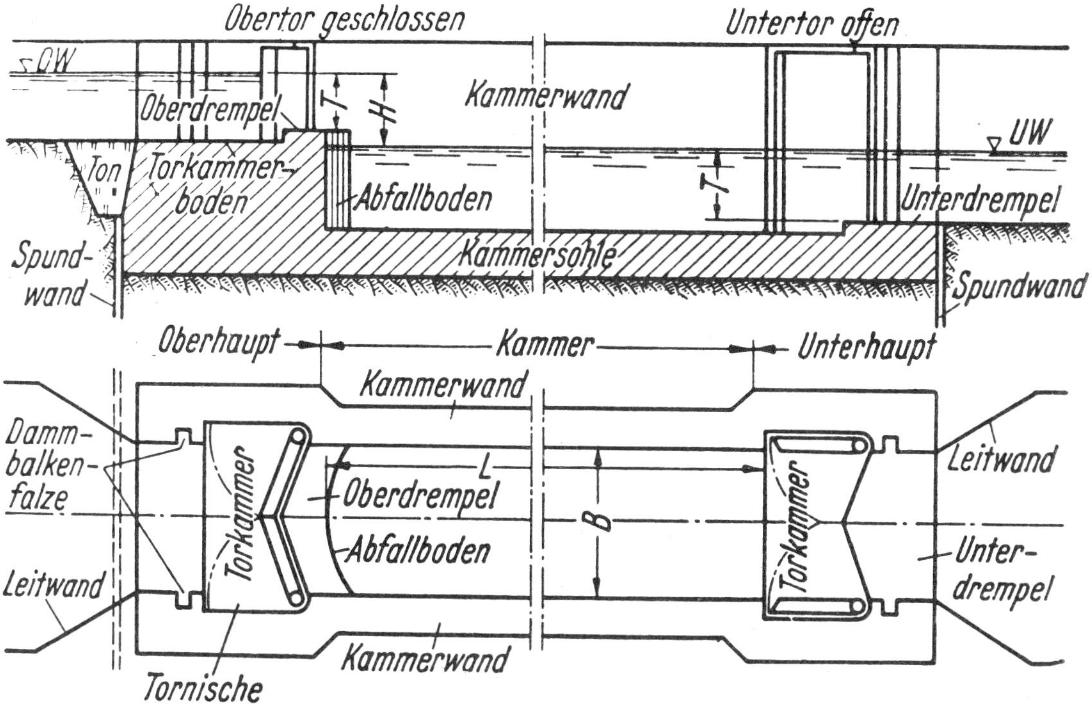

Bild 2.5 Prinzip der einfachen Kammerschleuse.
T Wassertiefe über dem Drempel, H Hubhöhe, B nutzbare Breite, L nutzbare Länge. *Quelle: Dehnert*

das einfache Prinzip der Füllung durch die Tore wieder durchgesetzt und wird fast ausschließlich angewandt.

Die Abmessungen der Schleusen bewegten sich zwischen 1550 und 1850 etwa bei 25,00 bis 40,00 m nutzbarer Länge und einer Torweite von 4,00 bis 5,50 m, wobei die Kammer breiter und zum Teil kesselförmig ausgebildet war. Es gab aber auch Ausnahmen, wie z. B. die Kesselschleuse Brandenburg, die in ihren Grundabmessungen von etwa 70 m nutzbarer Länge und einer größten Breite im Kessel von knapp 40 m nahezu 400 Jahre Bestand hatte.

Die größten Fallhöhen bewegten sich bis Mitte des 19. Jahrhunderts bei 2,50 m, obwohl auch hier Ausnahmen zu verzeichnen waren und die Schleusen Ruhlsdorf und Heegermühle des ersten Finowkanals schon Gefällestufen von über 4,00 m überwanden.

Dem heutigen Schleusenbau werden aufgrund ökonomischer und z. T. auch wasserwirtschaftlicher Vorgaben Abmessungsgrenzen gesetzt. So schreiben die Bemessungsrichtlinien für den Ausbau der Binnenwasserstraßen der DDR für die Hauptwasserstraßen nutzbare Längen von 170,00 m und Breiten von 12,00 m vor. Damit ist die Schleuse für die Aufnahme eines kompletten Viererschubverbandes bzw. zweier Europamaßschiffe von 80,00 m Länge geeignet. Bei Fallhöhen über 10,00 m müssen Überlegungen angestellt werden, die Schleuse eventuell durch ein Hebewerk zu ersetzen.

Die längste Schleuse der Märkischen Wasserstraßen ist derzeit die Schleuse Havelberg mit einer nutzbaren Länge von 225,00 m, die breitesten sind die Schleusen Bahnitz, Grütz und Garz mit einer Kammerbreite von 23,00 m.

Die größte Fallhöhe weist die Schachtschleuse Eisenhüttenstadt (früher Fürstenberg) auf, die sich je nach Wasserstand der Oder zwischen 9,00 und 14,21 m bewegt.

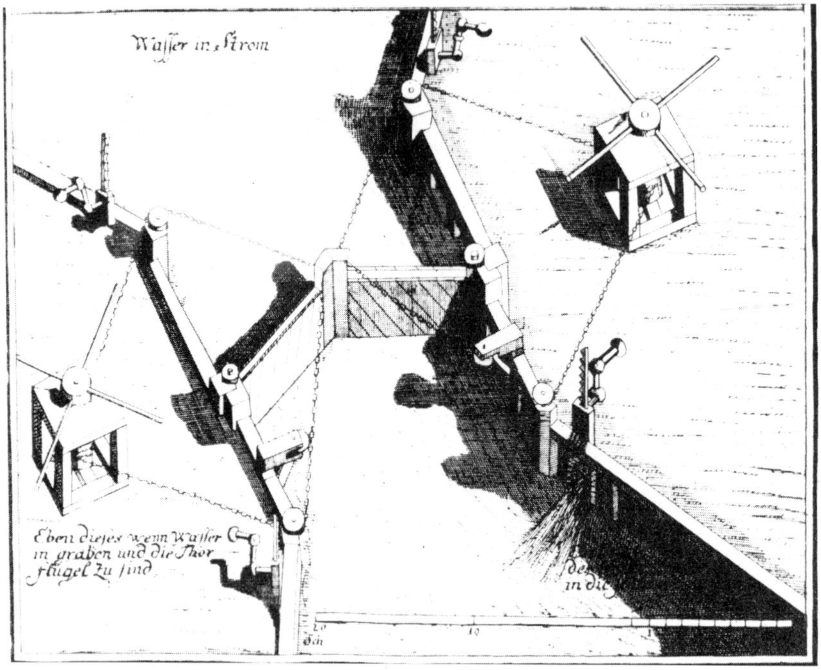

Bild 2.6
Oberhaupt einer Kammerschleuse nach Leupold, 1724.
Sammlung Autor

2.3. Die Entwicklung des Kanal- und Flußbaues

Durch die Erfindung der Kammerschleuse war es möglich, die einzelnen Flußgebiete durch Kanäle miteinander zu verbinden bzw. auch kleine Wasserläufe (wie z. B. Finow und Schlaube) zu kanalisieren.
Bei einer groben Einteilung kann man die Kanäle in Hang- und Abstiegskanäle, die nur nach einer Seite Gefälle haben, und in Scheitelkanäle, die eine Wasserscheide queren und nach beiden Seiten Gefälle aufweisen, klassifizieren. Die Einordnung der drei ältesten märkischen Kanäle würde sich damit so darstellen, daß sowohl Finowkanal (Gefälle von der Havel zur Oder) als auch Plauer Kanal (Gefälle von der Elbe zur Havel) reine Abstiegskanäle waren, während man beim Friedrich-Wilhelms-Kanal schon von einem Scheitelkanal sprechen kann. Zum Finowkanal wäre noch zu bemerken, daß er zwar eine Hauptwasserscheide quert, die sich aber im Urstromtal nur wenig über den Wasserstand der Havel im Raum Liebenwalde erhebt, so daß sie mit geringem Aufwand durchstochen werden konnte.

Das Ausheben der Kanalprofile blieb, obwohl schon im Jahre 1541 in Danzig mit der Schlammmühle ein baggerähnliches Gerät erfunden wurde, bis weit ins 19. Jahrhundert eine überwiegend manuelle Tätigkeit, die nur zögernd durch den Einsatz von Baggern abgelöst wurde.
Die Linienführung der märkischen Kanäle hat sich bis zum Ende des 19. Jahrhunderts weitgehend dem Gelände angepaßt. Bei dem Charakter der damaligen Schiffahrt spielten z. B. die Krümmungsradien nur eine untergeordnete Rolle. Erst mit der aufkommenden Großschiffahrt wurden lange Kanalhaltungen mit möglichst großen Krümmungsradien erforderlich.
Eng war von Anfang an die Wechselwirkung zwischen der Größe des Kanalquerschnittes und dem Querschnitt der auf der Wasserstraße verkehrenden Schiffe. Die Schiffahrt war schon immer bemüht, das ihr vorgegebene Kanalprofil maximal auszunutzen, was meist zum Schaden des Kanals war. Die daraufhin erfolgten Erweiterungen der Profile zogen sofort auch Vergrößerungen der Schiffsgefäße nach sich, die nach einiger Zeit wieder zu größeren Schäden im Kanal führten. An diesem Spiel hat sich bis heute wenig geändert.

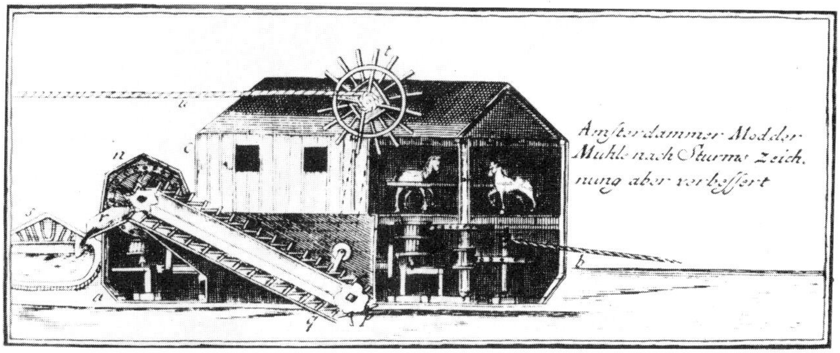

Bild 2.7
Amsterdamer Modder-Mühle als Vorläufer des Eimerkettenschwimmbaggers. Nach Leupold, 1724.
Sammlung Autor

Der erste Finowkanal hatte einen Querschnitt von knapp 10 m^2 bei einer Wassertiefe von etwa 1 m, während der Friedrich-Wilhelms-Kanal schon die für die damalige Zeit beachtliche Wasserfläche von etwa 28 m^2 bei einer Wassertiefe von 1,80 bis 2,00 m aufwies. Heute haben die Kanäle der Hauptwasserstraßen im Bereich der Mark im Mittel Querschnittsflächen von 70 bis 100 m^2 bei einer Wassertiefe zwischen 2,50 m und 3,50 m. Anzustreben ist beim heutigen Verkehr ein Querschnittsverhältnis zwischen wasserführendem Querschnitt des Kanals und eingetauchtem Schiffsquerschnitt von größer als 7, was bei einer größten zulässigen Tauchtiefe des Schiffes von 2,00 m und einer Wassertiefe von 3,50 m einen wasserführenden Querschnitt des Kanals von 150 bis 160 m^2 erfordert.

Die Form des Kanals war von Anfang an ein Trapezprofil, das durch Ausrundungen der Sohle und der Böschungsknickpunkte auch in ein Muldenprofil abgewandelt wurde. Bis Anfang diesen Jahrhunderts wurde im Böschungsbereich kurz unterhalb des Wasserspiegels oft eine Berme angeordnet, die den in der Wasserwechselzone abrutschenden Boden aufnehmen und außerdem durch eine Schilfbewachsung diesen Bereich stabilisieren sollte. Die Böschungsneigungen waren anfangs steiler (1:1 bis 1:1,5) ausgebildet, um vor allem den schweren manuellen Aushub zu reduzieren. Heute hat sich eine Neigung von 1:3 als optimal erwiesen.

Bild 2.8 Vereinfachte Bemessung eines Kanalprofils ohne Berücksichtigung von Drift und Einsenkung des fahrenden Schiffes. Bei Berücksichtigung dieser Faktoren ergeben sich 30 bis 40 Prozent größere Flächen und Querschnittsverhältnisse größer 8. Beispiel für die Berechnung des Querschnittsverhältnisses: Für ein 9,50 m breites (B) und 2,00 m tief eintauchendes (t) Schiff ($f = 19{,}00\ m^2$) entsteht ein Trapezquerschnitt $F = \frac{45{,}25 + 24{,}25}{2} \cdot 3{,}50 = 121{,}60\ m^2$ mit 45,25 m Wasserspiegelbreite (Sp) und 24,25 m Sohlenbreite (S) und damit ein Querschnittsverhältnis $n = \frac{121{,}60}{19{,}00} = 6{,}4$.
Zeichnung Autor

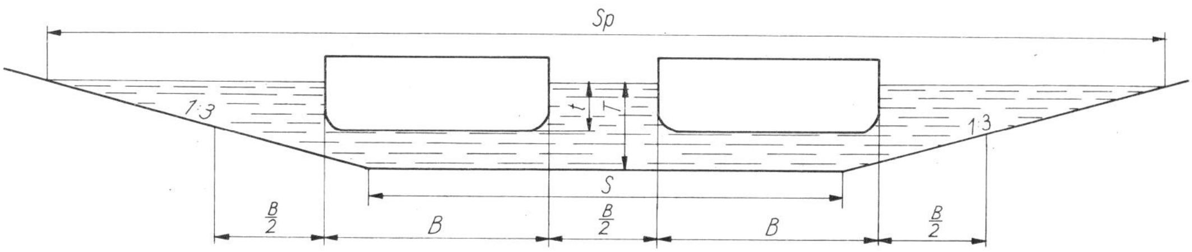

Querschnittsverhältnis $n = \frac{F}{f} = \frac{\text{wasserführender Kanalquerschnitt}}{\text{eingetauchter Schiffsquerschnitt}}$; $F = \frac{Sp+S}{2}$; $T = 1{,}75 \cdot t$

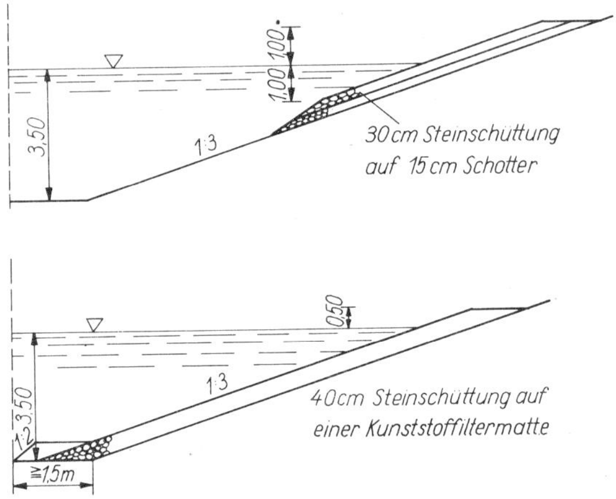

Bild 2.9 Kanalufersicherung aus Schüttsteinen. Oben alte, darunter neue Bauart. *Zeichnung Autor*

Rechteckprofile, heute meist durch Spundwände eingefaßt, bleiben aus ökonomischen Gründen meist auf Sonderfälle begrenzt (insbesondere in Stadtgebieten).

Die Schrägufer blieben, von sporadisch erfolgten ingenieurbiologischen Befestigungen abgesehen, bis weit ins 19. Jahrhundert ungesichert. Mit dem Aufkommen der Dampfschiffe erfolgte eine Sicherung der Wasserwechselzone durch sog. Steinbewurf, der dann später durch stärkere Schüttungen bis zu einer Wassertiefe von etwa 1 m abgelöst wurde. Diese Befestigungsart dominierte bis Mitte unseres Jahrhunderts und ist auch in unseren Tagen noch auf fast allen Hauptwasserstraßen anzutreffen.

Heute wird bei Reparaturen und Neubauten die in einer Dicke von 0,40 m vorgeschriebene Steinschüttung auf dem gesamten Schrägufer bis zur Sohle herabgezogen und das Auswaschen des Untergrundes durch eine textile Filtermatte, die unter den Steinen verlegt wird, verhindert.

Die Wasserversorgung der Kanäle in der Mark Brandenburg konnte bis in die Neuzeit immer aus dem eigenen Einzugsgebiet gesichert werden. Schwierigkeiten beim Finowkanal konnten durch verstärkte Zuführung von Havelwasser bzw. von Wasser aus dem Gebiet des Werbellinsees beseitigt werden. Teilweise unüberwindbare Schwierigkeiten bot die Versorgung des Friedrich-Wilhelms-Kanals. Der Streit zwischen den Müllern und dem Staat, der für die Betreibung der Schleusen verantwortlich zeichnete, zog sich fast über die gesamten 200 Jahre bis zum Bau des Oder-Spree-Kanals hin. Alle Reglementierungen nutzten aber nichts, da das Eigenaufkommen an Wasser im Kanalbereich so gering war, daß in Trockenzeiten die Schiffahrt monatelang pausieren mußte.

Auch heute noch ist die Wasserversorgung sämtlicher Kanäle der Mark Brandenburg, mit Ausnahme des Oder-Spree-Kanals, relativ unproblematisch. Die Scheitelhaltung des Oder-Spree-Kanals (übrigens die einzige echte Scheitelhaltung im Bereich) muß kontinuierlich über einen Pumpbetrieb mit Spree- bzw. Oderwasser versorgt werden.

Eine Dichtung der Kanäle wird erforderlich, wenn der Kanalwasserspiegel über dem angrenzenden Grundwasserspiegel oder sogar über dem an den Kanaldamm anschließenden Gelände liegt. Hier nur soviel, daß diese Problematik erstmals mit dem Bau des Oder-Spree-Kanals in der Mark auftauchte. Damals wie heute hat sich Ton als bestes Dichtungsmittel bewährt. Die Dichtungsschichten in den bestehenden Kanälen weisen Mächtigkeiten bis zu 80 cm Dicke auf.

Klassischer Flußbau, der im Prinzip optimale Verhältnisse zwischen Abfluß und Tauchtiefe anstrebt und dieses Ziel mittels Bauwerken wie Buhnen, Deck- und Leitwerken anstrebt, ist zwischen Elbe und Oder nur auf einigen Strecken der Unteren Havel und der Spree betrieben und zum großen Teil durch die bald folgenden Stauregelungen der Flüsse überrollt worden.

2.4. Die Schiffe

Wir hatten schon auf die sehr enge Wechselwirkung von Kanalquerschnitten und Schiffsabmessungen hingewiesen. Die Tabelle 2.1 zeigt die Entwicklung der Abmessungen der Schiffsgefäße zwischen Elbe und Oder in den letzten 200 Jahren. Die bei einem Ausbau der Wasserstraßen angestrebten Schiffsabmessungen dürften ein Maximum darstellen, dessen Überschreitung wahrscheinlich ökonomisch nicht zu rechtfertigen ist.

Der Antrieb der Schiffe zwischen Oder und Elbe blieb bis zur Erfindung der Dampfmaschine seit Urzeiten fast unverändert. Menschliche und tierische Muskelkraft, der Wind und das fließende Wasser waren für die Fortbewegung der Binnen-

Tabelle 2.1 Abmessungen von zwischen Elbe und Oder verkehrenden Fahrzeugen

	Schiffstyp	Länge m	Breite m	Tiefgang m	Trag-fähigkeit t
1750	Salzmannsche Schiffe[1]	31,40—36,10	4,39—5,34	1,10	100
1850	Großer Elb- oder Hamburger Rebenkahn[2]	28,87[3] 43,31[4]	4,39[3] 5,81[5]	1,41	150
	Mittlerer Elb- oder Spreekahn	26,99[3] 40,17[4]	3,45[3] 4,81[5]	1,10—1,26	100—125
	Kleiner Elbkahn	18,83—21,97[3]	2,82—3,14[3]		40— 65
	Großer Oderkahn	26,99[3] 42,68[4]	3,14—3,30[3] 4,71[5]	1,10	50— 60
	Mittlerer Oderkahn	25,11—26,36[3] 40,49—41,74[4]	2,98—3,14[3] 4,39—4,55[5]	1,10	30— 40
	Kleiner Oderkahn	11,93—12,87[3] 20,71—21,97[4]	 2,82—2,98[5]	0,78	10— 15
	Gölle oder Schute	34,52—35,15	5,65—5,96	1,10	100
1940	Finowmaß-Kahn	40,20	4,60	1,60	200
	Großfinowmaß-Kahn	41,50	5,10	1,60	250
	Berlinermaß-Kahn	46,00	6,60	1,75	350
	Saalemaß-Kahn	51,00	6,00	1,75	400
	Großsaalemaß-Kahn	52,00	6,35	1,75	450
	Odermaß-Kahn	55,00	8,00	1,75	550
	Großodermaß-Kahn	57,00	8,20	1,75	590
	Niegrippermaß-Kahn	62,00	7,70	1,75	500
	Plauermaß-Kahn	65,00	8,00	1,75	650
	Großplauermaß-Kahn	67,00	8,20	2,00	760
1985	1 000-t-Schiff[6]	80,00	9,00	2,00	1 000
	Normal-Schubprahm	32,50	8,20	2,00	400
	Finowmaß-Schubprahm	30,00	5,05	1,60	200
	Starrer Fahrzeugverband[7]	123,00	8,20	2,00	1 200
Ziel[8]	Europamaß-Schiff	80,00	9,50	2,00	1 100
	Starrer Fahrzeugverband	125,00	9,50	2,00	1 500

[1] größte Schiffe im Durchgangsverkehr
[2] auch Magdeburger oder Berliner Fahrzeug genannt
[3] am Boden
[4] von Spitze zu Spitze
[5] von Bord zu Bord
[6] größte zugelassene Schiffe im Durchgangsverkehr Elbe—Oder; bei eigenem Antrieb nur 1,85 m Tiefgang zugelassen
[7] aus einem Schubboot und drei Schubprähmen
[8] Ausbauziele im Durchgangsverkehr

schiffe die wesentlichsten Elemente. Das erste Dampfschiff, das auf unseren Wasserstraßen verkehrte, war ein von dem Engländer Humphrey erbauter Mittelraddampfer, die PRINZESSIN CHARLOTTE VON PREUSSEN. Am 27. Oktober 1816 wurde mit diesem ersten deutschen Dampfschiff in Berlin der öffentliche Personenverkehr aufgenommen. Drei weitere Schiffe wurden noch gebaut, doch bereits 1821 oder 1822 wurde der Dampfschiffbetrieb aus wirtschaftlichen Gründen wieder eingestellt und die Dampfer verschrottet.

1828 wurden erneut Dampfschiffe in Betrieb genommen und neben der Personen- begann sich auch die Schleppschiffahrt zu entwickeln. Obwohl das erste Erscheinen eines Dampfschiffes auf dem Finowkanal schon für das Jahr 1856 verbürgt ist, konnte sich der Dampfschleppbetrieb auf den kleinen Kanälen nicht durchsetzen und wurde deshalb in großem Stil zwischen Elbe und Oder erst nach dem Bau der Großwasserstraßen, wie Oder-Spree- und Oder-Havel-Kanal, aufgenommen. Hier hat er sich dann bis Mitte des 20. Jahrhunderts neben den immer stärker aufkommenden Motorgüterschiffen behauptet.

Zwischen Elbe und Oder setzte sich ab 1962 im Binnenschiffahrtsbetrieb der DDR immer mehr der

Bild 2.10
Treideln im Kanal.
Quelle: Berg/Seidel

Bild 2.11
Segelkähne auf dem Oder-Havel-Kanal, um die Jahrhundertwende kein seltenes Bild auf den Märkischen Wasserstraßen.
Sammlung Autor

Schubverkehr durch und er ist derzeit das bestimmende Element auf unseren Wasserstraßen. Der Dampfbetrieb ist heute vollständig durch den Dieselbetrieb abgelöst.

Der am Teltowkanal praktizierte Treidelbetrieb mit elektrischen Lokomotiven hatte sich gut bewährt, ist aber nach Kriegsende nicht wieder aufgenommen worden.

Bild 2.12 Das erste Dampfschiff auf märkischem Gewässer: die PRINZESSIN CHARLOTTE VON PREUSSEN im Jahre 1816. *Sammlung Autor*

Bild 2.13 Schleppzug auf dem Havelkanal, 1953. Ab 1962 erfolgte die Ablösung dieser Traktionsart durch den Schubverkehr. *Foto: Wesselowski*

Bild 2.14
Ein Motorgüterschiff der BRD im Transit auf dem Elbe-Havel-Kanal.
Foto: Autor

Bild 2.15
Ein Viererschubverband des VEB Binnenreederei verläßt das Schiffshebewerk Niederfinow.
Foto: Autor

3. Der Nutzen der Binnenschiffahrt zwischen Elbe und Oder

Ausgang des Mittelalters wurden für die weitere Entwicklung des Berliner Raumes neue Verkehrswege zwingend notwendig.

Die von Natur aus schiffbaren Gewässer Spree, Havel und Elbe konnten jetzt mittels der Kammerschleusen über künstlich geschaffene Wasserstraßen mit dem Einzugsgebiet der Oder sowie auch untereinander verbunden werden. Bis zur Mitte des 18. Jahrhunderts entstanden so in der Mark drei zusätzliche Hauptwasserstraßen. Finowkanal: Ausschaltung des Landverkehrs durch das Thorn-Eberswalder-Urstromtal zwischen der oberen Havel im Raum Liebenwalde und Oderberg. Damit Verbesserung der Verkehrsbedingungen zwischen der Mittelmark und der Neumark sowie Pommern und Polen. Friedrich-Wilhelms-Kanal: Ausschaltung des Landverkehrs auf der alten Handelsstraße zwischen Breslau und Hamburg, der insbesondere zwischen Frankfurt/Oder und Kersdorf stattfand. Die Bedeutung dieser ersten bleibenden Wasserstraßenverbindung zwischen Schlesien und der Nordsee war so groß, daß zeitgenössische Chronisten, wie Marperger (1714) „vom unaussprechlichen Nutzen des weltberufenen Grabens für die Breslauer Kaufmannschaft" berichten und weiter hervorheben, daß Schlesiens größter Handel durch den Kanal über Berlin nach Hamburg, Holland, England, Spanien und Portugal gehe. Plauer Kanal: Erhebliche Verkürzung des Transportweges zwischen Berlin und Magdeburg, was insbesondere den Salztransporten aus Schönebeck Richtung Osten zugute kam.

Nicht so spektakulär wie diese Kanalbauten, aber genau so notwendig für Berlin und die Mark waren die schon im 16. Jahrhundert erfolgte Schiffbarmachung der Rüdersdorfer Gewässer (Kalksteintransport) und der Notte (Gips) sowie die im 18. Jahrhundert erfolgten Anlagen des Storkower Kanals (Holz) und der Ruppiner Wasserstraße (insbesondere Holz und Torf).

Die ökonomische Überlegenheit des Wasser- über den Landtransport zeigt eine Untersuchung des Altmeisters des deutschen Wasserbaus, Gotthilf Hagen, die, um 1850 angestellt, bis Ende des 19. Jahrhunderts ihre volle Gültigkeit behalten hat: „Wie groß dieser Vorteil (des Schiffsverkehrs auf Kanälen zwischen den Strömen, d. A.) vergleichsweise gegen den gewöhnlichen Landverkehr ist, ergibt sich am deutlichsten, wenn man die Lasten vergleicht, welche ein Pferd in beiden Fällen ziehen kann. Auf guten Straßen bestimmt sich die Bespannung eines Frachtwagens dadurch, daß man für jedes Pferd 17 bis 20 Centner Ladung rechnet. Noch geringer ist sie bei schlechter Beschaffenheit des Weges, oder wenn starke Steigungen darin vorkommen. Dagegen zieht ein Pferd selbst auf engen Kanälen (die einen stärkeren Widerstand veranlassen) schon 600 Centner Ladung, und auf den breiten Kanälen in Holland rechnet man auf jedes Pferd sogar 1 500 Centner, also nahe das Hundertfache von dem, was man durch dieselbe Betriebskraft auf guten Straßen fördern kann."

Diese schon lange bekannten Vorteile bewirkten, daß heute nicht mehr als schiffbar geltende Wasserläufe in früheren Zeiten mit kleinsten Schiffsgefäßen bis 15 t Tragfähigkeit befahren wurden. Auf die wirtschaftliche Bedeutung von Wasserstraßenneubauten in heutiger Zeit einzugehen, hieße, den Rahmen dieser Arbeit sprengen. Deshalb darüber nur so viel, daß derzeit bei gleichen Transportmengen und -entfernungen die Binnenschiffahrt gegenüber der Eisenbahn nur 70 Prozent und gegenüber dem Straßenverkehr nur 20 Prozent des dort benötigten Dieselkraftstoffes einsetzt.

4. Die Havel-Oder-Wasserstraße

Bei der Schilderung der Bau- und Entwicklungsgeschichte der Havel-Oder-Wasserstraße soll, geographisch fixiert, der Raum zwischen Spandau und Oderberg bzw. Hohensaaten betrachtet werden. Wir folgen also der Havel von Spandau, dem Mündungspunkt der Spree in die Havel, an aufwärts bis in den Raum Liebenwalde, überqueren die Wasserscheide zwischen Elbe und Oder bei Marienwerder und steigen dann Richtung Oderberg (später Hohensaaten) zur Oder ab. Bei der Betrachtung des Großschiffahrtsweges wird dieser Raum noch etwas erweitert und bis Stettin (Szczecin) ausgedehnt werden.
Die Wasserstraßenverbindung der Havel mit der Oder folgt in allen ihren Varianten dem Thorn-Eberswalder Urstromtal, in dem auch früher schon alte Handelsstraßen verliefen. Sie benutzte, angepaßt an den Stand der Wasserbautechnik, zum Abstieg von der Havel zur Oder anfangs ausschließlich das Tal der Finow, von dem sie sich dann im 20. Jahrhundert löste. Die Wasserversorgung der reinen Kanalstrecken erfolgte überwiegend aus der Havel und zum Teil aus den Werbelliner Gewässern.

4.1. Der erste Finowkanal

Ausgangs des 16. Jahrhunderts befanden sich in der Havel zwei Stauanlagen, und zwar in Spandau (seit 1232) und Oranienburg (seit 1349). Da die Stauweiten der Mühlenwehre nicht groß waren, fand die Schiffahrt überwiegend auf einem frei fließenden Fluß statt, der ihr neben geringen Wassertiefen in der trockenen Jahreszeit durch zum Teil starke Mäanderbildung zusätzliche Schwierigkeiten bereitete.
Im Raum Liebenwalde war die Havel in einen östlichen Arm (Faule Havel) und einen westlichen Arm (Schnelle Havel) gespalten, die sich oberhalb der Kolonie Wittenberg wieder vereinigten. Eine Tatsache, die beim Bau des Finowkanals noch von Bedeutung sein sollte.
Die Finow, ein Flüßchen, das im Raum oberhalb Biesenthal seinen Ursprung hat, scheint zumindest ab Eberswalde schon seit alten Zeiten her zur Schiffahrt benutzt worden zu sein. Bekmann schließt das insbesondere aus dem älteren Namen Fuhre, der vermutlich von der Farth herrührt, die auf dem Fluß angelegt worden ist. Näheres ist hierüber historisch nicht verbürgt.
Zur Charakteristik der Finow teilt Bekmann folgendes mit: „Dieser Fluß treibt bey seinem außerordentlichen Gefälle sehr viel Mühlen und

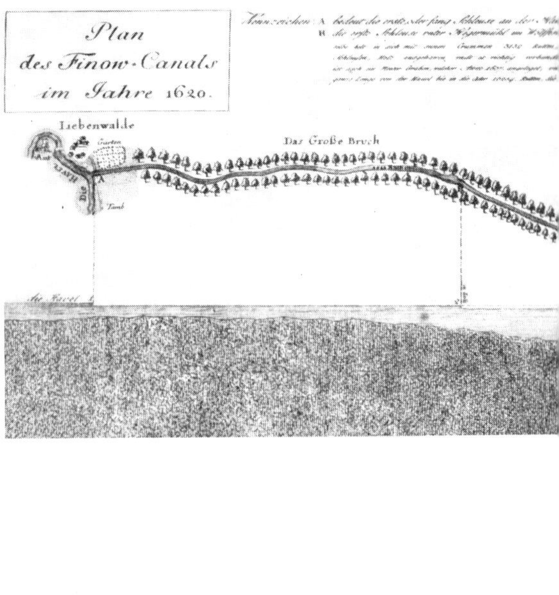

Bild 4.2 Plan des ersten Finowkanals, angefertigt im Jahre 1620 durch den Feldmesser Melchior Schulze.
Repro Deutsche Staatsbibliothek

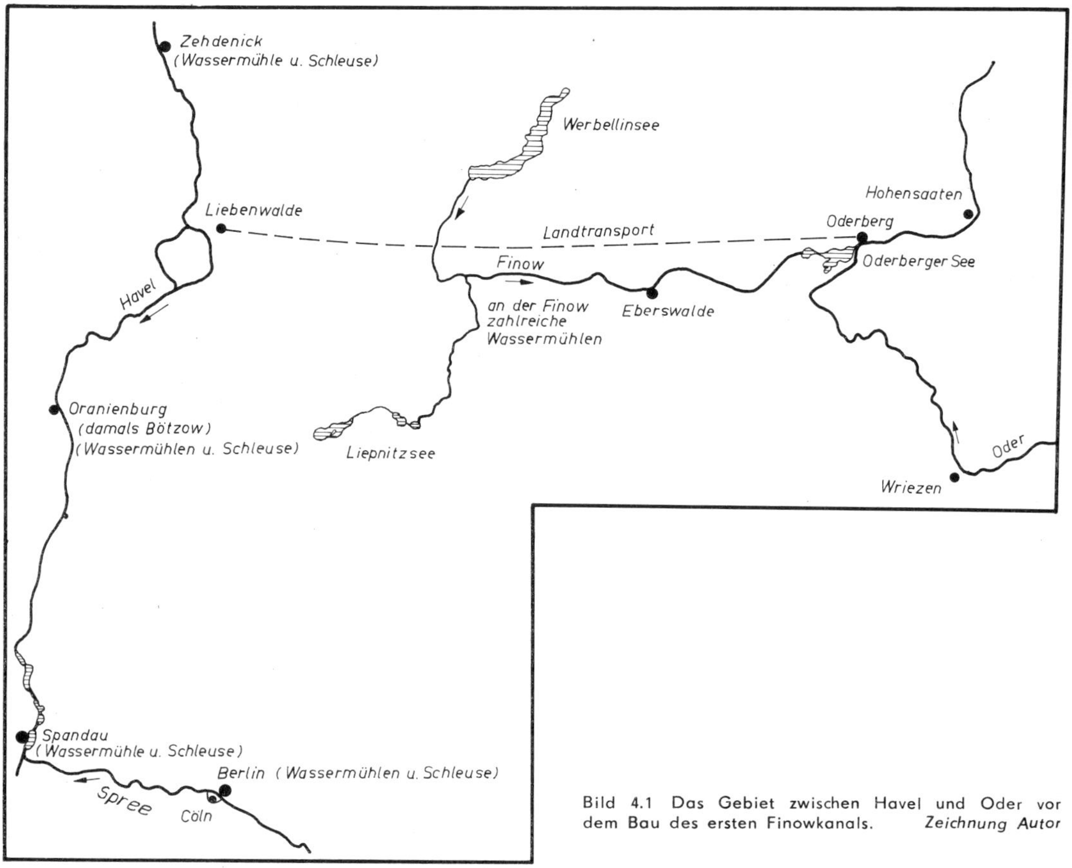

Bild 4.1 Das Gebiet zwischen Havel und Oder vor dem Bau des ersten Finowkanals. *Zeichnung Autor*

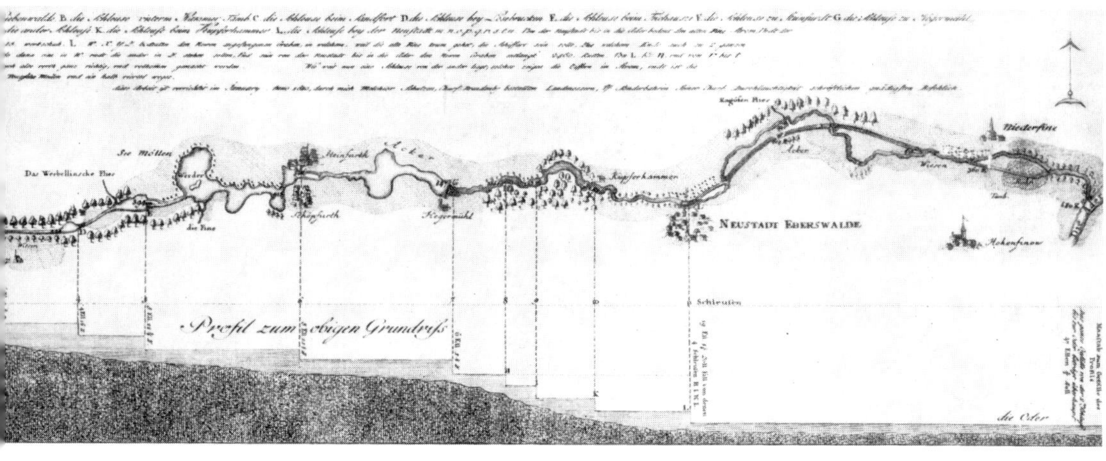

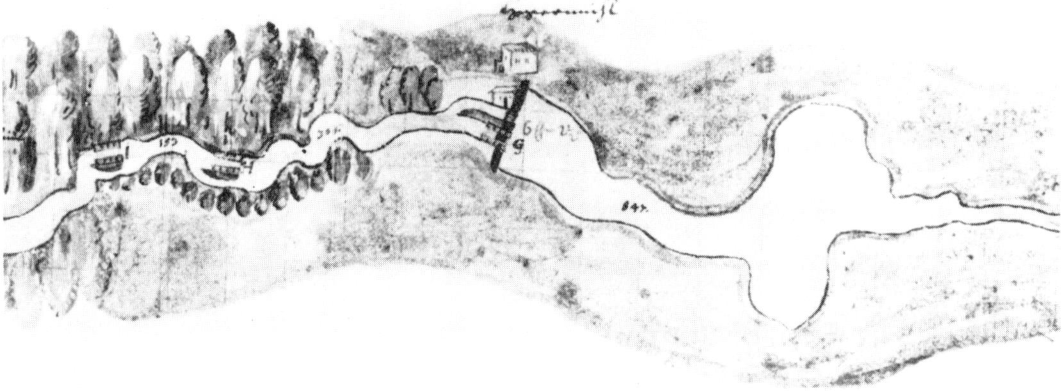

Bild 4.3 Detail des ersten Finowkanals: der Bereich um die Schleuse Heegermühle. *Repro Deutsche Staatsbibliothek*

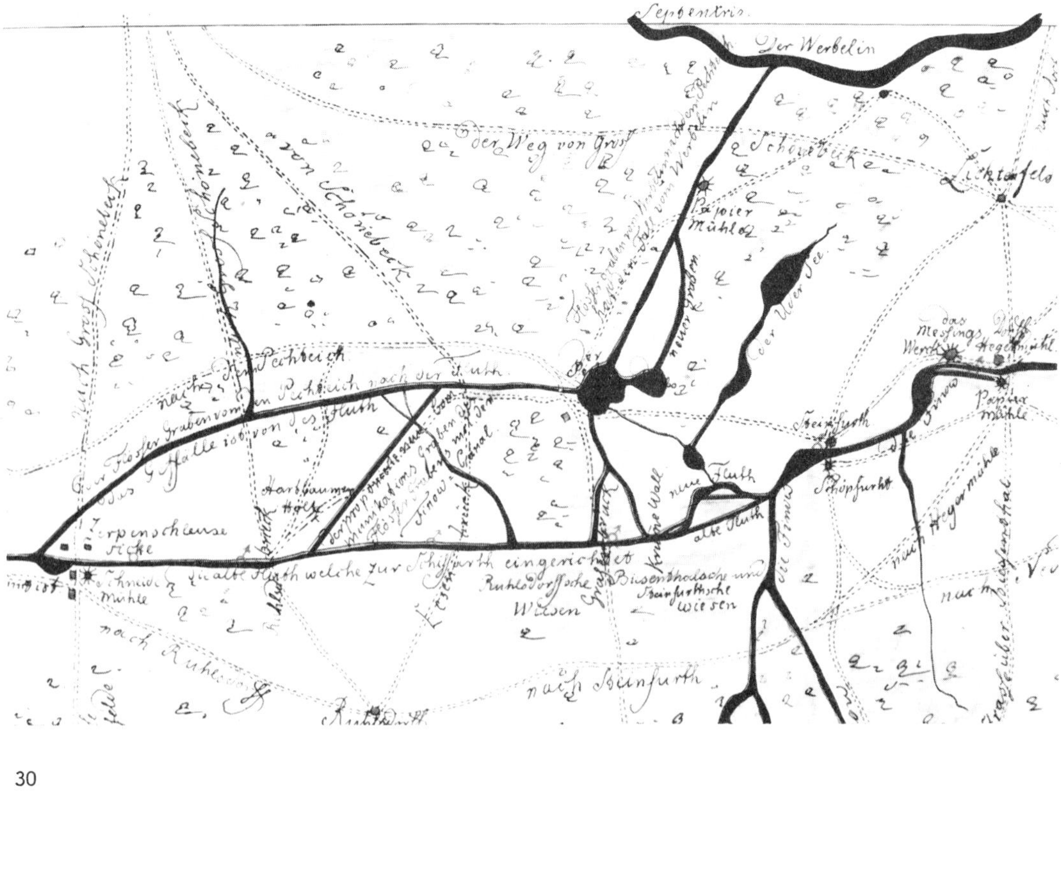

Bild 4.4 Die „Anzapfung" des Werbellinsees durch den Finowkanal. *Quelle: Archiv WBU Eberswalde*

Werke. Kein Fluß in der Mark Brandenburg von gleicher Größe und so kurzem Laufe kommt der Finow hierin gleich, und gewährt soviel Einkünfte und Nutzen."

Hierzu bliebe anzumerken, daß der Fluß bei einer Gesamtlänge von etwa 43 km ein Gefälle von 64,50 m aufweist. Verhältnisse also, die für eine reibungslose Abwicklung der Schiffahrt die Kanalisierung unabdingbar machten.

Auch der Oder müssen hier ein paar Zeilen eingeräumt werden, da gerade im betrachteten Bereich später grundlegende Veränderungen erfolgten, von denen noch die Rede sein wird. Im Moment nur soviel, daß ihr Verlauf zwischen Güstebiese und Hohensaaten damals anders vonstatten ging als heute. Von Güstebiese floß sie westlich nach Wriezen, dann in nördlicher Richtung bis Freienwalde, um sich wieder nach Osten in Richtung Hohensaaten zu wenden.

Erste Konzepte für die Verbindung zwischen Havel und Oder entstanden um 1540, zu einer Zeit also, als die Einführung der Kammerschleuse in der Mark Brandenburg bereits spruchreif war. Konkrete Vorschläge, die Havel mit der Oder mittels eines schiffbaren Kanals von Liebenwalde über die Finow zu verbinden, datieren in das Jahr 1603. Sie wurden vom damaligen Kurfürsten Joachim Friedrich mit Datum vom 21. Oktober 1603 genehmigt, und im Jahre 1605 wurde unterhalb von Liebenwalde mit dem Kanalbau begonnen. Da der Kanal die Finow erst unterhalb Grafenbrück erreichte, mußte dieses reine Kanalstück mit Havelwasser versorgt werden. Man errichtete deshalb als erste Schleuse die Fangschleuse Liebenwalde, die sich in Höhe der heutigen Brücke über den „Langen Trödel"[1]), der obersten Haltung (fälschlich auch als Scheitelhaltung bezeichnet) des Finowkanals, befand.

Trotz vieler Schwierigkeiten wurde der Bau doch soweit gefördert, „daß Anno 1609 ein beladenes Schiff von der Havel durch fünf Schleusen bis Schöpfurt zum ersten mahle gehen konnte. Unterhalb waren die Schleusen zwar auch in der Finow angelegt, aber so schlecht und schwach gebauet, daß solche noch nicht gebraucht, sondern sämtlich repariret und verstärkt, der Fluß geräumet und vertiefet, auch die Krümmungen durchgestochen werden mußten." (v. d. Hagen)

Wegen permanenten Geldmangels schleppte sich der Bau bis ins Jahr 1617. Die bisher angelegten Schleusen waren infolge ihrer unvollkommenen Konstruktionen teilweise schon wieder baufällig geworden. Mit „Finanzspritzen" aus den Einnahmen des Heegermühler Eisenhammers wurde der Kanal aber dann bis 1620 fertiggestellt und „das Zoll- und Schleusegeld auf den Kanal festgesetzt."

Nähere Angaben über die Trassenführung und das Längsprofil des Kanals sind durch eine Zeich-

[1]) Mit Trödel oder Fluth wurde der gesamte Kanalteil von Liebenwalde bis Schöpfurt bezeichnet, da hier Schiffe mit einem Seil gezogen oder getrödelt werden mußten.

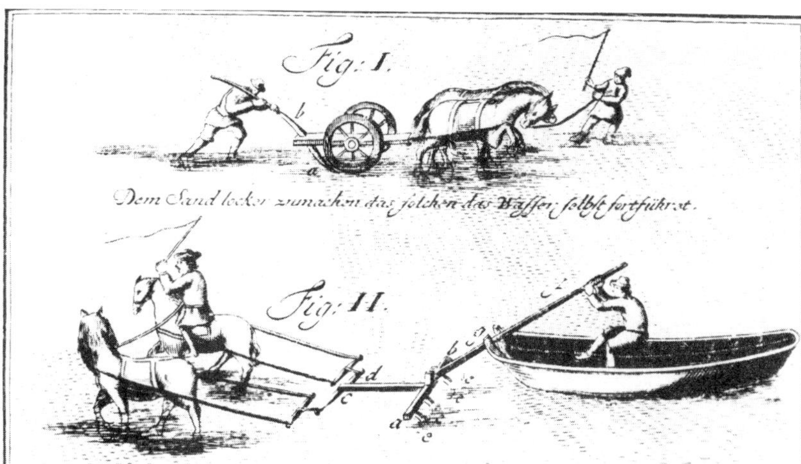

Bild 4.5
Kanalvertiefung und -räumung im 17. Jahrhundert (nach Leupold).
Sammlung Autor

nung des Landmessers Schulze vom Januar 1620 bekannt geworden. Folgende elf Schleusen waren hierin verzeichnet (Text nach v. d. Hagen): „Die erste Schleuse war bei der Liebenwaldischen Brücke, die zweite untern Hammer-Damm, die dritte beim Sandfurth, die vierte bei Lesenbrück, die fünfte beim Teichhause (nach Schmidt wahrscheinlich die spätere Grafenbrücker Schleuse),

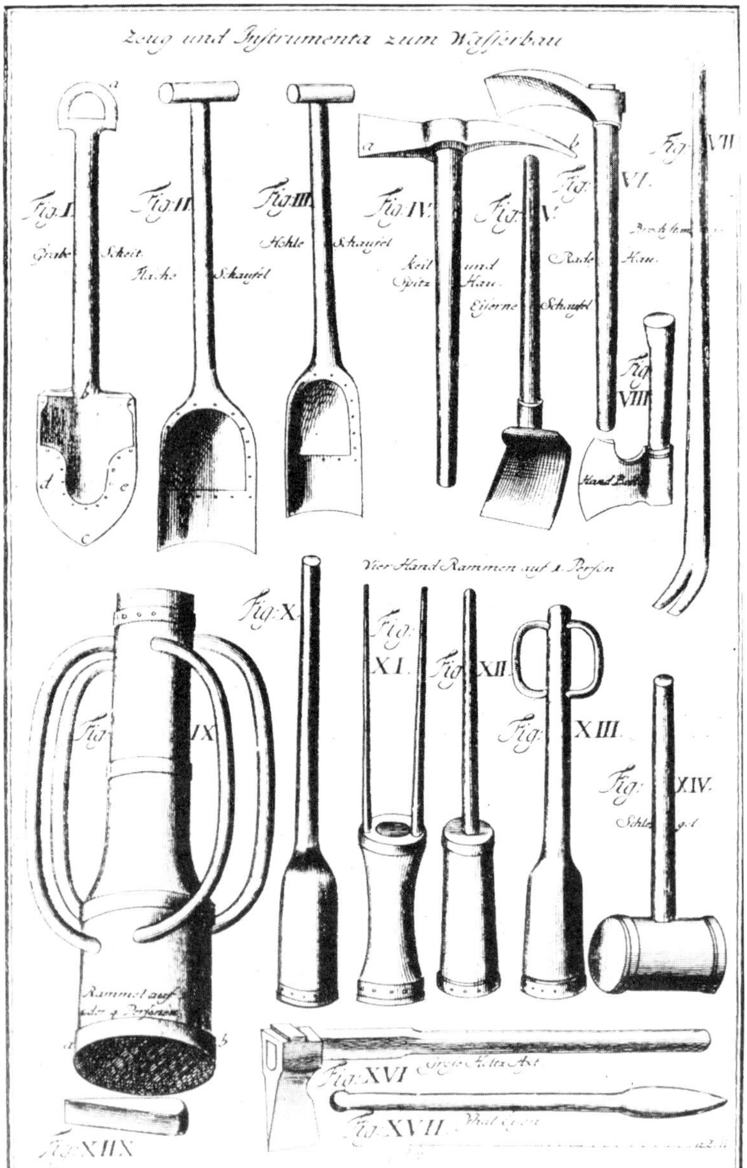

Bild 4.6
Werkzeuge für Wasserbauer aus der Zeit des ersten Finowkanals (nach Leupold).
I Grabescheit
II Flache Schaufel
III Hohle Schaufel
IV Keil- und Spitz-Haue
V Eiserne Schaufel
VI Rade-Haue
VII Brechstemme
VIII Hand-Beil
IX Handramme für zwei oder vier Mann
X—XIII Handrammen für einen Mann
XIV Schlägel
XVI große Holzaxt
XVII Pfahleisen
XVIII Spaltkeil.
Sammlung Autor

die sechste bei Steinfurth, die siebente bey Hegermühle, woselbst die Schleuse 22 Fuß (6,90 m; d. A.) und die Flügel-Pfähle 18 Fuß (5,65 m) Höhe hatten, die achte und neunte im Wolfswinkel, die zehnte beim Kupferhammer, und die elfte bei Neustadt angelegt. Jede war 200 Nürnberger Schuh lang, und 30 breit gebaut."

Bei den Schleusenabmessungen war nicht zu er-

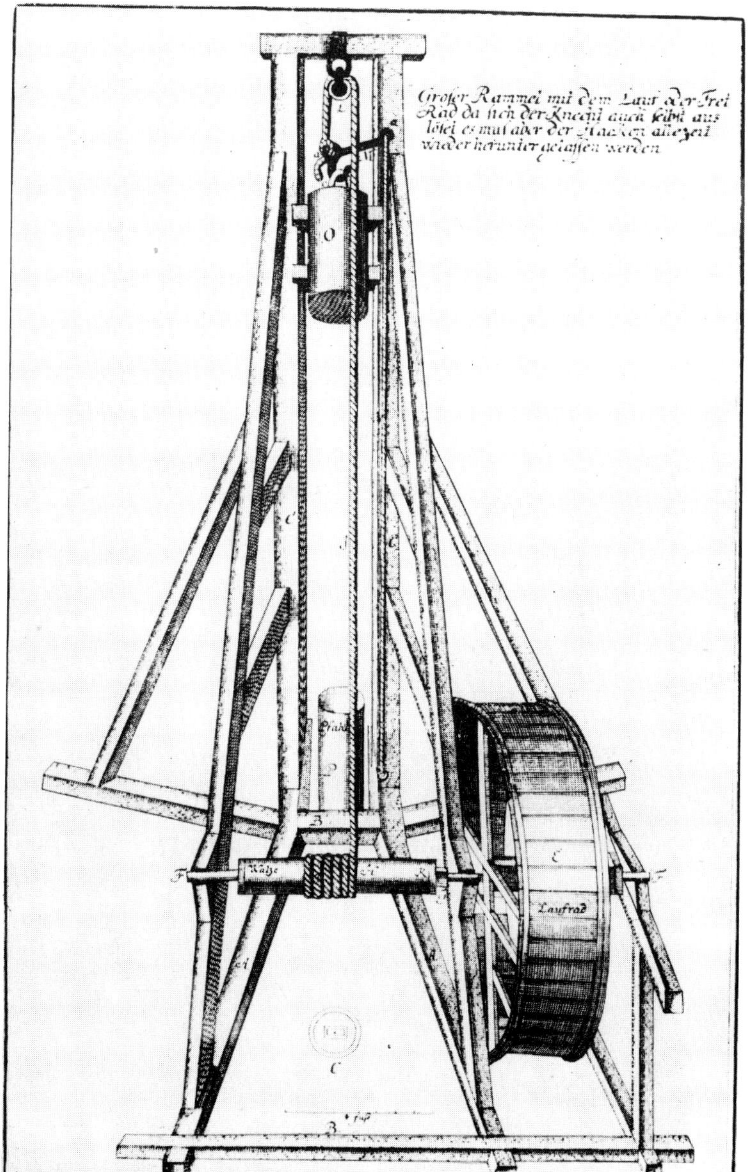

Bild 4.7
Große Ramme für Schleusenspundwände (nach Leupold).
Sammlung Autor

mitteln, ob es sich um die gesamte Bauwerkslänge und -breite oder um für die Schiffahrt nutzbare Maße handelte. Im letzteren Fall wären eine nutzbare Länge von etwa 60 m und eine Breite von etwa 9 m bei einem größten Gefälle von 4,20 m in Heegermühle ganz imposante Maße gewesen, die beim damaligen Stand der Technik die vielen Schadensfälle in einem etwas anderen Licht erscheinen lassen.

Das Gesamtgefälle zwischen der Havel und der Oder war zu 47 Ellen 3/4 Zoll (31,36 m) und die Länge des Kanals zu 10 254 Ruthen (38 617 m) ermittelt worden.

„Zwischen Eberswalde und Nieder-Finow sollten Ao. 1620 noch zwey Schleusen, und zwar die erste beym Rogöser Fließe, und die zweite nahe bey Nieder-Finow oberhalb gebauet werden. Indessen waren sämtliche Schleusen nicht dauerhaft angelegt und zum Theil zu hoch. Sie bedurften daher bey dem starken Gefälle und Drucke des Wassers, welchem sie nicht gehörigen Wiederstand leisten konnten, einer Verstärkung und beständigen Reparatur." (v. d. Hagen)

Nachzutragen zur technischen Ausführung des Kanals bleibt noch, daß die Wasserversorgung aus der Havel teilweise unzureichend war und deshalb das große Reservoir des Werbellinsees über den Pechteich „angezapft" wurde. Später wurde rekonstruiert, daß diese Gewässer dadurch eine Wasserspiegelsenkung von etwa 6 Fuß (1,88 m) erfahren haben müssen.

Über die Baukonstruktion der Schleusen ist nichts Näheres bekannt geworden. Nur soviel dürfte feststehen, daß es sich um hölzerne Zimmermannskonstruktionen gehandelt hat. Allein im Jahre 1607 waren für den Schleusen- und Brückenbau 90 Zimmerleute eingesetzt gewesen, und aus dem Jahre 1608 vermeldet die Chronik, daß „in der Biesenthalschen Heide zum Schleusen- und Brückenbaue 60 Schock Bauholz, und in der Eberswaldischen 18 Schock mit einmahl gefället" wurden. Für die reinen Wasserbauarbeiten, das Ausheben des Kanalbettes und das Räumen, Vertiefen und Verbreitern des Flußbettes, waren als Spezialisten „Teichgräber" (der Begriff Teich kam aus dem Holländischen und führt auf Deich zurück; schon Leupold vermerkt aus Holland „See-Dämme, die man allda Teiche nennet") eingesetzt, die, wie alle anderen Arbeitskräfte, nicht nur aus der Kurmark selbst, sondern sogar aus Schlesien und Preußen herbeigerufen wurden.

„Der Graben sollte im Grunde 25 Schuhe breit seyn." Seine Wassertiefe dürfte etwa zwischen 1,00 bis 1,50 m geschwankt haben. Die „Teichgräberei" war eine mühsame Angelegenheit, und da nimmt es dann nicht wunder, daß bereits im Jahre 1606 viele Arbeiter die beschwerliche Arbeit aufgaben und nach Hause liefen. Sie wurden aber zum großen Teil wieder eingefangen und mit Gewalt zum Kanalbau zurückgebracht. Die Arbeitsleistungen wurden, wie aktenkundig vermerkt, u. a. so vergütet: „für Ausgrabung einer Ruthe im Holze mit Rodung der Stämme ward 10 sgr., für eine Ruthe in den Wiesen 7 gr. 6 pf. und für eine Ruthe zu baggern 15 margr. auch auf 60 Ruthen eine Tonne Bier und 1 Schfl. Brodkorn gegeben." Da es an einer wasserbauverständigen Leitung mangelte, wurde 1606 die Entsendung des Mühlenmeisters F.-G. Beuchel aus Beeskow an den Kanal verfügt. Zur Verbesserung der Versorgungslage der Arbeiter wurde am Kanal „ein Vorrath an Brod, Bier, Wein und Speck" angelegt und „den Arbeitern um einen billigen Preiß verkaufet" (u. a. wurde ein Brot von 6 1/2 Pfund für einen Preis von 1 sgr. verkauft). Auch um den „Arbeitsschutz" war der Kurfürst bemüht. „Damit die Leute auch im Herbste bey kaltem Wetter arbeiten konnten, ließ der Churfürst ihnen auf seine Kosten 100 Paar Stiefeln machen."

Der Nutzen aller dieser Maßnahmen wurde durch eine im Herbst 1606 unter den Arbeitern ausbrechende und auch etliche benachbarte Dörfer ergreifende Seuche infrage gestellt und die Kanalbauarbeiten dadurch sehr aufgehalten. Eine 1607 erlassene Verordnung verfügte daher, „daß sowohl in Städten als Aemtern von den Hausleuten der fünfte Mann, exclusive der Zimmerleute und Teichgräber, zu dieser Graben-Arbeit angestellt werden, und dabey bleiben sollten, wogegen die Uebrigen, die zu Hause blieben, wöchentlich einen Groschen zur Erhaltung der Weiber und Kinder der Abwesenden zusammen bringen mußten." Verfügt war außerdem: „Die Churfürstlichen Amts-Unterthanen und die Städte mußten die Holz-, Stein- und anderen Fuhren zu diesem Kanale verrichten."

Bei der Realisierung dieser letzten Forderung zeigten sich die Städte teilweise äußerst uninteressiert am Kanalbau und kamen ihren Verpflichtungen nur widerwillig nach. „Bernau entschuldigte sich, keine Ziegelsteine zu haben, Eberswalde kann keine Bretter liefern, Prenzlau beklagt sich über verloren gegangenes Pferdematerial." (Schmidt). Auch bei der zur Verfügungstellung von Land für den Kanalbau kam es anfangs zu heftigen Streitigkeiten.

Daß es trotz aller geschilderten Widerwärtigkeiten zur Fertigstellung dieser ersten Verbindung zwischen den Stromgebieten der Elbe und Oder kam, ist umso beachtlicher. Leider war das Ende des Kanals schon bei seiner Inbetriebnahme vorauszusehen. V. d. Hagen vermerkt darüber: „Als in dem gleich erfolgten dreißigjährigen Kriege die Mark vorzüglich mitgenommen und verheeret wurde, so konnte auf die Erhaltung des Kanals und der Schleusen keine Sorgfalt noch weit weniger aber Kosten verwandt werden. Eine natürliche Folge war es also, daß solcher bald verfiel und die Schleusen unbrauchbar wurden. Einige ruinierten auch die feindlichen Völker. Das Wasser stürzte also aus der Havel, mit vielem Ungestüm durch die Finow nach der Oder, wodurch nicht nur große Ueberschwemmungen entstanden, sondern die Finow unterhalb Eberswalde, besonders jenseits Niederfinow dergestalt versandet wurde, daß sie fast gar nicht mit Kähnen befahren werden konnte, und die Stadt Eberswalde wegen ihrer Schiffahrt und des Handels nach der Oder großen Schaden litte.
Man sahe sich daher genöthigt, zur Abhaltung des zuströmenden Havel-Wassers den Kanal bey Zerpenschleuse mit einem starken Damme von Erde zuzuschütten, und die Schleuse bey Eberswalde ward deshalb gleichfalls mit Erde zugeworfen, und ein Steindamm darüber gemacht. Der übrige Theil des Kanals ging nach und nach ein, und verwuchs dergestalt, daß zu Anfang dieses Jahrhunderts (des 18. Jahrhunderts d. A.) an den meisten Orten keine Spur desselben übrig war, und es wurde nach und nach völlig unbekannt, daß durch den Graben die Havel mit der Oder ehemals verbunden gewesen."
Soviel zur Geschichte des ersten Finowkanals. Leider ist uns über seine Verkehrswirksamkeit nichts berichtet worden. Sie dürfte jedoch, unter Berücksichtigung der geschilderten Widrigkeiten, nicht sehr hoch gewesen sein.

4.2. Der Bau des zweiten Finowkanals

Der Dreißigjährige Krieg war 1648 beendet worden. Im Jahre 1737 tauchte erneut der Vorschlag auf, die Havel mit der Oder über die Finow zu verbinden. Insbesondere die Stadt Eberswalde hatte ein starkes Interesse an der Wiedereröffnung der Finow, da ihr sehr viel am Handel mit dem 1720 von Preußen „acquirireten" (erworbenen, d. A.) Stettin gelegen war. So wurden seitens der Stadt im Juni 1737 Vermessungsarbeiten von Eberswalde bis Niederfinow veranlaßt und eine Befahrung dieses Abschnittes vorgenommen. Hierbei wurden für die 3 389 Ruthen (12 763 m) 4 Stunden benötigt. Die vom König eingesetzte Kommission fand aber die Sache zu schwierig, und so unterblieb der Bau.
Mit Regierungsantritt Friedrich II. unterbreitete ihm der Minister von Görne zwei Vorschläge, und zwar
„– die Havel mit der Oder durch einen Kanal und durch die Finow sowie
– die Elbe mit der Havel durch einen Kanal von Parey bis Plaue zu verbinden".
Durch den bald darauf ausbrechenden ersten Schlesischen Krieg konnten diese Vorschläge nicht weiter verfolgt werden, wurden aber bald nach Kriegsende (1742) wieder aufgegriffen und weiteren Untersuchungen unterzogen. Forciert wurde die ganze Angelegenheit dadurch, daß das Herzogtum Schlesien beim Friedensschluß an Preußen fiel und der zu erwartende stärkere Handel nach dort durch den Friedrich-Wilhelms-Kanal nicht mehr zu bewältigen war. Interessant dabei ist auch, daß neben den beiden oben genannten Vorschlägen als drittes Projekt noch erörtert wurde, „die Oder mit der Havel durch einen Kanal zu verbinden, und solchen von der Gegend bey Wrietzen durch den Strauß-Taßdorfschen und andere Seen bey Rüdersdorf und Erkner in die Havel zu führen." Dieser Vorschlag wurde zwar abgelehnt, blieb in seiner Trassenführung aber bis Anfang des 20. Jahrhunderts als Mittellinie des Großschiffahrtsweges Berlin—Stettin im Gespräch.
Die vom König ernannte Kommission bestand aus dem Kriegsrat Uhl, dem Landbaumeister Dames und dem Fontainenmeister Dudendorf und befand in ihrem Bericht über die Möglichkeit zur Errichtung des Finowkanals, datiert vom 8. Mai 1743, „daß wegen der quaestio an oder ob der Kanal practicable, kein Zweifel mehr übrig sey, weil sie aus einem Fragmente des rathhäuslichen Archivs zu Eberswalde von Ao. 1662, wovon der Magistrat selbst nicht gewußt, entdeckt hätten, daß der Churfürst Joachim Friedrich diesen Kanal bereits von Ao. 1603 bis 1608 anlegen, mit Schleusen versehen und zu Stande bringen lassen, daß solcher aber im dreißigjährigen Kriege eingegangen und verwüstet worden sey."
Über den Nutzen des Kanals befand die Kommis-

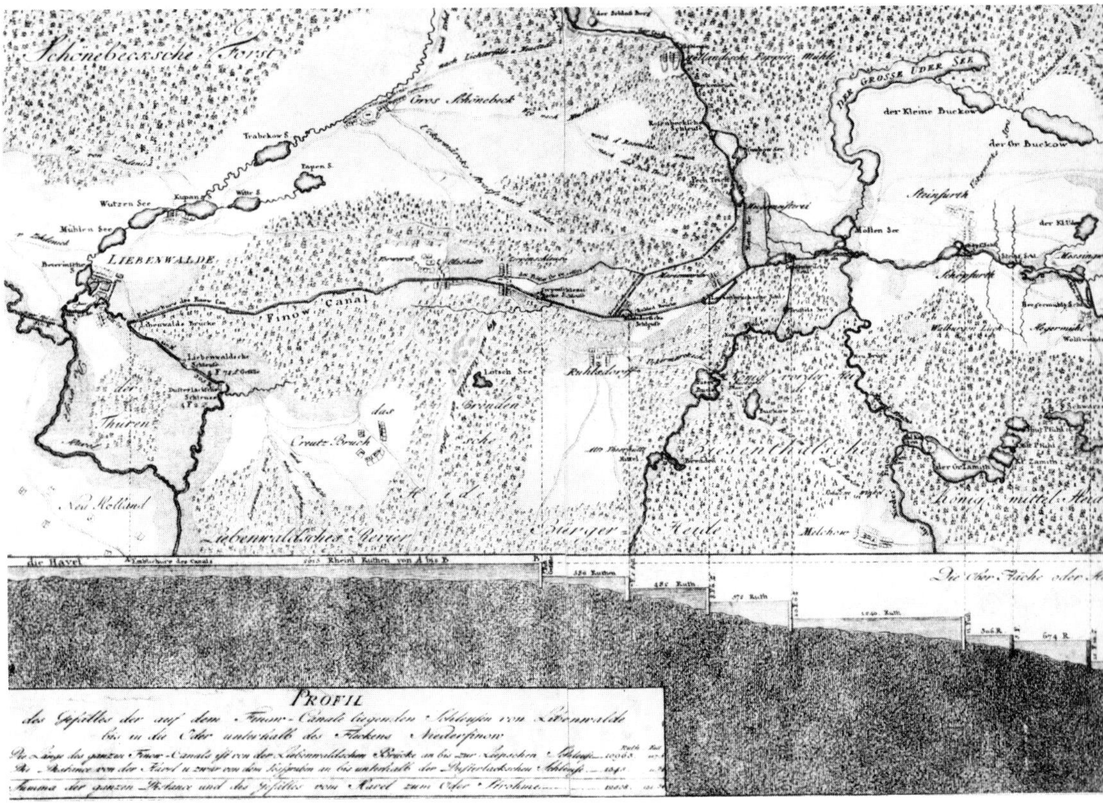

Bild 4.8 Plan des zweiten Finowkanals nach Satzmann, veröffentlicht durch v. d. Hagen 1784.
Repro Deutsche Staatsbibliothek

sien, „so sey solcher einleuchtend, indem der Handel mit Stettin dadurch sehr erleichtert und um die Hälfte verkürzet, auch allein beim Transport des Salzes, wovon jährlich 5 100 Lasten (10 200 t) nach Pommern und Preußen gingen, die Hälfte der Kosten und also über 7 650 Rthlr. ersparet würde, weil das Salz durch den Transport über Berlin einen Umweg von 48 Meilen (361,5 km) machen müsse, da durch den Kanal Oranienburg von Stettin nur 19 Meilen (143 km) entfernt sey. Nach Schwedt werde der Transport um $^{3}/_{4}$näher, und Cüstrin sey von Berlin durch den Friedrich-Wilhelms Graben 25 Meilen (188,3 km), von Oranienburg aber durch den Finow-Kanal nur 17 Meilen (128 km). Das Neumärkische Schiffs- und Brandholz könne auch durch diesen Kanal bequem transportiret, und sowohl die Magdeburgschen Salz-Cocturen als die Städte Berlin und Potsdam mit letztern versehen werden, welches noch eine weit größere jährliche Revenüe als die vom Salz-Transporte betragen würde, anderer wichtigen Vortheile nicht zu gedenken."

Um ganz sicher zu gehen, ließ Friedrich II. noch ein Gegengutachten durch den Kriegsrat Rappard anfertigen, der sich schon am Rhein als erfahrener Wasserbauer bewährt hatte. Sein Gutachten stimmte in allen wesentlichen Punkten mit dem der Kommission überein, und so stand dem Baubeginn nichts mehr im Wege.

Vorgesehen war,
- die ehemalige alte Fluth von Liebenwalde bis Grafenbrück zu räumen und auf 30 bis 40 Fuß (9,40 bis 12,55 m) Breite zu erweitern,
- die Finow zu beräumen und
- acht Schleusen zu errichten.

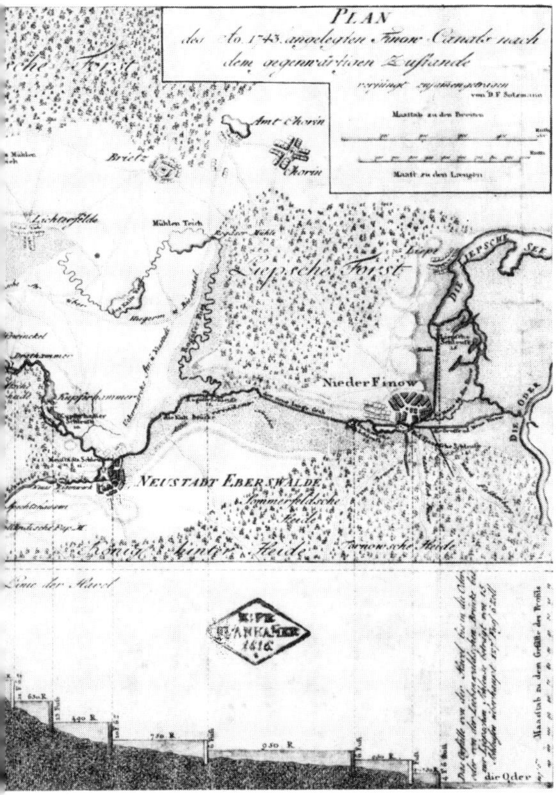

Bild 4.9 Auszug aus der ersten „Instruction vor die Schleuse-Meister am Finow-Canal" mit Signum Friedrich II. vom 22. Juni 1747. *Quelle: Archiv WBU Eberswalde*

INSTRUCTION
Vor die Schleuse-Meister am Finow-Canal.

Demnach Seine Königliche Majestät in Preußen ꝛc. Unser allergnädigster Herr, nunmehro bey dem neuen Finow-Canal gewisse Schleuse-Meister und Aufseher bestellen zu lassen, allergnädigst gut gefunden; Als wird denenselben zu ihrem Verhalten nachstehende Instruction ertheilet:

1.

Soll einem jeden Schleuse-Meister die ihm zur Aufsicht anvertraute Schleuse von dem Conducteur, welcher bey derselben Anbau gestanden, oder in dessen Abwesenheit sonst von einem Königlichen Bau-Bedienten gehörig überliefert, ihm auch alle nöthige Anweisung gegeben werden, was sowohl überhaupt, als ins besondere bey dieser Schleuse zu beobachten.

2.

Muß der Schleuse Meister Morgends und Abends die Schleuse wohl visitiren, ob, da alles noch neue [illegible] ist, auch etwas schadhafft geworden, und wo sich etwas von Wichtigkeit [illegible] seyn sollte, solches dem nächsten Königl. Bau-Bedienten, oder dem im Crayse bestellten Bau-Inspectori, nicht weniger auch der Haupt-Canal-Casse in Neustadt Eberswalde anzeigen; die Kleinigkeiten, so er selbst bessern und repariren kan, muß er ungesäumt selbst wieder in gehörigen Stand setzen.

3.

Beym Anlassen der Schleusen müssen zuvor die Schuß-Thüren in den Untern Thoren wohl zugesetzt, die Thore selbst recht gerade von einem der Schleuse Kahn Knechten zusammen geschoben, und wenn das Wasser andrücket, gleich gerücket werden, daß nicht eins vor das andere hervor stehen bleibe, die Schuß-Thüren in den Obern Thoren müssen anfänglich nur auf 3 Löcher gezogen werden, damit das Wasser nicht auf einmahl in die Schleuse und Kähne stürtzen könne, wenn aber das Gegen Wasser in der Schleuse zu steigen anfänget, können allgemächlich die Schuß-Thüren mehr aufgezogen werden.

4.

Beym Ablassen der Schleusen hat der Schleuse Meister gleiche Behutsamkeit zu gebrauchen, und zuvor die Schuß-Thüren in den Obern Thoren recht herunter zu stossen, die Thore gerade zusammen zusetzen, und das Wasser durch mäßige Oefnung der Schuß-Thüren im untern Thore nach gerade abzulassen.

5.

Vor der Schleuse muß er nach dem ihm gesetzten Maaß oder marque ein gleich hochstehendes Wasser halten und wie wegen des Wasserhaltens bey denen Königl. Wercken und Mühlen auf dem Canal ein besonderes Reglement

...

tzet, welches, wenn es nicht abgeräumet wird, mit Mooß und Graß bewächset und Ursache ist, daß die Stichle und Riegel, auch die Bekleidung derer Thore selbst anfaulen, und daher Schaden nehmen, so muß er wenigstens alle Monath einmahl so wohl die Ober- als Unter-Thore reinigen, und auch dahin sehen, daß an denen massiven Schleusen zwischen die Fugen derer Werckstücken und an denen Höltzernen zwischen die Fugen derer Hölzer nichts heraus wachse, mithin Sorge tragen, daß sowohl Thore als Wände beständig reine gehalten werden, wo sich aber bey ein oder der andern Schleuse bey visitirung dererselben das Gegentheil finden solte, so muß derjenige, der überführet wird, daß er diesem nicht nachgelebet, gewärtig seyn, daß er nachdrücklich bestrafet werden wird.

17.

Die Wohnung muß der Schleuse-Meister in dem Stande erhalten, als sie ihm übergeben, zu welchem Ende ihm der Conducteur ein Inventarium zustellen soll, wie er alles empfangen, von welchem Inventario Abschrifft an die Bau-Casse einzusenden. Insonderheit muß er auf Feuer und Licht gute Acht geben, wie er dann für den Schaden stehen muß, welchen er oder die Seinigen etwa verursachen möchten.

18.

Ubrigens muß der Schleuse Meister ohne permission von der Bau-Casse nicht eine Nacht von der Schleuse bleiben, auch den gantzen Tag bey derselben auswärtig seyn, wofern er aber aus erheblichen Ursachen nicht den gantzen Tag zu Hause und bey der Schleuse selbst seyn kan, muß er doch sonst solche Anstalten machen, daß in seiner Abwesenheit nichts versäumet, noch versehen werde, als wofür er sonst responsable bleibet.

Wann nun der Schleuse-Meister diesem allen und was ihm sonst zustehet, [illegible] wird, so soll ihm aus der Canal-Casse Monathlich 2 Rthlr. 12 Gr. zum Tractament gereichet, ihm auch erlaubet werden, neben seinem Hause einen Kohl-Garten anzulegen, die Fischerey auf dem Schleuse-Teich zu seiner Nothdurfft, nicht aber zum Verkauff, zu treiben, desgleichen freyen Bier- und Brandtwein-Schanck aus einer der nächsten accisebahren Städte zu exerciren, auch 3 Stück Rind-Vieh, Schweine und nöthiges Feder Vieh zu halten, jedoch daß das Vieh und Schweine niemanden Schaden thue, noch an abgehegten Orten gehe. Signatum Berlin den 22. Junii 1747.

Friderich.

L.S.

A. O. v. Viereck. A. F. v. Boden.

Der Kostenvoranschlag für die Wasserbauarbeiten belief sich auf 38 617 Rthlr. 17 Gr., und für die Schleusen waren als Baumaterial „320 Eichen, 3 591 kiehnene Balken, 980 Stück Bauholz und 1 692 Stück kiehnene Sägeblöcke" veranschlagt.
Zur Leitung und Aufsicht des Kanal- und Schleusenbaues wurde eine besondere Baukommission ernannt, die ihren Sitz in Neustadt-Eberswalde nahm. Man kann sie als Vorläufer des späteren Wasserstraßenamtes betrachten, und so darf konstatiert werden, daß sich seit dem 1. August 1743 in ununterbrochener Reihe Dienststellen der Wasserstraßenverwaltung in der Stadt Eberswalde befinden. Eine für das Gebiet der DDR wohl einmalige Tradition!
Der genannte Kostenanschlag sollte sich als totale Fehleinschätzung herausstellen, was der damaligen völligen Unerfahrenheit mit solchen Großbauten anzulasten ist. Schon 1744 wurden neun Schleusen in Vorschlag gebracht, deren Zahl sich 1745 um eine weitere erhöhte. Von diesen zehn Schleusen wurden sechs in Holzbauweise und vier in massiver Bauweise errichtet. Die vier massiven Schleusen befanden sich in Schöpfurth, Heegermühle, Kupferhammer und Eberswalde. Interessant ist, daß man bei der Räumung des Kanals die Pfähle und Böden sämtlicher Schleusen des ersten Finowkanals wieder fand und in Wolfswinkel die Gründung noch so gut war, daß man sie für die neue Schleuse benutzen konnte. Aber man stieß auch auf traurige Überreste des Dreißigjährigen Krieges in Form zahlreicher Menschenknochen und Gewehre.
Der ungeduldige König wollte den Kanal innerhalb eines Jahres fertiggestellt sehen und kommandierte zu diesem Zweck 600 Soldaten aus den Garnison-Regimentern Eberswalde, Colberg und Magdeburg auf die Baustellen. Aber auch damals konnten keine Bauwunder vollbracht werden. Nach einer Bauzeit von knapp drei Jahren eröffnete ein mit 100 Tonnen Salz beladenes Fahrzeug am 16. Juni 1746 die Schiffahrt von der Havel nach der Oder. Die Probefahrten wurden durch die Passage eines Schiffes in umgekehrter Richtung abgeschlossen. Auf diesem Schiff, das Hafer geladen hatte, befanden sich neben dem Präsidenten der Kurmärkischen Kammer, v. d. Osten, fast sämtliche Beamten der Baukommission. Die Maße dieses Schiffes waren 85 Fuß (26,67 m) Länge und 9 Fuß 14 Zoll (3,19 m) Breite.

4.3. Die ersten Betriebsjahre

Schon die Probefahrten hatten ergeben, „daß die Schleusen noch mehr verwahret und befestiget, der Havel Arm bey Liebenwalde nivelliret, auch mehrere Schleusen im Kanal wegen des starken Gefälles, besonders unterhalb Eberswalde angelegt, und ein Flößer-Graben vom Pech-Teiche bis in den Kanal mit zwey Schleusen angefertiget werden müßte. Hierauf wurden noch drey Schleusen unterhalb Eberswalde bis Nieder-Finow, und zwar eine oberhalb dem Rogöser Fließe, die andere weiter unterhalb, die Stechersche von dem Baumeister Stecher genannt, die dritte aber bey Nieder-Finow von Holz erbauet, auch vor den oberhalb Eberswalde liegenden Schleusen noch Häupter angelegt."
Diese Arbeiten wurden bis 1749 abgeschlossen und zusätzlich noch im Havelarm (der Faulen Havel) unterhalb Liebenwalde die Schleusen Liebenwalde und Dusterlake ebenfalls in Holzbauweise errichtet. Der Kanal war nun soweit befahrbar, daß ihn, trotz ständiger Reparaturen an den Schleusen, im Jahre 1749 schon 32 Schuten, 263 Kähne mit Schiffsbohlen und Bauholz, 307 Kähne mit Kaufmannsgut, 455 Kähne mit Getreide und Fourage und 295 beladene „Fisch-Drefel" (das waren Halter in denen lebende Fische transportiert wurden) benutzten.
Von besonderem Interesse beim Schiffsverkehr der ersten vier Jahre dürfte sein, daß schon hier das leidige und auch heute nicht ausgestandene Thema „Schiffsabmessungen kontra Wasserstraßenparameter" auf die Tagesordnung kam. Ein gewisser Salzmann, der aus Regensburg stammte, erbot sich, mit von ihm vorgeschlagenen und zu erbauenden Holzschiffen „das Brandholz für Berlin und die Magdeburger Salz-Cocturen mit geringen Kosten aus der Neumark durch den Finow-Kanal zu transportieren." Da er seine Sache sehr vorteilhaft vertrat, wurde ihm dieses Monopol 1747 übertragen. Er erhielt den Titel eines „Ober-Schiffs-Commissarius" mit einem Gehalt von 400 Reichstalern jährlich. Geplant war, 60 Schiffe zu bauen. Sie waren 100 bis 115 Fuß (31,39 bis 36,09 m) im Boden lang, 10 bis 12 Fuß (3,14 bis 3,77 m) im Boden und oben 14 bis 17 Fuß (4,39 bis 5,34 m) breit. Jede Schute sollte jährlich 16 mal die Reise nach der Neumark machen und war auf eine Lebensdauer von sechs Jahren konzipiert. Voll beladen sollten sie 56 Klafter (187 rm) Holz transportieren und gingen dabei 3 1/2 Fuß (1,10 m) tief. Dieser Tiefgang erforderte eine Wassertiefe

von mindestens 4 Fuß (1,26 m), die aber an vielen Stellen kaum vorhanden war. „So ging die Fahrt sehr langsam; mußte ein Theil des Holzes ausgeladen, mehrere Schiffer und Leute zum Fortbringen der Schute angenommen, und die Brükken-Joche weiter gemacht werden." Statt der geplanten 56 Klafter konnten nur 30 bis 35 (100 bis 117 rm) transportiert werden. Salzmann hatte sich also verspekuliert. Trotzdem kamen 1749 45 Schuten zum Einsatz. Danach schlief die Sache langsam wieder ein.

Auch die Fahrt mit Oderkähnen ⟨damals von Spitze zu Spitze etwa 66' bis 70' (20,71 bis 21,97 m), im Boden 38' bis 41' (11,93 bis 12,87 m) lang bei einer Breite oben von 9' bis 9 1/2 (2,82 bis 2,98 m); bei voller Beladung von 2 1/2' (0,78 m) trug er 200 bis 300 Zentner⟩ gestaltete sich infolge zahlreicher Untiefen und ständiger Schleusenreparaturen schwierig. Der König ließ deshalb 1749 durch eine „Immediat-Commißion" (ihm selbst unterstellt, d. A.) den Zustand nochmals genauestens untersuchen. Die Kommission, der u. a. der berühmte Mathematiker Euler angehörte, kam zu dem Schluß, „daß der Kanal mit größeren Fahrzeugen als Breslauer Kähnen nicht wohl befahren werden könne, weil nicht Raum genug vorhanden, sich an allen Orten füglich auszuweichen, auch zu viel Krümmen sich im Kanal befänden, daß größere Schiffsgefäße, weil sie tief gehen, zu viel Wasser weg nähmen, daß die Verwallung höher und breiter gemacht, daß bei Liebenwalde noch eine Schleuse anzulegen, die übrigen repariret und erhöhet, die Stechersche aber neu gebaut werden müsse."

1751 wurde dann der Finowkanal der Kurmärkischen Kammer zur Aufsicht und Direktion übergeben.

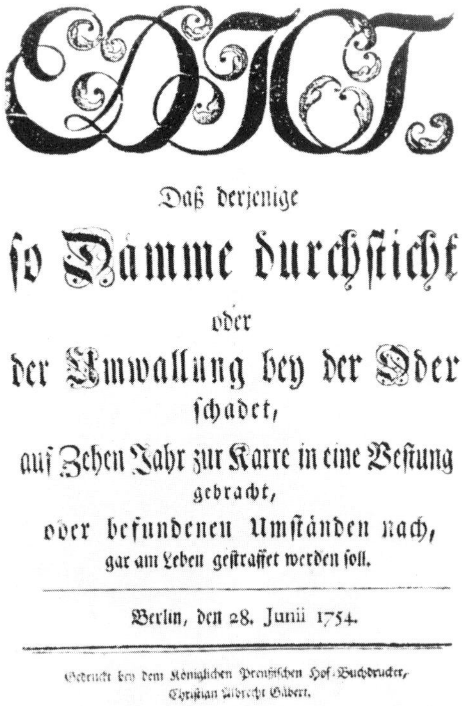
EDICT,
Daß derjenige
so Dämme durchsticht
oder
der Umwallung bey der Oder
schadet,
auf Zehen Jahr zur Karre in eine Vestung
gebracht,
oder befundenen Umständen nach,
gar am Leben gestraffet werden soll.

Berlin, den 28. Junii 1754.

Gedruckt bey dem Königlichen Preußischen Hof-Buchdrucker,
Christian Albrecht Gäbert.

Bild 4.11 Verfügung vom 28. Juni 1754 über das Strafmaß für Beschädigungen der Deiche entlang des Oderkanals.
Sammlung Autor

Neben kleineren Reparaturen und Verbesserungen tat sich bis 1767 am Kanal nicht viel. In diesem Jahr wurde, um dem Rückstau bei Hochwasserführung der Oder zu begegnen, ein neuer Kanal von Niederfinow zum Lieper See gegraben, in dem die Schleuse Liepe in massiver Bauweise errichtet wurde. Ebenfalls in diesem Jahre wurde die eingefallene Stechersche Schleuse durch eine massive ersetzt. Mit dem Jahre 1767 war, von der Linienführung für die Schiffahrt her, ein Stand am Kanal erreicht, der sich in den nächsten 50 Jahren nicht ändern sollte und über den Tabelle 4.1 Auskunft gibt.

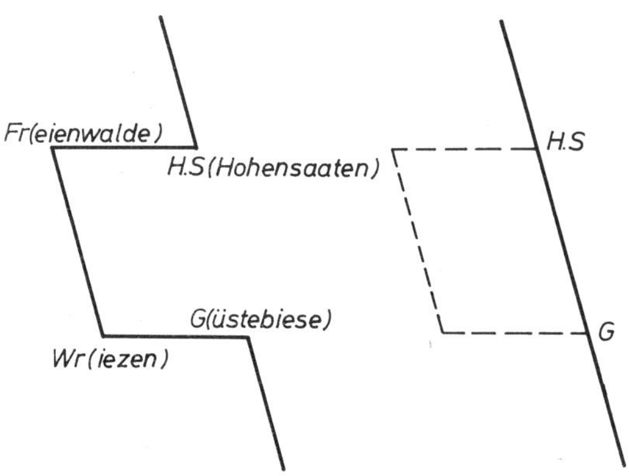

Bild 4.10 Prinzipskizze des Lageplanes vor und nach dem Bau des Oderkanals nach Theodor Fontane.
Sammlung Autor

4.4. Das Oderbruch und der Oderkanal

Eine wasserbauliche Maßnahme, die sich auf die Schiffahrt im Mündungsbereich des Finowkanals in die Oder zwar nur gering auswirkte, volkswirtschaftlich und landeskulturell aber von höchster Bedeutung war, soll innerhalb dieses Kapitels noch behandelt werden, und zwar der Bau des Oderkanals von Güstebiese bis Hohensaaten.

Über den Zustand des Oderbruchs zu Beginn des 18. Jahrhunderts schrieb Theodor Fontane in seinen „Wanderungen durch die Mark Brandenburg": „Alle noch vorhandenen Nachrichten stimmen darin überein, daß das Oderbruch vor seiner Urbarmachung eine wüste und wilde Fläche war, die, sehr wahrscheinlich unserem Spreewald verwandt, von einer unzähligen Menge größerer und kleinerer Oder-Arme durchschnitten wurde. Viele dieser Arme breiteten sich aus und gestalteten sich zu Seen, deren manche, wie der Liepesche bei Liepe, der Kietzer und der Kloster See bei Friedland, noch jetzt, wenn auch in sehr veränderter Gestalt, vorhanden sind. Das Ganze hatte, dementsprechend mehr einen Bruch- als einen Waldcharakter, obwohl ein großer Teil des Sumpfes mit Eichen bestanden war. Alle Jahre stand das Bruch zweimal unter Wasser, nämlich im Frühjahr um die Fastenzeit, nach der Schneeschmelze an Ort und Stelle, und um Johanni, wenn der Schnee in den Sudeten schmolz und Gewitterregen das Wasser verstärkten. Dann glich die ganze Niederung einem gewaltigen Landsee, aus welchem nur die höher gelegenen Teile hervorragten; ja selbst diese wurden bei hohem Wasser überschwemmt."

Der Hauptstrom der Oder hatte von Frankfurt bis Güstebiese ungefähr den heutigen Verlauf, wandte sich dann aber westlich nach Wriezen, floß darauf in nördlicher Richtung bis Freienwalde weiter, um nun in östlicher Richtung fließend, Hohensaaten zu erreichen. Die Prinzipskizze Fontanes gibt den geschilderten Verlauf und auch die folgenden Maßnahmen ausgezeichnet wieder.

Die Arbeiten zur Entwässerung des Oderbruchs bestanden aus drei Hauptmaßnahmen:

- dem Bau des Oderkanals
- der Eindeichung des Oderbruchs und
- der Melioration des Gebietes.

Durch den Bau des Oderkanals von Güstebiese nach Hohensaaten wurde der bisherige Flußlauf um etwa 25 km verkürzt. Die Länge des Kanals betrug etwa 21 km. Projektgemäß sollte seine Sohlenbreite im größten Teil 8 Ruthen (30,13 m) betragen, man begnügte sich dann aber mit 5 Ruthen (18,83 m). Eine Sparsamkeit, die sich rächte. Der Strom, der sich selbst sein Bett räumte — 1770 war es schon durchschnittlich 240 m breit — war schwer unter Kontrolle zu bringen. Es kam zu umfangreichen Sandablagerungen und Verwilderungen, die der Schiffahrt lange Zeit große Schwierigkeiten bereiteten.

Durch den Kanal wurde der Rückstau im Oderbruch um etwa 3,50 m gesenkt und damit die Hauptvoraussetzung für die Entwässerung des Bruches geschaffen.

Die Eindeichung des Oderbruches erfolgte durch einen linksseitig des Oderkanals verlaufenden, in 10 Ruthen (37,66 m) Entfernung von diesem angelegten Deich. Ebenso wurde die „Alte Oder" von Güstebiese bis Oderberg beidseitig mit Deichen versehen.

Zur Melioration des Oderbruches legte man ein umfangreiches Kanal- und Grabensystem an.

Die Bauarbeiten begannen im Jahre 1747 unter Leitung des Holländers Leonhard von Haerlem, der auch für die Vorarbeiten verantwortlich zeichnete, und wurden im Jahre 1753 abgeschlossen. Die bürgerliche Geschichtsschreibung spricht von einem in der Stille geführten „Siebenjährigen Krieg" und Friedrich II. die Worte „Hier habe ich im Frieden eine Provinz erobert" zu.

In der Tat sind die Gesamtbaumaßnahmen trotz aller aufgetretenen Unzulänglichkeiten auch heute noch als eine der größten und mutigsten Wasserbauleistungen der Geschichte zu betrachten. Ursprünglich aus rein wasserwirtschaftlichen und landeskulturellen Gründen angelegt, wurde dieser Oderkanal zum wahrscheinlich größten „Durchstich" der Welt und damit zu einem integrierenden Bestandteil der Oderwasserstraße.

4.5. Der Finowkanal zwischen 1767 und 1860

Im Zeitraum zwischen 1767 und 1822 ereignete sich am Kanal selbst nichts wesentliches, außer, daß ständig Schleusen repariert und z. T. erneuert werden mußten. So ergibt ein statistischer Nachweis des Jahres 1822, daß von den 17 Schleusen sieben bereits in massiver Bauweise, drei teilmassiv (Schleusenhäupter) und nur noch sieben vollkommen aus Holz und Faschinen errichtet waren. größer sein dürften als 128' (40,17 m) lang und 14 ½' (4,55 m) breit. Damit war das Finowmaß geboren.

Noch im selben Jahr wurde die Schleuse Steinfurt abgerissen; ihr folgte in den Jahren 1831 bis 1834 die Schleuse Dusterlake.
1820 wurde eine Entscheidung des zuständigen Ministers bedeutungsvoll. Er verfügte, daß in Zukunft die Schleusen zwischen Elbe und Oder nur für Schiffe von 124' (38,92 m) Länge und 13,5' (4,24 m) Breite bemessen werden sollten, „indem sich bei sorgfältiger Ermittlung aller Umstände ergeben habe, daß dies die größte Art von Schiffsgefäßen sei, welche mit Nutzen auf der Havel und Spree gebraucht werden könne und es dringend nötig ist, der fortschreitenden Vergrößerung ein Ziel zu setzen."
Für Schleusenneubauten und Generalreparaturen war seit dem Jahre 1817 die Anordnung der „versetzten Häupter" eingeführt, bei der die Schleusentore nicht in der Mittelachse der Schleuse, sondern seitlich davon angeordnet sind. Sie erhielten eine Kammerlänge von 130' (40,80 m), eine Kammerbreite von 30' (9,42 m) und eine lichte Torweite von 17' (5,34 m). Die Torweite und die Kammerbreite waren etwas reichlicher bemessen, da man mit Heu und Stroh überbreit beladene Fahrzeuge einkalkulierte. Durch diese neue Grundrißbemessung konnten bei mindestens gleicher Leistungsfähigkeit die Nachteile der alten Schleusen behoben werden. So ließ sich z. B. der Kammerraum um etwa 10 m verkürzen.
Alle heute noch betriebsfähigen Schleusen des Finowkanals weisen diesen neuen Grundriß auf; die älteste noch erhaltene, nämlich die in Eberswalde, stammt aus dem Jahre 1831.
Das Profil des Kanals wird um 1850 zu 4 Ruthen (15,06 m) Breite bei einer Wassertiefe von 3'6" (1,11 m) (beim Sommerwasserstand) angegeben. Trotz der weiter vorn zitierten Reglementierung wuchs die Größe der Schiffe zwischen Elbe und Oder ständig weiter, und im Jahre 1845 mußte die Regierung in Potsdam erneut vorschreiben, daß die Schiffe mit Datum vom 1. Januar 1853 nicht

Tabelle 4.1 Die Schleusen des Finowkanals um 1767

Schleuse	Abmessungen Kammer-länge	-breite	Gefälle	Entfernung voneinander in Ruthen
	Maße in Fuß und in Zoll			
(Abzweig aus der Havel)		—	—	— 2 615
Zerpenschleuse	189'	22'	7'	
				580
Ruhlsdorfer Schleuse	189'	22'	7'2"	482
Lesenbrücksche Schleuse	189'	22'	8'6"	572
Grafenbrücksche Schleuse	189'	22'	10'6"	1 240
Schöpfurtsche Schleuse	189'	21'5"	11'	306
Steinfurtsche Schleuse	196'	36'	3'	674
Hegermühlsche Schleuse	189'	22'	12'10"	490
Wolfswinkelsche Schleuse	189'	22'	8'	184
Drahthammer Schleuse	189'	22'	12'6"	630
Kupferhammer Schleuse	189'	22'	13'	490
Neustädtsche Schleuse (Doppelschleuse)	167' u. 189'	22'	10'6"	750
Rogöser Schleuse	196'	36'	6'	950
Stechersche Schleuse	196'	36'	6'	250
Nieder-Finowsche Schleuse	196'	36'	7'	750
Liepsche Schleuse	196'	36'	4'6"	
			127'6"	10 963

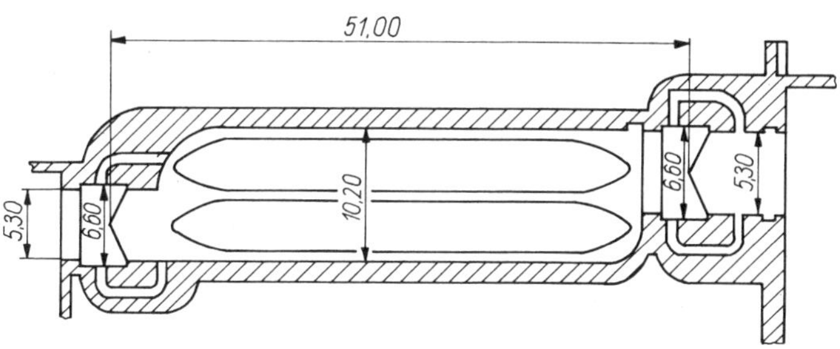

Bild 4.12
Grundriß der zweischiffigen Finowkanalschleusen. *Zeichnung Autor*

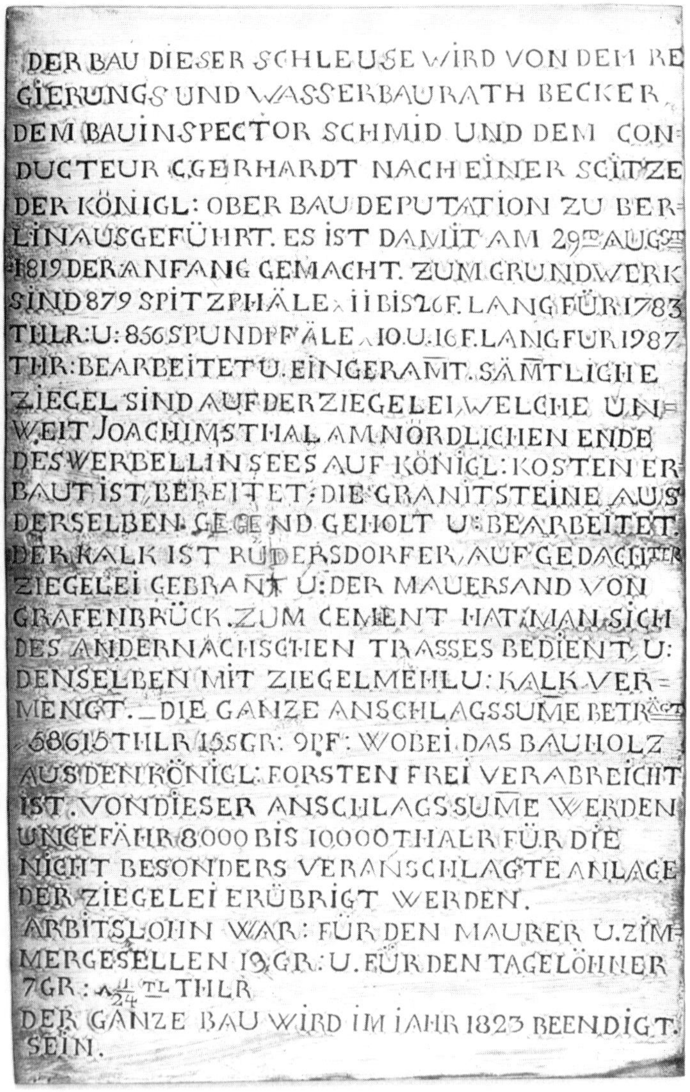

Bild 4.13
Bauurkunde der alten Schleuse Kupferhammer aus dem Jahre 1819, festgehalten auf einer Kupfertafel, die bei Bauarbeiten im Jahre 1967 geborgen wurde.
Quelle: WBU Eberswalde

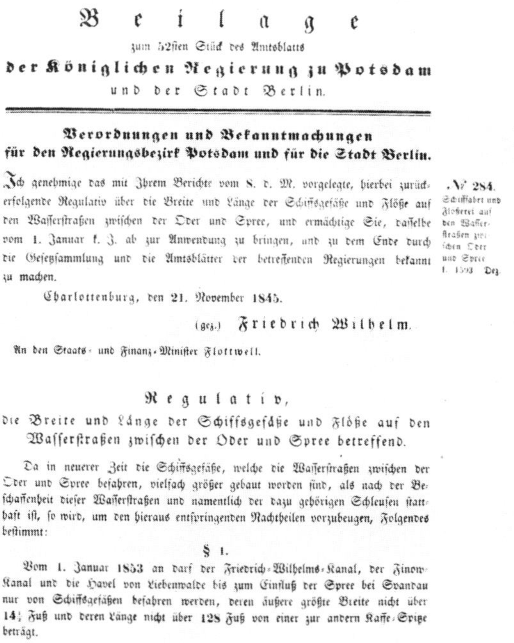

Beilage

zum 52sten Stück des Amtsblatts

der Königlichen Regierung zu Potsdam

und der Stadt Berlin.

Verordnungen und Bekanntmachungen
für den Regierungsbezirk Potsdam und für die Stadt Berlin.

Ich genehmige das mit Ihrem Berichte vom 8. d. M. vorgelegte, hierbei zurückerfolgende Regulativ über die Breite und Länge der Schiffsgefäße und Flöße auf den Wasserstraßen zwischen der Oder und Spree, und ermächtige Sie, dasselbe vom 1. Januar k. J. ab zur Anwendung zu bringen, und zu dem Ende durch die Gesetzsammlung und die Amtsblätter der betreffenden Regierungen bekannt zu machen. — № 284. Schiffahrt und Flößerei auf den Wasserstraßen zwischen Oder und Spree I. 1593. Dez.

Charlottenburg, den 21. November 1845.

(gez.) Friedrich Wilhelm.

An den Staats- und Finanz-Minister Flottwell.

Regulativ,
die Breite und Länge der Schiffsgefäße und Flöße auf den Wasserstraßen zwischen der Oder und Spree betreffend.

Da in neuerer Zeit die Schiffsgefäße, welche die Wasserstraßen zwischen der Oder und Spree befahren, vielfach größer gebaut worden sind, als nach der Beschaffenheit dieser Wasserstraßen und namentlich der dazu gehörigen Schleusen statthaft ist, so wird, um den hieraus entspringenden Nachtheilen vorzubeugen, Folgendes bestimmt:

§ 1.

Vom 1. Januar 1853 an darf der Friedrich-Wilhelms-Kanal, der Finow-Kanal und die Havel von Liebenwalde bis zum Einfluß der Spree bei Spandau nur von Schiffsgefäßen befahren werden, deren äußere größte Breite nicht über 14½ Fuß und deren Länge nicht über 128 Fuß von einer zur andern Kaffe-Spitze beträgt.

Bild 4.14 Titelblatt der „Geburtsurkunde" des Finowmaß-Schiffes vom 21. November 1845. *Sammlung Autor*

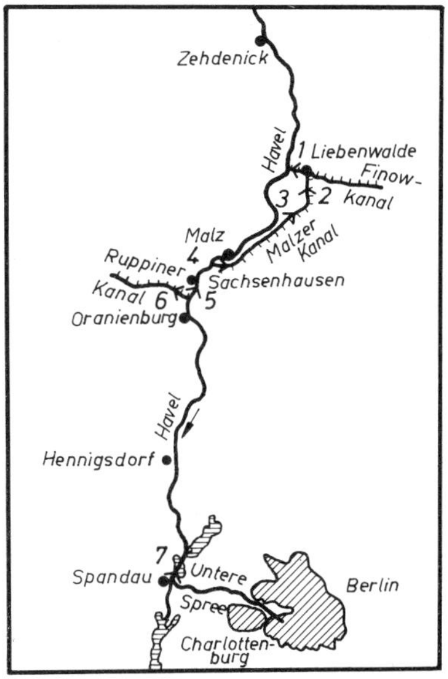

Bild 4,16 Die Havel zwischen Zehdenick und Spreemündung um 1830.
1 Voßschleuse, 2 Schleuse Liebenwalde, 3 Schleuse Dusterlake, 4 Schleuse Malz, 5 Schleuse Oranienburg, 6 Schleuse Friedenthal, 7 Schleuse Spandau.
Zeichnung Autor

Bild 4.15 Abzweigung des Finowkanals aus der Havel und Speisung durch die Havel. Um 1790. *Zeichnung Autor*

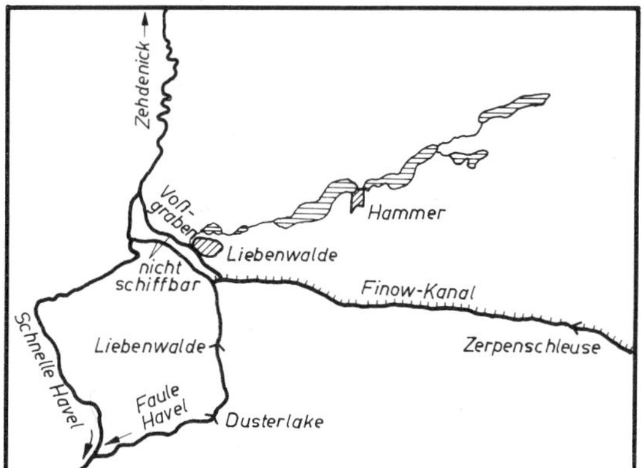

Bevor wir die Entwicklung auf dem Finowkanal weiterverfolgen, müssen an dieser Stelle einige Baumaßnahmen nachgetragen werden, die auf der Havel zwischen Liebenwalde und Spandau getroffen wurden.

Der Voßkanal

Da das Wasser aus dem versandeten Teil der Faulen Havel nicht in genügendem Maße bereitgestellt werden konnte, wurde im Jahre 1780 der Voßgraben neu angelegt, der die Schnelle Havel (den von Zehdenick kommenden Hauptarm der Havel) weiter oberhalb anzapfte und in seiner Wasserführung durch eine in ihm befindliche Arche geregelt war. Diese Maßnahme war aber nicht ausreichend, und in späteren Jahren sammelten sich in Trockenzeiten oft Hunderte von Fahrzeugen auf dem Langen Trödel, die den Finowkanal wegen Wassermangel nicht passieren konnten. Daraufhin wurde in den Jahren 1823 bis 1827 die Havel oberhalb der Teilung bei Liebenwalde begradigt, mit Dämmen versehen und über die Voßschleuse mit dem anstelle des Voßgrabens neu errichteten schiffbaren Voßkanal verbunden. Hiermit war es den Schiffern wieder möglich, von Zehdenick aus den Finowkanal auf kürzestem Wege anzulaufen. Die Schnelle Havel wurde in der Nähe der Voßschleuse durch einen Damm geschlossen, um Speisewasser durch eine neben der genannten Schleuse errichtete Arche über den Voßkanal in den Finowkanal zu leiten. In den Damm wurden zwei große Freiarchen eingebaut, welche das für die Speisung nicht benötigte Wasser in die Schnelle Havel abführten.

Der Malzer Kanal

In den Jahren 1827 und 1828 wurde unterhalb der Vereinigung von Schneller und Fauler Havel östlich der Havel der Malzer Kanal mit der Schleuse Malz als Seitenkanal angelegt. Der Unterkanal der Schleuse Malz wurde 1837 bis Friedrichsthal verlängert, wo er noch heute in die Havel mündet.

In den Jahren 1831 bis 1834 wurden, wie schon berichtet, die Dusterlaker und auch die Liebenwalder Schleuse (die zusammen nur 1,90 m Gefälle hatten) abgerissen und durch eine neue Schleuse bei Liebenwalde ersetzt. Die Faule Havel besaß nun für den Abfluß der Havel keine Bedeutung mehr; sie hatte die Eigenschaften eines

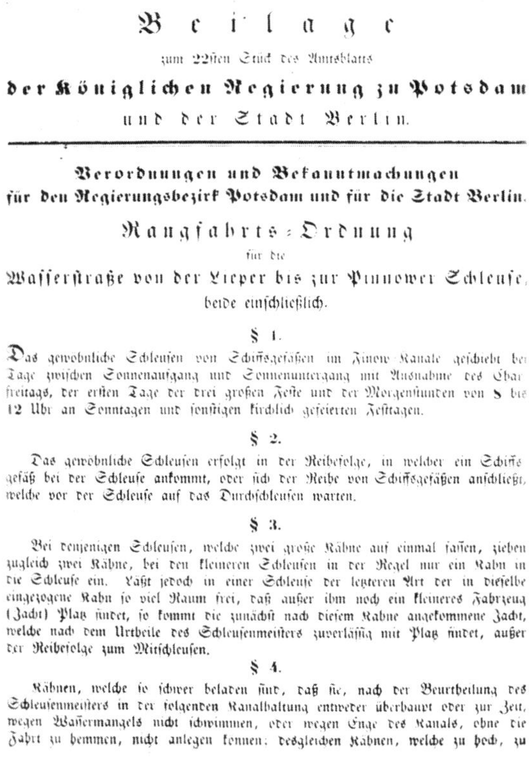

Beilage

zum 22sten Stück des Amtsblatts

der Königlichen Regierung zu Potsdam

und der Stadt Berlin.

Verordnungen und Bekanntmachungen für den Regierungsbezirk Potsdam und für die Stadt Berlin.

Rangfahrts-Ordnung

für die

Wasserstraße von der Lieper bis zur Pinnower Schleuse, beide einschließlich.

§ 1.

Das gewöhnliche Schleusen von Schiffsgefäßen im Finow-Kanale geschieht bei Tage zwischen Sonnenaufgang und Sonnenuntergang mit Ausnahme des Charfreitags, der ersten Tage der drei großen Feste und der Morgenstunden von 8 bis 12 Uhr an Sonntagen und sonstigen kirchlich gefeierten Festtagen.

§ 2.

Das gewöhnliche Schleusen erfolgt in der Reihefolge, in welcher ein Schiffsgefäß bei der Schleuse ankommt, oder sich der Reihe von Schiffsgefäßen anschließt, welche vor der Schleuse auf das Durchschleusen warten.

§ 3.

Bei denjenigen Schleusen, welche zwei große Kähne auf einmal fassen, ziehen zugleich zwei Kähne, bei den kleineren Schleusen in der Regel nur ein Kahn in die Schleuse ein. Läßt jedoch in einer Schleuse der letzteren Art der in dieselbe eingezogene Kahn so viel Raum frei, daß außer ihm noch ein kleineres Fahrzeug (Jacht) Platz findet, so kommt die zunächst nach diesem Kahne angekommene Jacht, welche nach dem Urtheile des Schleusenmeisters zuverlässig mit Platz findet, außer der Reihefolge zum Mitschleusen.

§ 4.

Kähnen, welche so schwer beladen sind, daß sie, nach der Beurtheilung des Schleusenmeisters in der folgenden Kanalhaltung entweder überhaupt oder zur Zeit, wegen Wassermangels nicht schwimmen, oder wegen Enge des Kanals, ohne die Fahrt zu hemmen, nicht anlegen können; desgleichen Kähnen, welche zu hoch, zu

Bild 4.18 Titelblatt der Rangfahrtsordnung für die Schleusen des Finowkanals aus dem Jahre 1845. *Sammlung Autor*

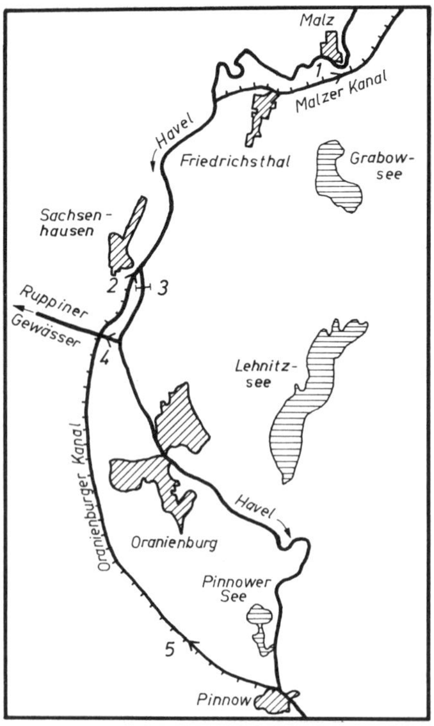

Bild 4.17 Schiffahrtswege im Raum Oranienburg, 1837. 1 Schleuse Malz, 2 Schleuse Sachsenhausen, 3 Wehr Sachsenhausen, 4 Schleuse Friedenthal, 5 Schleuse Pinnow. *Zeichnung Autor*

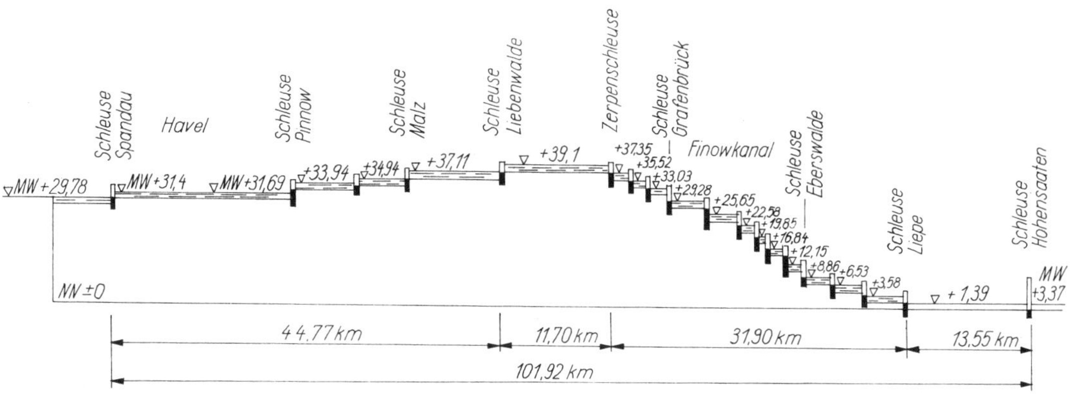

Bild 4.19
Längsschnitt der Verbindung zwischen Havel und Oder im Jahre 1860.
Zeichnung Autor

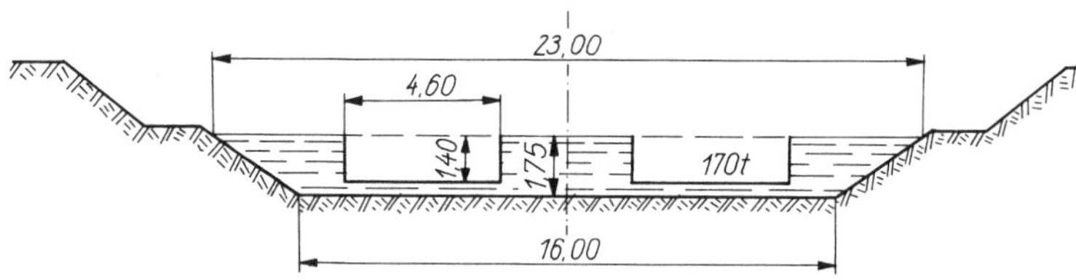

Bild 4.20 Querschnitt des Finowkanals um 1890.
Zeichnung Autor

Kanals angenommen und wurde in den Jahren 1838 bis 1840 bis zur Sohle des Malzer Kanals vertieft, begradigt und mit Leinpfaden versehen. Seitdem führt die gesamte Wasserstraße von Malz über Dusterlake bis zum Abzweig des Finowkanals den Namen Malzer Kanal.

Der Oranienburger Kanal

Unterhalb der Oranienburger Mühlen hatte die Schiffahrtsstraße der Havel große Mängel, so daß man einen besonderen Kanal konzipierte, der von den Oranienburger Mühlen ausging, den Ruppiner Kanal (Baujahr 1787/88) schnitt, westlich an Oranienburg vorbeiging und in der Gegend von Pinnow wieder in die Havel mündete. Für diesen Kanal mußten in Oranienburg eine neue, massive Schleuse (die heutige Schleuse Sachsenhausen) und am unteren Ende in Pinnow ebenfalls eine neue Massivschleuse errichtet werden. Zur Abführung des Freiwassers aus dem Ruppiner Kanal wurde in Pinnow noch eine Arche errichtet. Der Kanal selbst hatte eine Sohlenbreite von 30' (9,42 m) und eine geringste Wassertiefe von 4 ½' (1,41 m). Die Bauzeit des Oranienburger Kanals dauerte von 1832 bis 1837.

Zur Entlastung der stark frequentierten Pinnower Schleuse benutzten viele leicht gehende Kähne sowie fast das gesamte Floßholz und die Fischdröbel weiterhin die Oranienburger Havel, die sie über die Schleuse Friedenthal erreichten.

Doch nun zurück zu den Verhältnissen des Jahres 1840 auf dem Finowkanal. Der Schiffsverkehr hatte sich enorm gesteigert.

Um 1790 passierten im Durchschnitt 4 000 Kähne jährlich den Kanal, wovon nur der achte Teil die Wasserstraße leer befuhr (!); weiterhin benutzten ihn 1 700 Schuten, 12 000 Stämme Floßholz und 1 000 beladene Fischdröbel.

Um 1830 wurden bereits durchschnittlich 5 200 Kähne im Jahr gezählt und für die Jahresreihe

1841/44 wurden in Neustadt-Eberswalde durchschnittlich 13 334 Kähne und 47 975 Floßhölzer gezählt.

Die Verhältnisse gestalteten sich so schwierig, daß für die fünf Meilen zwischen Liebenwalde und Liepe, für die die Schiffe unter normalen Umständen nicht mehr als zwei Tage benötigten, im Mittel 14 Tage, aber auch bis zu drei Wochen gebraucht wurden. Die Schiffe stauten sich vor den Schleusen, die in der Regel „rund um die Uhr" arbeiteten. Floßholz mußte zum Teil mehr als drei Jahre auf dem Lieper See warten, bis es durchgeschleust werden konnte.

Eine tiefgreifende Analyse der Zustände (auch des Friedrich-Wilhelms-Kanals) durch den verdienstvollen Oberbaurat Becker führte schließlich dazu, daß, (unter Ausschluß einer neuen Mittellinie über Buckow) sein vorgeschlagenes Programm 1846 von höchster Stelle bestätigt wurde. Es sah u. a. vor, „an jeder der Schleusen des Finowkanals und der Havelschleusen bei Liebenwalde, Malz, Oranienburg und Pinnow eine Nebenschleuse zu erbauen". Für das gesamte Programm war eine Bauzeit von acht Jahren (1847 bis 1854) vorgesehen. Bedingt durch die Revolution im Jahre 1848 geriet das Vorhaben weit ins Hintertreffen.

Im Jahre 1859 wurde endlich und eindeutig das Ende des Finowkanals im Osten durch die Einweihung der Hohensaatener Schleusen festgelegt. Folgende Ereignisse waren dem vorausgegangen: 1832 war die immer mehr versandende Alte Oder bei Güstebiese abgedämmt worden, während bis Hohensaaten das Oderbruch weiterhin dem Rückstau der Oder offen stand. Um diesen Zustand zu verbessern, wurde von 1840 bis 1860 das Oderbruch durch einen Deich von der Oder völlig abgeschlossen. In diesen Deich wurden die Hohensaatener Schleusen eingebaut und verbanden damit den Finowkanal weiterhin mit der Oder. Zur Entwässerung des Bruches wurde an seinem westlichen Rand der Hohensaatener Kanal (Vorläufer der Hohensaaten-Friedrichsthaler Wasserstraße) angelegt, der die Oder bei Stützkow erreichte. Durch diese Verlegung des Rückstaupunktes der

Bild 4.21 Die Finowkanalschleusen bei Hohensaaten im Jahre 1930. Die Schleusen existieren heute nicht mehr.
Quelle: Das Oderbruch, Band 2

Oder von Hohensaaten bis Stützkow um etwa 17 km stromabwärts wurde ein weiterer großer Schritt bei der Melioration des Oderbruches getan.

4.6. Der Finowkanal bis heute

Von 1874 bis 1885 erfolgte endlich an allen Schleusen des Finowkanal der Bau der 1846 beschlossenen zweiten Schleusen. Dem vorausgegangen war von 1852 bis 1857 der Bau solcher Schleusen in Pinnow, Malz und Liebenwalde; 1874 folgte die zweite Schleuse in Sachsenhausen. Der ständig zunehmende Verkehr auf der Wasserstraße erforderte jedoch noch weitere Verbesserungen, und zwar

1876/81: die Verbesserung der Wasserstraße von Pinnow bis Hennigsdorf, bestehend in der Senkung des Unterdrempels und Kammerbodens der Pinnower Schleusen auf 0,31 m unter den Spandauer Oberdrempel, Verlängerung des Oranienburger Kanals um 2,5 km abwärts und Ausbaggerung der anschließenden Havelstrecke auf 4 km bis zur Stolper Ziegelei,

1879: Regulierung der Oranienburger Havel von der Friedenthaler Schleuse bis Oranienburg,

1880/83: die Regulierung und Vertiefung des Finowkanals, verbunden mit einer gleichzeitigen Erweiterung der Brücken,

1881: die Vertiefung der Havel von der Spandauer Schleuse bis zur Charlottenbrücke und

1883: desgleichen von der Schleuse bis zur Berliner Brücke.

Ausgangs des 19. Jahrhunderts hatten nun die Doppelschleusen des Finowkanals eine nutzbare

Bild 4.22 Die älteste noch im Betrieb befindliche Schleuse im Bereich der Märkischen Wasserstraßen: die Finowkanalschleuse in Eberswalde, Baujahr 1831, im November 1929. *Quelle: Archiv WBU Eberswalde*

Kammerlänge von 41,00 m, eine Torweite von 5,34 m und bei Normalwasser fast überall eine geringste Drempeltiefe von 1,57 m. Sie ermöglichten so Finowmaß-Kähnen von 40,20 m Länge, 4,60 m Breite, 1,40 m Tiefgang und 170 t Ladefähigkeit einen ungehinderten Durchgang. Und trotzdem, der Kanal reichte nicht mehr aus, als der Verkehr weiterhin anstieg. So wurden registriert:

1874 11 922 Kähne und 110 000 Stämme Floßholz,
1885 22 000 Kähne,
1896 ein Güterdurchgang von 2 111 897 t,
1901 1 190 275 t,
1906 2 720 767 t.

Damit war die Maximalleistung erreicht und der Bau einer neuen, leistungsfähigeren Wasserstraße zwischen Havel und Oder unumgänglich geworden. Der Bau des Großschiffahrtsweges von Berlin nach Stettin (Szczecin) begann 1906 und dauerte bis 1914. Mit seiner Eröffnung nahm die Bedeutung des Finowkanals ständig ab; er wurde in die Nebenwasserstraßen eingereiht. Der Lange Trödel wurde, da er keine Bedeutung für die Schiffahrt mehr hatte, durch Zuschütten der Schleuse Zerpenschleuse in den Jahren 1924/25 nur noch für wasserwirtschaftliche Zwecke genutzt. Auch die Schleusen Hohensaaten wurden, da sie durch größere ersetzt waren, nach und nach zugeschüttet.

Von der alten Havel-Oder-Wasserstraße sind heute noch befahrbar

- der Oranienburger Kanal bis an die Schleuse Sachsenhausen, die 1945 zerstört und nicht wieder in Betrieb genommen wurde,
- Teile des Malzer Kanals, der ja durch die Havel-Oder-Wasserstraße unterbrochen wurde, und
- der Finowkanal von Zerpenschleuse bis zu seiner Einmündung in die Havel-Oder-Wasserstraße unterhalb der Schleuse Liepe.

Die zweiten Schleusen sind teilweise zugeschüttet, teilweise dienen sie durch den Einbau von Wehren der Wasserabführung.

1945 war der Finowkanal nicht mehr passierbar. Erst 1953 konnte hier die Schiffahrt wieder aufgenommen werden, nachdem die zwölf Schleusen und sieben Wehre sowie eine große Zahl der zerstörten Leinpfadbrücken wiederhergestellt und umfangreiche Baggerungen durchgeführt waren.

Die große Schiffahrtsgeschichte hatte für den Finowkanal jedoch schon im Jahre 1914 geendet. Nur wenige Frachtschiffe passieren ihn heute

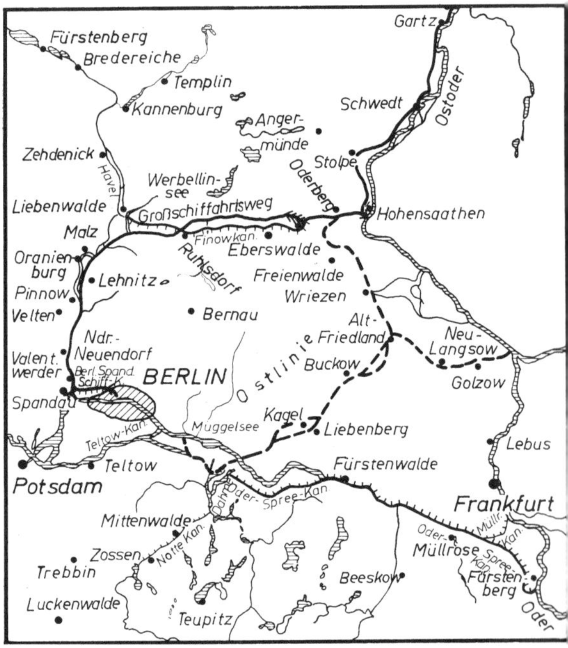

Bild 4.23 Großschiffahrtsweg Berlin—Stettin, 1912. Gestrichelt: die nicht ausgeführte Ostlinie.
Quelle: ZfBau 1913

noch. So liegt seine Bedeutung jetzt mehr auf wasserwirtschaftlichem Gebiet und in seiner Funktion für Sport, Freizeit und Erholung. In diesem Sinne erfolgt auch die laufende Unterhaltung seiner baulichen Anlagen.

4.7. Der Bau des Großschiffahrtsweges Berlin—Stettin (Szczecin)

4.7.1. Die Projekte

Gestützt auf die im vorangegangenen Abschnitt genannten Beförderungsleistungen auf dem Finowkanal wurde der Ruf nach einer weiteren, leistungsfähigeren Verbindung zwischen Berlin und der Oder immer lauter. In diesem Zusammenhang kam der aus dem Jahre 1740 stammende Gedanke, einen Kanal von der Spree bei Erkner über Buckow nach der Oder bei Küstrin zu bauen, erneut auf die Tagesordnung und soll deshalb hier kurz erörtert werden.

Ein ausführlicher Entwurf und eine Denkschrift aus dem Jahre 1880 konzipierten in dieser sogenannten Ostlinie einen Kanal für 45,00 m lange, 6,00 m breite und 1,50 m tiefgehende Fahrzeuge (bei 270 t Tragfähigkeit).
Die vorgesehene Trasse ging von Berlin über Spree und Dahme bis zum Seddinsee, kreuzte die Spree, verlief weiter durch das Tal der Löcknitz, eine Seenkette bei Kagel und das Rote Luch bei Alt-Friedland. Hier waren zwei Hebewerke (je 15,70 m Hubhöhe) zum Abstieg ins Odertal geplant. Die Hauptlinie ging dann über Wriezen, Oderberg, Hohensaaten bis Friedrichsthal unterhalb Schwedt, während eine Nebenlinie von Alt-Friedland direkt zur Warthemündung bei Küstrin geplant war. Neben den Hebewerken in Alt-Friedland waren Schleusen in Wriezen und Hohensaaten vorgesehen.
Parallel zur Erarbeitung des Ostlinienentwurfs liefen die Voruntersuchungen zur Westlinie, die dann später zur Ausführung kam. Die Aktivitäten der 80er Jahre kamen aber vorerst zum Erliegen, da in diesen Jahren schon der Bau des Oder-Spree-Kanals ins Haus stand. Sie wurden jedoch Ende der 90er Jahre wieder forciert und der Bau des Großschiffahrtsweges Berlin—Stettin in einem Gesetz vom 1. April 1905, betreffend die Herstellung und den Ausbau von Wasserstraßen, fixiert.

Gegen die Ostlinie hatten folgende Argumente gesprochen:
— ungewöhnlich hohe technische Schwierigkeiten, resultierend aus den Gelände- und Bodenverhältnissen;
— wasserwirtschaftliche Bedenken. So wären zum einen durch die erheblichen Einschnitte (allein im Roten Luch bis zu 19 m) landeskulturelle Schädigungen infolge Grundwasserabsenkung zu verzeichnen gewesen, und zum anderen hätte sich die Wasserversorgung der Scheitelhaltung Berlin—Alt-Friedland äußerst schwierig gestaltet;
— die höhere Bauzeit von zwölf Jahren gegenüber acht Jahren bei der Westlinie;
— die Verlängerung der Verbindung Berlin—Stettin um 10 km. Für die Ostlinie sprach, daß gegenüber der Westlinie die Verbindungen Warthemündung—Berlin um 54 km und Warthemündung—Elbe um 36 km kürzer geworden wären.

Den endgültigen Ausschlag für die Westlinie gaben die Bau- und Unterhaltungskosten. So wären

Bild 4.24 Längsschnitt des Großschiffahrtsweges.
Quelle: ZfBau 1913

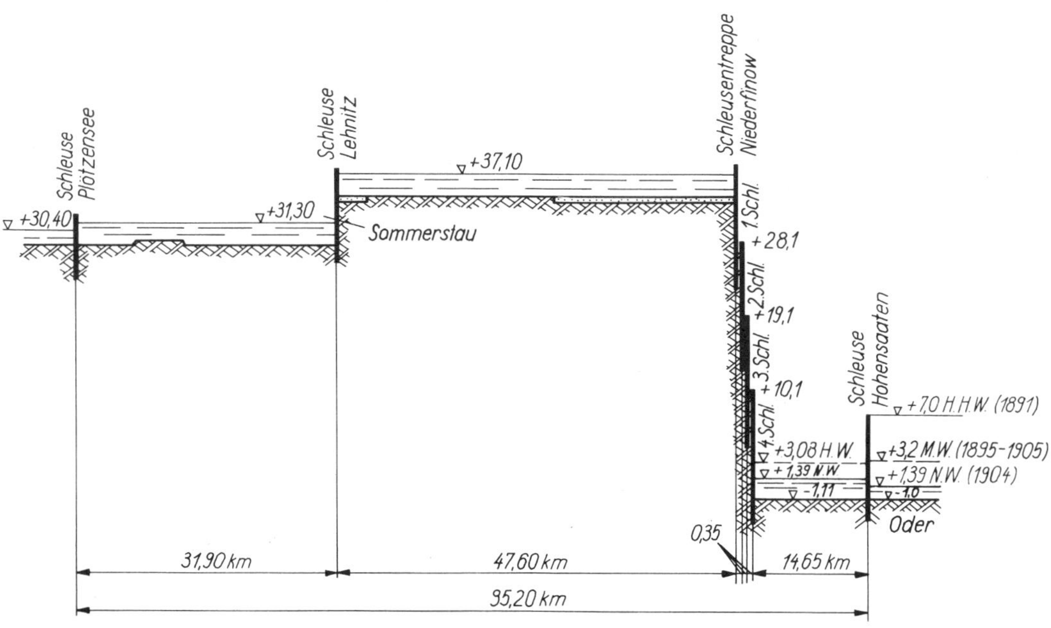

Bild 4.25 Schleusenanlage Plötzensee, Bindeglied zwischen Unterer Spree und Oberer Havel, 1912.
Quelle: ZfBau 1913

Bild 4.26 Bau der Schleuse Lehnitz in den Jahren 1909/10. Am Fuße der Seitenwand die der Füllung der Schleuse dienenden Öffnungen der vom Längsumlauf abzweigenden Stichkanäle.
Quelle: Archiv WBU Eberswalde, Betriebsteil Zehdenick

sowohl die Baukosten der Ostlinie (einschließlich Zweigkanal nach Küstrin) als auch die jährlichen Betriebs- und Unterhaltungskosten fast doppelt so hoch gewesen wie bei der Westlinie.

4.7.2. Die Trassenführung und bauliche Gestaltung

Die unter der Bezeichnung Großschiffahrtsweg Berlin—Stettin ausgeführte Westlinie der Havel-Oder-Wasserstraße beginnt in Plötzensee. Die Schleuse Plötzensee stellte das Bindeglied zwischen der Unteren Spree und der Oberen Havel dar. Es wurde eine Doppelschleusenanlage mit Schleusen von je 67 m nutzbarer Länge und 10 m Breite geschaffen, wobei man generell sagen muß, daß der Bemessung der Havel-Oder-Wasserstraße (sowohl Bauwerke als auch Kanalprofile) der Plauermaß-Kahn zugrunde gelegt wurde. Das durchschnittliche Schleusengefälle in Plötzensee betrug 0,84 m. Die oberhalb Plötzensee beginnende Havelhaltung des Großschiffahrtsweges benutzt Teile des Berlin-Spandauer Schiffahrtskanals, der Spandauer Havel, des Oranienburger Kanals, der Oranienburger Havel sowie den Lehnitzsee bei Oranienburg in seiner ganzen Längsausdehnung. Kurz nach dem Austritt aus dem Lehnitzsee steigt die Wasserstraße an der Lehnitzschleuse (heute Schleuse Lehnitz!) zu ihrer Scheitelhaltung auf.

Die Lehnitzschleuse erhielt eine nutzbare Länge von 85 m, und zwar geschah dies mit Rücksicht auf den starken Ziegeleiverkehr von und nach Zehdenick. Sie ermöglichte damit (bei einer Breite von 10 m) gleichzeitig vier Finowmaß-Kähnen die Passage. Das Gefälle von 5,65 m faßte im wesentlichen das der Staustufen bei Pinnow, Sachsenhausen und Malz zusammen. Interessant bei der Anlage der Lehnitzschleuse war, daß der Platz für eine zweite Schleuse auf der Ostseite bereits freigehalten wurde und diese aus Wasserersparnisgründen in Verbund mit der Schleuse I gefahren werden sollte (ähnlich wie bei der Schachtschleuse Eisenhüttenstadt). Auf diesen Sparbetrieb wurde bei der Anlage der Schleuse Lehnitz II leider verzichtet. Doch davon später.

Die Scheitelhaltung der Havel-Oder-Wasserstraße ist 47,6 km lang, wovon über 25 km als Dichtungs-

Bild 4.27 Wassertor bei Eberswalde, Zustand 1914.
Quelle: Festschrift Großschiffahrtsweg

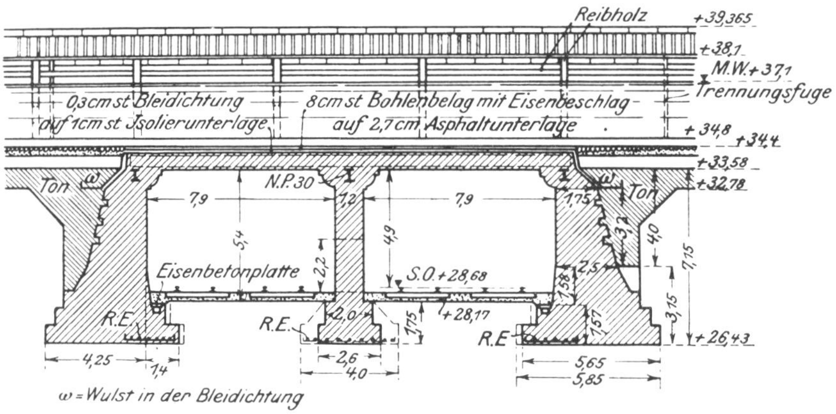

Bild 4.28
Eisenbahnunterführung des Großschiffahrtsweges bei Eberswalde. Querschnitt.
Quelle: Engelhard

strecken angelegt werden mußten. An die Lehnitzschleuse schließt sich ein etwa 5 km langes, vollkommen neu gebautes Kanalstück an, das auf 3,5 km Länge gedichtet werden mußte. Auf weiteren 7 km Länge wurde dann der Lauf des alten Malzer Kanals benutzt, der durch Begradigungen und Verbreiterungen dem neuen Regelschiff angepaßt wurde. Die restlichen 36 km stellen wiederum eine vollkommene Kanalneuanlage dar, von denen die letzten 22 km vor der Schleusentreppe Niederfinow gedichtet sind. Auf diesem letzten Wegstück der Scheitelhaltung spielten sich die baulich wohl bedeutendsten Aktivitäten ab.

Bei Zerpenschleuse wurden der Abschnitt Zerpenschleuse—Ruhlsdorf des Finowkanals und wenig später der Werbellinkanal gekreuzt. Auf fast genau der halben Länge ihres Weges überwindet die Scheitelhaltung des Großschiffahrtsweges die Wasserscheide zwischen Elbe und Oder.
Um das Schadensausmaß bei eventuellen Dammbrüchen in den Auftragsstrecken zu reduzieren, wurden drei Sicherheitstore (Wassertore) am Pechteich, bei Lichterfelde und bei Eberswalde angelegt. Zwischen dem Pechteicher und dem Lichterfelder Wassertor wurde außerdem noch eine Ablaßvorrichtung in Form eines Hebers er-

Bild 4.29
Die Kanalbrücke nach Ausführung der Dichtungsarbeiten.
Quelle: Archiv WBU Eberswalde

Bild 4.30
Die Kanalbrücke nach der Inbetriebnahme im Jahre 1914.
Quelle: Festschrift Großschiffahrtsweg

Bild 4.31
Schleusentreppe Niederfinow. Blick vom Unterhaupt der Schleuse III auf das Oberhaupt. Im Hintergrund die Schleuse II. April 1929.
Quelle: Archiv WBU Eberswalde

richtet, der es ermöglicht, dieses Kanalstück zum Mäckersee hin zu entleeren.
Im Zusammenhang mit Dammbrüchen kamen diese Wassertore bisher nie zum Einsatz, sie haben sich jedoch für planmäßige Teiltrockenlegungen des Kanals bestens bewährt.
Im Raum Eberswalde entstanden beim Bau des Kanals zwei Ingenieurbauwerke, die zur damaligen Zeit internationale Spitzenleistungen darstellten. Das war zum einen die Kreuzung der Eisenbahnlinie Berlin—Stettin mittels einer Kanalbrücke und zum anderen die Überquerung des Ragöser Fließes mittels eines 28 m hohen Kanaldammes, der noch dazu mit einem Durchlaß für das Fließ versehen werden mußte.
Der Abstieg der Scheitelhaltung zur Oderhaltung des Kanals erfolgte in Form einer Schleusentreppe. Der Höhenunterschied von 36,00 m (das war zu dieser Zeit das größte Gefälle, das in der Welt an einer Stelle für Schiffahrtszwecke zusam-

Bild 4.32
Sparbecken an der Schleuse I in Niederfinow.
Quelle: Archiv WBU Eberswalde

Bild 4.33
Die Ostschleuse Hohensaaten. Blick vom Binnenhaupt zur Oder. 1913.
Quelle: Festschrift Großschiffahrtsweg

mengefaßt wurde), wurde in vier Stufen zu je 9,00 m überwunden. Jede Stufe hatte eine Länge von 350,00 m (90,00 m Schleusenbauwerk, 260,00 m Zwischenhaltung). Die Zwischenhaltungen ermöglichten ein gleichzeitiges Durchfahren der Schleusentreppe in beiden Richtungen; zu diesem Zweck waren auch die Schleusen um je 11,00 m nach rechts versetzt, so daß das einfahrende Schiff nach der Kreuzung geradlinig in die nächste Schleuse steuern konnte.

Jede Schleuse hatte 67,00 m nutzbare Länge und 10,00 m nutzbare Breite. Zur Wassersersparnis waren an jeder Schleuse drei Sparbeckenpaare angeordnet, die eine Wassereinsparung von 40 Prozent brachten. Ein einzelnes Fahrzeug brauchte zum Passieren der gesamten Schleusentreppe knapp 1 ½ Stunden. Zur Erhöhung der Leistungsfähigkeit der Anlage war ein Schleppdienst mit elektrischen Treidellokomotiven eingerichtet.

Bereits mit dem Gesetz vom 1. April 1905 war auch schon der Bau des späteren Hebewerks Niederfinow verfügt worden.

Nach Passieren der untersten Schleuse (Schleuse IV) stößt die Wasserstraße in der Nähe der Lieper Schleusen auf den alten Finowkanal. Unter Benutzung des Lieper und des Oderberger Sees sowie der alten Oder erreicht der Großschiffahrtsweg Hohensaaten. Hier teilt sich der Weg nach Stettin. Über die Ostoderschleuse wird die Stromoder und über die Westoderschleuse die Hohensaaten-Friedrichsthaler-Wasserstraße erreicht. Beide Schleusen haben eine nutzbare Länge von 215,00 m und eine nutzbare Kammerbreite von 19,00 m (Torweite jeweils nur 10,00 m). Diese Abmessungen waren für die Aufnahme von einem Schleppdampfer und sechs Plauermaß-Schleppkähnen konzipiert.

Neben der Westoderschleuse wurde ein Wehr mit drei Öffnungen von je 7,50 m lichter Weite angelegt. Zwischen Hohensaaten und Stettin wurden für die Schiffahrt folgende Maßnahmen getroffen:

- die Westoder von Stettin bis Friedrichsthal und der Vorfluter des Oderbruchs von Friedrichsthal bis Hohensaaten wurden zu einer Wasserstraße für 600-t-Schiffe ausgebaut;
- die Ostoder (Stromoder) wurde bis Hohensaaten derartig ausgebaut, daß 400-t-Schiffe (8,00 m Breite, 1,50 m Tiefgang) während der Schiffahrtszeit stets verkehren konnten;
- zur Vermittlung des Verkehrs zwischen den Ortschaften an der Ostoder und denen an der Westoder wurden Schiffahrtsstraßen für Kähne bis 400 t Ladefähigkeit quer durch das Odertal hergestellt (u. a. die Schwedter Querfahrt mit der Schleuse Schwedt).

4.7.3. Der Querschnitt

Die Havel-Oder-Wasserstraße wurde im allgemeinen zweischiffig ausgebaut. Als Bemessungsgrundlage diente der Plauermaß-Kahn. Die Tauchtiefe des geschleppten Kahnes war auf 1,75 m festgelegt. Die Festlegung der Tauchtiefen sowie auch der Eintauchtiefe der Schraube der Schleppfahr-

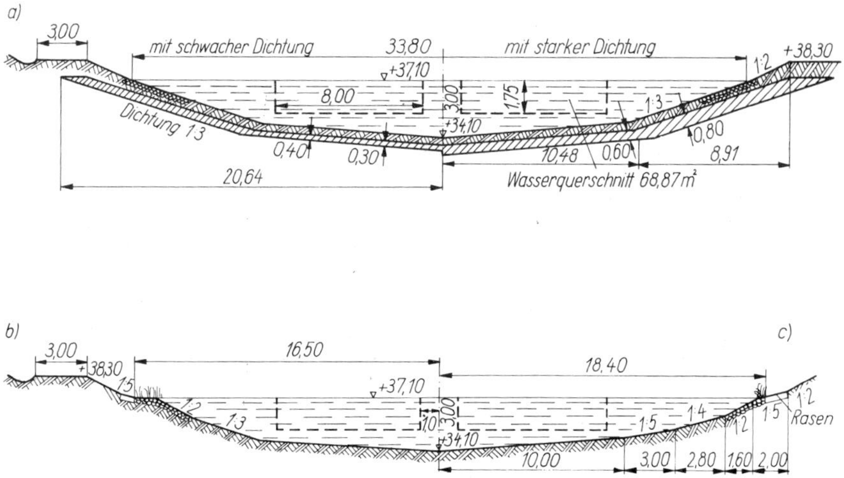

Bild 4.34
Die Regelprofile des Großschiffahrtsweges.
a) Kanalquerschnitt in Dichtungsstrecken
b) dito in ungedichteter Strecke
c) Querschnitt für die Erweiterung des Malzer Kanals.
Quelle: Festschrift Großschiffahrtsweg

Bild 4.35
Aushub des Kanalprofils in der Nähe der Lehnitzschleuse.
Quelle: Archiv WBU Eberswalde, Betriebsteil Zehdenick

Bild 4.36
Naßbaggerarbeiten im Bereich des alten Malzer Kanals. Im Hintergrund ein Segelkahn.
Quelle: Archiv WBU Eberswalde, Betriebsteil Zehdenick

Bild 4.37 Walzen der Tondichtung des Kanals.
Quelle: Archiv WBU Eberswalde, Betriebsteil Zehdenick

zeuge basierte auf umfangreichen Schlepp- und Schraubenversuchen im Oder-Spree-Kanal und in der Havel-Oder-Wasserstraße.
Der Normalquerschnitt erhielt eine Wasserspiegelbreite von 33,00 m und eine größte Wassertiefe von 3,00 m in Profilmitte. Die Böschungen wurden in einer Neigung von 1:3 hergestellt und waren mit einer Steinschüttung von 1,00 m unter bis 0,20 m über dem Wasserspiegel versehen. Die Böschungen über Wasser waren mit Rasen angedeckt und unterhalb der Wasserspiegellinie mit Schilf bepflanzt, worauf jedoch in den Dichtungsstrecken verzichtet wurde, um die Tonschicht nicht zu beschädigen.
In der Havel und im Malzer Kanal wurden die Böschungen flacher gehalten (1:4 bis 1:5), um in dem teilweise moorigen und sumpfigen Untergrund eine höhere Standfestigkeit zu erzielen. Die Fahrrinne im Lehnitzsee erhielt eine Breite von 50,00 m, während in den Seenstrecken der Oderhaltung Querschnitte mit 30,00 m Sohlenbreite, 2,50 m Wassertiefe (unter Niedrigwasser) und 1:5 geneigten Böschungen entstanden.

4.7.4. Die Dichtung der Scheitelhaltung

Wie schon erwähnt, ist die Hälfte der Scheitelhaltung der Havel-Oder-Wasserstraße gedichtet, um zum einen die umliegenden Ländereien vor Vernässung und zum anderen den Kanal vor extremen Wasserverlusten zu schützen. Als Dichtung dient eine Tonschale. Sie erhielt in der Sohle eine Mindestdicke von 0,30 m und an den Böschungen eine solche von 0,40 m. Diese Stärken vergrößerten sich an den gefährdetsten Stellen, wie z. B. dem Ragöser Damm, auf 0,60 m (Sohle) und 0,80 m (Böschung). Hier wurde auch die Kanalsohle zum Schutz der Dichtung um 1,00 tiefer gelegt. Zum Schutz der Dichtung gegen me-

Bild 4.38
Baustelle Ragöser Damm, 1909.
Quelle: Archiv WBU Eberswalde

Bild 4.39
Ragöser Damm, Ansicht der Südseite im April 1912.
Quelle: Archiv WBU Eberswalde

Bild 4.40
Querschnitt des Ragöser Damms.
Quelle: ZfBau 1913

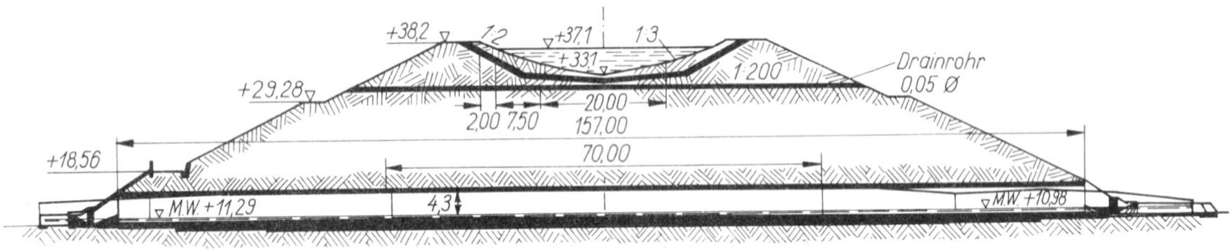

chanische Einwirkungen wurde außerdem eine Kiesüberdeckung (0,40 m an der Sohle, 0,50 m an der Böschung) vorgesehen.
Die Herstellung der Dichtung war zur damaligen Zeit eine Pionierleistung. In drei Jahren wurden 500 000 m^3 Ton eingebaut. Die Spitzenleistungen lagen bei 2 600 m^3 pro Tag.

4.7.5. Der Ragöser Damm

Eine enorme Leistung war auch die Überquerung des Ragöser Fließes mittels eines Kanaldammes, der an seiner höchsten Stelle 28 m über dem Tal liegt. Für diese Schüttungen wurden etwa 1 Million m^3 Erdmassen benötigt, die zum überwiegenden Teil aus dem Aushub der benachbarten Kanalstrecke stammten. An seiner höchsten Stelle hat der Damm einen Querschnitt von 2 800 m^2.

Bild 4.41 Tunnel durch den Ragöser Damm.
Quelle: Archiv WBU Eberswalde

Etwa 2,00 m unterhalb der Kanalsohle wurden auf beiden Seiten 3,00 m breite Bermen angelegt. Die Naturverbundenheit der Wasserbauer äußerte sich darin, daß die Böschungen zum Teil wellenartig geschüttet und mit Bäumen und Büschen bepflanzt wurden, um so den hohen Damm besser in die Landschaft einzufügen.
Das Ragöser Fließ wird in einem Durchlaß unter dem Damm hindurchgeführt. Der Durchlaß besitzt einen tunnelförmigen Querschnitt und ist aus Beton, an der Sohle mit Stahleinlagen bewehrt, hergestellt. Seine Länge beträgt 157,00 m bei einer lichten Höhe und Breite von 4,30 m. Zur Verhinderung von Rissebildungen wurde die Wölbung in 38 Ringen hergestellt, die ohne Verbindung aneinanderstoßen, so daß sie sich unabhängig

Bild 4.42
Böschungsrutschungen an der Schleuse III in Niederfinow. 1912.
Quelle: ZfBau 1913

Bild 4.43
Montage des Untertors der Schleuse II in Niederfinow; 25. November 1912.
Quelle: Archiv WBU Eberswalde

Bild 4.44 Einschlüsse im Geschiebemergel, ein äußerst unangenehmes Bauhindernis. *Sammlung Autor*

voneinander bewegen können. Wie notwendig das war, zeigte sich schon kurz nach der Inbetriebnahme, als unter der Auflast kleinere Bewegungen auftraten, die aber infolge der gewählten Konstruktion zu keinen Schäden führten.

4.7.6. Vom Bau der Schleusentreppe Niederfinow

Wie schon erwähnt; wurde in Niederfinow erstmals in der Welt ein so großer Höhenunterschied (36,00 m) an einer Stelle zu Schiffahrtszwecken zusammengefaßt. Der steile Abfall des Geländes zum Odertal hin kam dem Vorhaben entgegen, jedoch führte die Beschaffenheit des Untergrundes zu äußerst unangenehmen Überraschungen. Trotz zahlreicher Erkundungsbohrungen stieß man beim Bau auf Einschlüsse im Geschiebemergel, wo sich der Mergel entkalkt und plastisch zeigte. Beim Aushub der Baugrube für die Schleuse III kam es zu einem folgenschweren Unfall. Nach Herstellung des 26,00 m tiefen Einschnitts fing der Südhang an zu rutschen. Die Böschung versank in die Tiefe, und die Sohle zeigte starke Auftreibungen. die längere Zeit nicht zur Ruhe kamen. Übrigens hat dieser Unfall zahlreiche Parallelen zu der Jahre später erfolgten Rutschung in der Nähe der Eisenbahnstation Frankfurt-Rosengarten. Glück im Unglück war es, daß die schiebende Schicht nur etwas tiefer reichte als die projektierte Sohle. 2,00 m unter dem Drempel der Schleuse wurde wieder tragfähiger Tonboden angetroffen. Die notwendigen Nacharbeiten waren zu Beginn des Jahres 1914 beendet und im März desselben Jahres wurde der Probebetrieb an der Schleusentreppe aufgenommen.

Abschließend noch einige Angaben zur Konstruktion der Schleusen. Die auf der Sohle aufgesetzten Kammermauern haben eine Höhe von 13,60 m und eine größte Breite von 8,00 m. Sie sind aus Stampfbeton errichtet und mit Klinkermauerwerk verblendet. Die stählernen Stemmtore hatten eine gebogene Stauhaut. Die Füllung der Schleusen erfolgte über Längsumläufe, die mit Stichkanälen versehen waren. Die Breite eines Umlaufs beträgt 2,00 m bei einer Höhe von etwa 2,20 m. Die Größe eines Sparbeckenpaares beträgt das $1\frac{1}{4}$fache der Schleusenkammer.

Die Schleusentreppe ist eigentlich in der ganzen Zeit ihres Bestehens ein Sorgenkind der Wasserstraßenverwaltung gewesen. Die spätere Anlage des Schiffshebewerkes war, unter diesem Gesichtspunkt betrachtet, also nicht nur aus schiffahrtstechnologischen Gründen notwendig.

Die Schleusentreppe ist für die Schiffahrt nicht mehr funktionsfähig, bietet aber in ihrer Gesamtanlage noch heute einen imposanten Anblick.

4.7.7. Die Schleppzugschleusen in Hohensaaten

Eine wichtige Nahtstelle der Havel-Oder-Wasserstraße sind die Schleppzugschleusen in Hohensaaten. Sie verbinden die Oderhaltung des Oder-

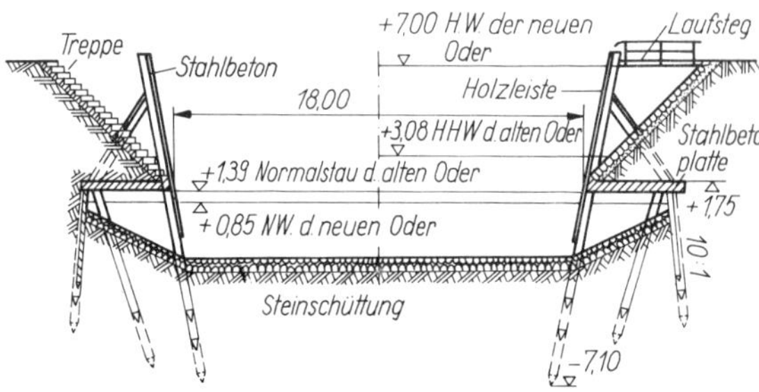

Bild 4.45 Querschnitt der Ostoderschleuse.
Quelle: Engelhard

Bild 4.46 Staustufe Hohensaaten, 1930. Links die Westschleuse mit Wehr, rechts die Ostschleuse.
Quelle: Das Oderbruch, Band 2

Havel-Kanals zum einen mit der Ost- oder Stromoder (Ostschleuse) und zum anderen mit der Hohensaaten-Friedrichsthaler Wasserstraße (Westschleuse). Während die Ostschleuse die fast durchweg höheren Oderwasserstände gegen das Oderbruch kehrt (nur bei extrem niedrigen Wasserständen der Oder kann auch einmal der umgekehrte Fall auftreten, deshalb wurde in den Häuptern die Möglichkeit des späteren Einbaues von Klapptoren berücksichtigt), kehrt die Westschleuse die höheren Wasserstände des Oderbruches gegen die der Hohensaaten-Friedrichsthaler Wasserstraße. Das maximale Schleusengefälle beträgt bei der Westschleuse 1,64 m, während die Ostschleuse Gefälleschwankungen von 0,0 bis 4,11 m (bei höchstem schiffbaren Wasserstand) ausgleichen muß. Beide Schleusenkammern waren für die Aufnahme von jeweils sechs Plauermaß-Kähnen ausgelegt, die zu zweit nebeneinander liegen mußten. Die nutzbare Kammerlänge beträgt etwa 215,00 m und die nutzbare Kammerbreite etwa 12,00 m. Die Häupter sind um 9,00 m versetzt angeordnet und als massive Bauwerke mit kurzen Torumläufen ausgeführt. Als Schleusenverschlüsse wurden Stemmtore gewählt. Die lichte Torweite beträgt 10,00 m.

Das Besondere an der Konstruktion beider Schleusen war die Ausbildung ihrer Kammerwände, die in ihrer Art wohl einzig in der Welt dasteht. Hervorgerufen durch die komplizierte Baugrundsituation (Geschiebemergel, über dem stark wasserdurchlässige Kiesschichten mit zum Teil großen Steineinschlüssen anstehen) und die hydrologischen Verhältnisse wurden Stahlbetonkonstruktionen gewählt, die Pionierleistungen in der Anwendung von Stahlbetonfertigteilen im Wasserbau darstellten.

Bei der Ostschleuse wurde eine doppelte Reihe von Schrägpfählen (vorn 5:1, hinten 3:1 geneigt)

gerammt, die eine dicht über dem Unterwasser liegende Stahlbetonplatte tragen. Diese Platte nimmt die Auflast der oberen, geböschten Kammerwand auf (Neigung 1:1). Die Kammersohle wird unter der Pfahlkonstruktion in einer Neigung von 1:2 hochgezogen und mit einer 10:1 nach hinten geneigten Stahlbetonspundwand abgeschlossen. Sowohl Pfähle als auch Spundwände wurden mit der Stahlbetonplatte starr verbunden. Auf die Deckplatte wurden in Abständen von 16 m im Verhältnis 5:1 geneigte Leitpfähle aufgesetzt, die nach hinten durch zwei schrägliegende Stahlbetonstreben abgestützt sind.
Stahlbetonpfähle und -spundwände wurden sämtlich auf der Baustelle vorgefertigt. Die Pfähle erhielten einen Querschnitt von 0,36 × 0,36 m mit vier Stahleinlagen von 25 mm Durchmesser. Die Pfahllängen differierten zwischen 6,00 und 8,50 m. Die normalerweise 5,00 m langen Spundbohlen erhielten eine Dicke von 0,18 m und eine Breite von 0,60 m (sechs Stahleinlagen von 22 mm Durchmesser). Die Maximallänge der Spundbohlen betrug 6,00 m bei einer Dicke von dann 0,26 m. Die Spundbohlen haben auf beiden Seiten halbkreisförmige Nuten. Die dadurch beim Rammen entstehenden Rundnuten wurden unter Zuhilfenahme von Jutesäcken mit Zementmörtel gefüllt. Die erreichte Dichtigkeit war frappierend. Durch gut durchdachte Rammhaubenkonstruktionen sowie sorgfältige Bauausführung wurden die Rammarbeiten in guter Qualität absolviert. Nur ganz vereinzelt wurde einmal ein Pfahl zerschlagen, wobei zu bemerken ist, daß der Baugrund unangenehme Überraschungen parat hielt. So wurden zahlreiche und oft enorm große Steine, die zum Teil im Geschiebemergel fest verkittet waren, angetroffen. Viele waren so groß, daß sie erst mit einem Greifbagger freigelegt, dann unter Wasser gesprengt und anschließend mit einem großen Eimerkettenschwimmbagger gehoben werden mußten.
Die Bauzeit der Ostschleuse wurde durch diese Hindernisse um 2 ½ Monate verlängert. Und trotzdem! Die Stahlbetonkonstruktion der Ostschleuse stand nach einer Bauzeit von elf Monaten (Januar bis November 1912). Eine Leistung, vor der wir auch heute noch den Hut ziehen müssen.

4.7.8. Die Wasserversorgung der Scheitelhaltung

Für die Wasserversorgung der Scheitelhaltung konnten die natürlichen Ressourcen der Einzugsgebiete der Havel und der Werbelliner Gewässer sowie über die Havel auch Teile des Aufkommens der Elde (aus dem Gebiet der Mecklenburger Oberseen) genutzt und damit auf eine künstliche Speisung verzichtet werden.
Die wasserwirtschaftliche Bilanz der Scheitelhaltung wurde für eine viermonatige Sommertrockenperiode wie folgt aufgestellt:
Für die Strecke Lehnitzschleuse bis zur Wasserscheide Elbe — Oder wurde angenommen, daß zu ihrem Betrieb das natürliche Aufkommen der Havel ausreicht. Diese Annahme war durchaus berechtigt, wenn man bedenkt, daß bei 20 Schleusungen pro Tag in Lehnitz etwa 1 m^3/s Wasser verbraucht wird und die Havel bei niedrigstem Abfluß noch etwa 2 m^3/s führt.
Für den Betrieb der Reststrecke konnten für die vier Sommermonate 9,7 Millionen m^3 Müritzwasser (auf Grund des Bolter Rezesses, mit dem 0,93 m^3/s garantiert waren) und schätzungsweise 8,1 Millionen m^3 aus den Werbelliner Gewässern (bei planmäßiger Stauwirtschaft) zur Verfügung gestellt werden. Von diesen 17,8 Millionen m^3 wurden 5 Millionen m^3 für Torundichtigkeiten, Verdunstung und Versickerung (für den Restteil der Scheitelhaltung plus der Strecke Zerpenschleuse bis Grafenbrück des Finowkanals) abgesetzt. Die restlichen 12,8 Millionen m^3 wurden theoretisch als ausreichend angesehen, einen Jahresverkehr von 6 Millionen t zu garantieren (bei vorheriger Inbetriebnahme des geplanten Hebewerkes und unter der Voraussetzung, daß 4 Millionen t über Niederfinow sowie 2 Millionen t über den Finowkanal transportiert werden und die Schleusentreppe nur nach Erreichen der Leistungsgrenze des Hebewerks in Betrieb genommen wird).

4.7.9. Bau und Inbetriebnahme des Kanals

Der erste Spatenstich erfolgte am 19. September 1906 am Durchstich von Criewen nach Schwedt. Intensivere Bautätigkeiten setzten aber erst im Jahre 1908 ein und der Höhepunkt der Bauarbeiten wurde auf dem größten Teil der Strecke in den Jahren 1909/1910 erreicht. „Der Beginn der Arbeiten an der Schleusentreppe Niederfinow und in Hohensaaten hatte sich bis in das Jahr 1910 verzögert. Auf dieser östlichen Strecke erreichten die Bauarbeiten daher ihren Höhepunkt erst in den Jahren 1911/1912. Die umfangreichen Erdarbeiten in der Havelstrecke und in der Scheitelhaltung leiteten die Bauausführung ein. Gleichen

Bild 4.47 Grundbau des Hebewerkes Niederfinow, 1929.
Quelle: Archiv WBU Eberswalde

Schritt hiermit hielten die Bauarbeiten an den Lehnitz-, Spandauer- und Plötzenseeschleusen sowie die Gründungsarbeiten für die Widerlager der vielen Brücken. An die Aushebung des Kanalbettes schloß sich unmittelbar die Einbringung der Tondichtungen.
Nach Beendigung der Arbeiten konnten einzelne Strecken des Kanals schon lange vor der Fertigstellung der gesamten Anlage in Betrieb genommen werden. Am 1. März 1911 erfolgte die Inbetriebnahme der Schleuse in Spandau, und am 1. Juli 1911 wurde die Schleuse Plötzensee dem Verkehr übergeben. Die Lehnitzschleuse war im Herbst 1911 betriebsfertig hergestellt." (Mattern)
Die erste Probefüllung der gesamten Scheitelhaltung fand im Oktober 1912 und der erste Probebetrieb an der Schleusentreppe Niederfinow im Frühjahr 1913 statt.
Die Ostschleuse Hohensaaten wurde im Winter 1912/13 betriebsfertig, während sich der Bau der Westschleuse infolge Schwierigkeiten und Verzögerungen bei den Gründungsarbeiten bis in den Mai 1913 hinzog.

Die Höchstzahl der beim Kanalbau eingesetzten Arbeiter betrug 2 730 (im Jahre 1911).
Nach Beendigung aller Rest- und Nacharbeiten wurde der Großschiffahrtsweg Berlin—Stettin am 17. Juni 1914 offiziell dem Verkehr übergeben. Welche Bedeutung der preußische Staat diesem neuen Verkehrsweg zumaß, ist daran zu erkennen, daß Kaiser Wilhelm II. selbst die Einweihung vornahm.

4.7.10. Das Schiffshebewerk Niederfinow

Wie schon erwähnt, war der Bau des Schiffshebewerkes bereits in der Wasserstraßenvorlage vom 1. April 1905 verankert. Es vergingen aber 20 Jahre, ehe damit begonnen wurde. Den letzten Ausschlag hierfür gab die wachsende Störanfälligkeit der Schleusentreppe, die sich z. B. 1927 in

Bild 4.48
Das Sicherheitstor im oberen Vorhafen.
Quelle: Archiv WBU Eberswalde

einer mehrwöchigen Sperre äußerte (starke Rißbildungen an der Schleuse IV).
In den ersten Vorstellungen zur Gestaltung des zweiten Abstieges hatte man einem Hebewerk mit Waagebalken von Beuchelt/Schnapp den Vorzug gegeben. Auch in den Folgejahren kam es noch zu einer Vielzahl von Entwürfen der verschiedensten Formen, bis dann schließlich dem eigenen Entwurf der Wasserstraßenverwaltung der Vorrang eingeräumt wurde. Dieser Entwurf enthielt folgende Grundzüge (z. T. wörtlich aus den Artikeln der Zeitschrift „Die Bautechnik", Jahrgänge 1927 bis 1935, zitiert):
— lotrechter Hub mit Naßförderung;
— untere Haltung abgeschlossen (trockene Trogkammer);
— Auswuchtung durch zahlreiche Gegengewichte an Drahtseilen, wobei zur Erzielung eines vollkommenen Gewichtsausgleichs auch das Gewicht der ablaufenden Seile ausgeglichen wird;
— Bewegung durch vier an Zahnstockleitern arbeitende Ritzel, die zugleich die waagerechte Troglage gewährleisten, mechanische Verbindung der Antriebe durch eine Wellenleitung;
— Sicherung gegen erhebliche Gleichgewichtsstörungen in beiden Richtungen (Trogleerlauf und Trogüberlast) durch Drehriegel nach dem Patent Loebell.
Der nach diesen Grundzügen konzipierte Entwurf wurde im Februar 1927 von der Akademie des

Bild 4.49 Seilscheiben für die 256 Stahlseile, an denen Trog und Gegengewichte hängen. Rechts liegen Ersatzseile. *Quelle: Archiv WBU Eberswalde*

Bauwesens gebilligt und der Ausführung zugrunde gelegt, wobei erwähnt werden muß, daß die Bauarbeiten am unteren Vorhafen des Hebewerkes bereits 1925 begonnen hatten.
Die gesamte Baustelle wies eine stark wechselnde Beschaffenheit der Bodenschichten und damit recht ungünstige Baugrundverhältnisse auf. Die neuen Gründungspfeiler des Hebewerkes mußten, um hinreichend tragfähige Sandschichten zu erreichen, unter Anwendung von Druckluft bis auf mehr als 20,00 m unter Gelände hinabgeführt werden, wobei noch zu berücksichtigen war, daß das gewissermaßen eine große Maschine darstellende Bauwerk auch gegen verhältnismäßig kleine ungleichmäßige Setzungen sehr empfindlich ist Auch der benachbarte Pfeiler der Kanalbrücke, dessen Grundrißfläche die für einen Druckluftpfeiler ungewöhnlich großen Abmessungen von 32,00 × 17,00 m aufweist, mußte so tief hinabgeführt werden.
Die Baugrube des Hebewerkes wurde bis zur Unterfläche der Sohle der Trogkammer (12,00 m unter Gelände) durch Grundwasserabsenkung trokkengelegt. Die Trogkammer, deren Sohle aus einer etwa 4,00 m dicken Stahlbetonplatte besteht, konnte so im Trockenen hergestellt werden. Darunter wurde mit Druckluft gearbeitet. Die ungünstigen Bodenverhältnisse am Hang führten auch dazu, der als Verbindung des Hebewerkes mit der oberen Haltung dienenden Kanalbrücke eine große Spannweite zu geben.
Der aus St 52 hergestellte Trog (nutzbare Länge 85,00 m, nutzbare Breite 12,00 m) des Hebewerkes ist beiderseits durch Hubtore abgeschlossen. Er wiegt leer 1 600 t und mit Wasser gefüllt 4 300 t (2 700 m^3 Wasser). In der Längs- und Querrichtung wird er durch feste Rollen geführt und in

Bild 4.50 Das Hebewerk Niederfinow am 15. November 1934. *Quelle: Archiv WBU Eberswalde*

seinen Endstellungen durch Gegenhalter im waagerechten Sinne mit den Haltungsabschlüssen verriegelt.
Zum Gewichtsausgleich dienen 192 Gegengewichte aus Beton mit Eisenspänen, die durch vorgereckte Drahtseile von 52 mm Durchmesser mit dem Trog verbunden sind. Auf weitere maschinen- und maschinenbautechnische Ausführungen soll in diesem Rahmen verzichtet und auf die umfangreiche Fachliteratur hingewiesen werden.
Das etwa 60,00 m hohe, 94,00 m lange und 27,00 m breite Stahlgerüst des Hebewerkes ist aus St 37 hergestellt und besteht aus aneinandergereihten, oben durch einen Windverband zusammengehaltenen Zweigelenkrahmen, die sich in drei Türme gliedern. Es trägt als Hauptlast die 128 Seilscheiben. Zum dichten Abschluß des Troges an die Haltungen dienen U-förmige, vorschiebbare Dichtungsrahmen, die an den Haltungsabschlüssen angebracht sind und mit Gummileisten gegen entsprechende Dichtungsflächen am Trog angepreßt werden. Die untere Haltung ist durch ein Hubtor abgeschlossen, die obere ist zur Sicherheit mit zwei Hubtoren ausgestattet.
Die den Anschluß des Hebewerkes an den Hang vermittelnde stählerne Kanalbrücke, die teils aus St 52, teils aus St 37 besteht, stellt mit 4 000 t Stahlgewicht schon für sich ein bedeutendes Bauwerk dar. Die sieben Hauptträger der Brücke sind Gerberträger von 36,10 + 84,30 + 36,60 = 157,00 m Stützweite. Der Brückentrog ist (abgesehen von dem an das Hebewerk anschließenden Schleppträger) 28,00 m breit, seine Tiefe erhöht sich bei Anspannung des Kanalwasserspiegels und Windstau auf maximal 3,90 m. Rund 300 m oberhalb des Oberhauptes ist im Vorhafen ein als Hubtor wirkendes Sicherheitstor angeordnet. Zur Einfahrt in den Hebewerkstrog sind oben und unten Seiltreidelanlagen eingerichtet, zur Ausfahrt dienten Treidellokomotiven.
Ein Hub erfordert einschließlich des Ein- und Ausfahrens etwa 20 Minuten. Damit verkürzte sich die Umlaufzeit im Vergleich zur Durchfahrt durch die Schleusentreppe um nahezu 1 1/2 Stunden. Bei der damaligen Zusammensetzung des Schiffsverkehrs wurde die Leistungsfähigkeit des Hebewerkes bei sechzehnstündigem Betrieb (Sonntags 8 Stunden und 28 Tage Ausfall durch Eis etc.) zu 3,8 Millionen Ladungstonnen/Jahr ermittelt. Bei 24-Stunden-Betrieb an den Wochentagen wurde eine Steigerung auf 5,6 Millionen Ladungstonnen/Jahr für möglich gehalten.
Der Bau des Schiffshebewerk Niederfinow ist mit einer Sorgfalt vorbereitet worden, die beispielgebend war. So ist auf dem Gelände des Staatlichen Materialprüfamtes in Berlin-Dahlem 1925 ein Seilversuchsturm errichtet worden, an dem Seile, Seilscheiben und Lager jahrelang über-

Bild 4.51
Arbeiten im oberen Vorhafen der Schleuse Lehnitz II. Im Vordergrund das regelmäßig vertiefte Betonpflaster.
Quelle: BT 1942

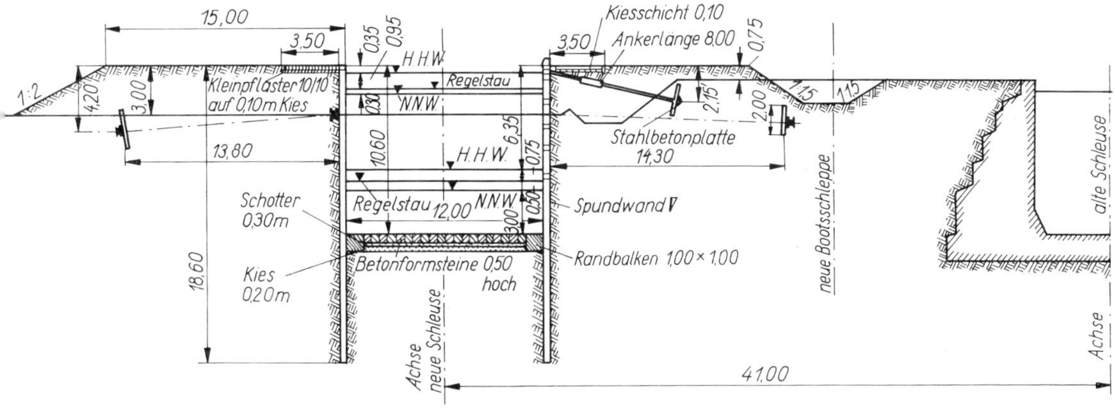

Bild 4.52 Querschnitt der Schleuse Lehnitz II.
Quelle: BT 1942

prüft wurden. Ebenfalls in Berlin-Dahlem wurde eine Seilbiegemaschine zur Ermittlung der zweckmäßigsten Seilart installiert. Auf einer Lagerprüfmaschine simulierte man in wochenlangem Dauerbetrieb eine 30jährige Betriebszeit des Hebewerkes mit 180 000 Doppelhüben. Zum Test von Betriebseinrichtungen wie Ritzel, Drehriegel, Mutterbacken, Spaltdichtung etc. wurde in Eberswalde ein Teilmodell, das ein Fünftel der wirklichen Größe des Hebewerkes aufwies, errichtet. Das Modell war damit größer als das älteste Gegengewichtshebewerk der Welt am Grand-Western-Kanal in England (errichtet 1838 für Schiffe bis 8 t bei einer Hubhöhe von 14,00 m, nutzbare Länge 14,00 m und nutzbare Breite 2,20 m). An ihm wurden alle Antriebs- und Sicherungsvorrichtungen praktisch erprobt und dabei sogar Katastrophenfälle (Trogleerlauf) simuliert. An einem Windmeßturm sind jahrelang die Windrichtungen und die auftretenden Windstärken gemessen worden. Daß während der Bauarbeiten alle nur erdenklichen Baustoffprüfungen sorgfältig durchgeführt wurden, dürfte nach dem bereits Gesagten fast selbstverständlich sein.

Die Baustelleneinrichtung war, der Kompliziertheit des Bauwerkes entsprechend, äußerst großzügig ausgelegt. In den Vorhäfen und am Finowkanal wurden drei Ladestellen errichtet. Eine Fährverbindung mittels Motorfähre zum 2,5 km entfernten Bahnhof Niederfinow ermöglichte den Antransport auch schwerster Bauteile. Für den Umschlag und die Lagerung von losem Zement und Traß wurden ein Becherwerk, eine Drahtseilbahn und ein Silogebäude mit vier mächtigen Zellen erbaut. Der in einem extra errichteten Betonwerk erzeugte Beton wurde mittels Kabelkränen an den Einbauort gebracht. Ein Hilfskraftwerk mit drei Dieselmotoren von je 150 PS konnte bei Stromausfall innerhalb von zehn Minuten in Betrieb gesetzt werden.

Folgende Eckdaten kennzeichnen den zeitlichen Ablauf der Bauarbeiten:

1925	Beginn der Bauarbeiten mit der Verlegung der Landstraße Niederfinow—Liepe und dem Aushub des unteren Vorhafens
1926	Beginn des Baugrubenaushubes für das Hebewerk
1927	Beginn der Arbeiten am oberen Vorhafen
1929	Fertigstellung der Gründung des Hebewerkes und des Ostpfeilers der Kanalbrücke
1930	Fertigstellung des Westpfeilers der Kanalbrücke
1931/32	Aufstellung des Hebewerksgerüstes und Zusammenbau des Troges
1932	Aufstellung der Mutterbackensäulen
1932/33	Anbringung der Seilscheiben, Seile und Gegengewichte, Errichtung der Kanalbrücke

Die Betriebseröffnung des Hebewerkes erfolgte am 21. März 1934.

Die Höchstzahl der auf der Baustelle beschäftigten Arbeiter betrug ungefähr 600 (im 2. Halbjahr 1927). Im Mittel waren aber wesentlich weniger Arbeiter eingesetzt. Die Hauptarbeiten wurden in

den Werkstätten der beteiligten Firmen geleistet. Man kann sagen, daß über acht Jahre etwa 1 000 Arbeiter an der Errichtung des Hebewerkes beteiligt waren.
Insgesamt wurden
760 000 m^3 Boden ausgehoben, davon 310 000 m^3 Trockenaushub für den Oberhafen, 250 000 m^3 Naßaushub mit Eimerbagger für den Unterhafen, 200 000 m^3 für die Baugrube des Hebewerkes, davon wurden wiederum 20 000 m^3 unter Druckluft ausgehoben.
Für die Dichtung des Oberhafens wurden 60 000 m^3 Ton sowie 72 000 m^3 Kies und Steinschüttungen verbraucht, die als Schutzschicht über der Dichtung eingebracht worden sind.
An Beton wurden 72 000 m^3 bereitet, davon 17 000 m^3 für die Bauwerke am Oberhafen, 34 000 m^3 für die Trogwanne einschließlich Gründung und 21 000 m^3 für die Zwischenpfeiler der Kanalbrücke.
Zur Betonherstellung wurden an Baustoffen verbraucht: 14 500 t Portlandzement, 3 400 t Traß, 68 000 m^3 Kies, der an Ort und Stelle gewonnen und durch eine Siebanlage in die erforderlichen Korngrößen sortiert wurde, sowie 4 800 m^3 Schotter und Splitt.
Insgesamt wurden 13 800 t Stahl am Hebewerk verbaut. Davon entfallen 8 000 t auf das Hebewerksgerüst und den Trog einschließlich der Lager und Bewegungsrichtungen, 4 000 t auf das Brückenbauwerk, 100 t auf das Sicherheitstor und 1 700 t auf die Stahlbewehrung in den Bauwerken des Oberhafens und der Trogwanne sowie auf die Spundwände für die Leitwerke.
Der Bau des Hebewerkes Niederfinow war eine technische Spitzenleistung. Den Rekord, das höchste Senkrechthebewerk der Welt zu sein, ist Niederfinow erst 1976 durch das Hebewerk Lüneburg (BRD) losgeworden (38 m Hubhöhe gegenüber 36 m in Niederfinow). Die Verkehrsspitzenleistung wurde in den Jahren 1938 und 1939 erreicht, als jeweils knapp 4 Millionen t Güter das Hebewerk passierten.

4.7.11. Die Schleuse Lehnitz II

Die Kapazität der alten Lehnitzschleuse (Schleuse Lehnitz I) war nach 20 Betriebsjahren erschöpft, so daß sich der Neubau einer zweiten Schleuse als dringend erforderlich erwies. Daraufhin begannen im Jahre 1935 die Arbeiten an der Schleuse Lehnitz II. Die Schleuse wurde in einem Abstand von 41,00 m (Achsmaß) östlich der alten Schleuse errichtet, wobei die Oberhäupter auf gleicher Höhe angeordnet wurden. Sie erhielt eine nutzbare Länge von 134,00 m und eine Breite von 12,00 m (Schleusengefälle im Mittel 5,70 m). Die Häupter wurden in massiver Bauweise ausgeführt, während die Schleusenkammer in Stahlspundbauweise errichtet wurde. Das Oberhaupt wird durch ein Klapptor und das Unterhaupt durch ein Hubtor abgeschlossen. Die Seitenwände der Schleusenkammer sind aus 18,40 m langen Spundbohlen (Larssen V) gerammt worden, die 3,00 m unterhalb der Schleusenoberkante verankert wurden (Ankerstangen bis 14,30 m lang, Ankerwände aus 2,00 bis 3,00 m langen Stahlspundbohlen). In Sohlenhöhe wurden die Kammerwände durch Randbalken und durch Spannbalken aus Stahlbeton abgesteift. Die Schleusensohle ist durchlässig ausgebildet und zwischen den Balken mit grobem Kiessand, Schotter und 0,50 m hohem Großwabenpflaster aus Beton ausgefüllt.
Die Vorhäfen der Schleuse wurden sechsspurig angelegt (bei Zugrundelegung von vier 8,00 m und zwei 9,20 m breiten Schiffseinheiten sowie jeweils 3,00 m Sicherheitsabstand). Der obere Vorhafen mußte gedichtet werden, wobei sich die Dichtungsschicht von 2,55 m Dicke kurz oberhalb des Tores bis auf die in diesem Abschnitt der Scheitelhaltung übliche Dicke von 0,30 m verjüngt. Die Dichtungsschicht ist durch Kiesüberdeckung, in Schleusennähe durch Schotter und Betonpflaster, gesichert. Bemerkenswert ist, daß das Betonpflaster in regelmäßigem Abstand Vertiefungen von 0,10 m erhielt, um dem Schiffer beim Staken Halt zu geben.
An der Einfahrtseite beider Häupter wurden Spillanlagen mit einer Zugkraft von 1 t und einer Zuggeschwindigkeit von 0,5 m/s errichtet.
Um dem starken Wassersportverkehr Rechnung zu tragen, wurde zwischen beiden Schleusen eine Bootsschleppe angelegt.
Mit der Inbetriebnahme der Schleuse Lehnitz II im Jahre 1940 hat die Havel-Oder-Wasserstraße die noch heute vorhandene Gestalt angenommen.

4.7.12. Die Bauarbeiten nach 1945

Fast alle Brücken über die Havel-Oder-Wasserstraße waren am Ende des 2. Weltkrieges zerstört und versperrten mit ihren Trümmern den Schiffen den Weg. Auch die Wassertore waren zerstört und betriebsunfähig.
Zunächst wurden durch die Brückentrümmer Schifffahrtsöffnungen gesprengt, und schon im Mai

1945 konnte die Schiffahrt ihren Betrieb wieder aufnehmen. 1949/51 folgte die Wiederherstellung der beiden zerstörten Wassertore Lichterfelde und Pechteich. In diesem Zusammenhang trennte man die bisher mit ihnen verbundenen Straßenbrücken räumlich voneinander.

Durch die Wiederinbetriebnahme der Wassertore war es möglich, im Jahre 1953 den östlichen Teil der Scheitelhaltung trockenzulegen und die festgestellten Schäden zu beseitigen. In den sieben Tagen der Trockenlegung wurden u. a. 259 Bomben- und Sprengtrichter aufgefüllt, 70 „Wühlstellen" der Schiffahrt beseitigt und 7 591 m abgerutschte Böschung wieder in die richtige Lage gebracht.

1954 ist das stark beschädigte Wehr Hohensaaten abgerissen und in alter Form wieder aufgebaut und in den Jahren 1960/61 das Wassertor Eberswalde wiederhergestellt worden.

In den Jahren 1962 bis 1964 wurde der Normalstau der Scheitelhaltung des Oder-Havel-Kanals in zwei Etappen von + 37,11 m über NN auf + 37,25 m über NN erhöht und in diesem Zusammenhang die Tauchtiefe von 1,75 m auf 2,00 m heraufgesetzt (für maschinengetriebene Fahrzeuge auf 1,85 m). Dazu mußten die vorhandene Steinschüttung auf etwa 55 km Kanallänge höher gezogen und auch an den hydrotechnischen Anlagen Erhöhungen vorgenommen werden.

Die Oderhaltung des Oder-Havel-Kanals und auch die Hohensaaten-Friedrichsthaler Wasserstraße wurden durch gezielte Baggerungen soweit vertieft, daß bei Niedrigststau bzw. NNW Tauchtiefen von 2,00 m garantiert werden können.

1976 erfolgte ein umfangreicher Ausbau des unteren Vorhafens des Schiffshebewerkes Niederfinow mittels Stahlspundwänden (Nordufer) und vierpfähligen Stahldaiben (Südufer). Oberer und unterer Vorhafen erhielten auch auf jedem Ufer eine neue Seiltreidelanlage, so daß von diesem Zeitpunkt an der Treidelbetrieb mit elektrischen Lokomotiven eingestellt werden konnte.

Ab 1984 setzten am Oder-Havel-Kanal Arbeiten von zum Teil beträchtlichem Ausmaß ein. Nach über 50jährigem fast ununterbrochenem Betrieb mußten die 256 Trogtragseile des Schiffshebewerkes Niederfinow ausgewechselt werden. Diese den Reparaturablauf bestimmende Arbeit wurde dazu genutzt, gleichzeitig

- die Seilscheibenlager zu reparieren und teilweise auszuwechseln
- die elektrischen Anlagen und die Maschinenanlagen zu überholen und
- korrosionsgeschädigte Bauteile instandzusetzen.

Nach einer Bauzeit von knapp sieben Monaten stand das Schiffshebewerk dem Schiffsverkehr wieder zur Verfügung.

Parallel zu den Arbeiten am Schiffshebewerk erfolgten umfangreiche Sanierungsarbeiten in der Dichtungsstrecke der Scheitelhaltung. Der nach heutigen Gesichtspunkten unterbemessene Kanal zeigt hier Schäden, die auch an anderen Wasserstraßen schon zu beobachten waren: es bil-

Bild 4.53
Teiltrockenlegung der Scheitelhaltung; Kilometer 60,6 mit Blick nach Osten, April 1953
Foto: Wesselowski

Bild 4.54
Einhängen des Hubschwenktores am Binnenhaupt der Ostschleuse Hohensaaten, 1985.
Foto: Autor

dete sich ein typisches Sattelprofil mit Aufwölbungen in Kanalmitte und mit Auskolkungen im Böschungsbereich. Teilweise erreichten die Auskolkungen bereits die Dichtungsschicht, so daß für ihren weiteren Bestand zu fürchten war. Die gefährdeten Bereiche wurden durch Ausfüllen der Kolke mit rolligem Material und abschließender Steinabdeckung gesichert. Um erneute Schäden auszuschließen, die insbesondere durch Schiffsbegegnungen im zu engen Profil entstehen, wurde für die 22 km lange Dichtungsstrecke zwischen Pechteich und Niederfinow ab Mai 1985 vorerst ein wechselnder Einrichtungsverkehr verfügt.

Ebenfalls im Jahre 1984 begann ein Neubau der Ostschleuse Hohensaaten, der die baufällig gewordene alte Schleuse ablösen soll. Die neue Schleuse wird oderseitig neben der alten errichtet und erhält eine nutzbare Länge von 170 m bei einer Breite von 12,00 m. Erwähnenswert an der einfach verankerten Spundwandschleuse ist, daß ihre Häupter in Caissongründung errichtet und mit Hubschwenktoren verschlossen werden.

Im Anschluß an den Bau der Ostschleuse erfolgt ein Neubau der Westschleuse Hohensaaten, der in den gleichen Abmessungen und der gleichen Bauweise wie dort durchgeführt wird. Der Standort dieser neuen Schleuse wird sich innerhalb der alten Schleppzugschleuse befinden.

5. Die Spree-Oder-Wasserstraße

Bei der Schilderung der Bau- und Entwicklungsgeschichte der Spree-Oder-Wasserstraße soll der Raum zwischen der Mündung der Spree in die Havel und der Oder zwischen Brieskow und Fürstenberg (später Eisenhüttenstadt) betrachtet werden, wobei der Innerberliner Teil dieser Wasserstraße im nächsten Kapitel besonders behandelt wird. Wir folgen also der Spree von Spandau an aufwärts bis in den Raum Kersdorf/Neubrück, wo die Wasserscheide zwischen Elbe und Oder überquert wird, und steigen dann in Richtung Brieskow bzw. Fürstenberg zur Oder ab.
Analogien zur Havel-Oder-Wasserstraße bieten sich in starkem Maße an. Diese Verbindung folgt ebenfalls einem Urstromtal, dem Warschau—Berliner. Sie benutzte anfangs zum Abstieg zur Oder auch das Tal eines kleinen Flüßchens, der Schlaube, um mit dem wachsenden Stand der Wasserbautechnik sowohl Spree als auch Schlaube teilweise oder ganz zu verlassen. Die Wasserversorgung der Spree-Oder-Wasserstraße gestaltete sich problematischer als die der Havel-Oder-Wasserstraße, da anfangs das Wasser der Schlaube zur Speisung ausreichte, später aber infolge des unzureichenden Wasserdargebots die Scheitelhaltung künstlich versorgt werden mußte.

5.1. Die Vorgeschichte

Die Idee, Spree und Oder durch eine künstliche Wasserstraße miteinander zu verbinden, schreibt man Kaiser Karl IV. zu, der von 1355 bis 1378 regierte. Aus dem Kapitel 2 unseres Buches wissen wir aber, daß die Idee zur damaligen Zeit noch nicht verwirklicht werden konnte, weil die dazu unerläßliche Kammerschleuse noch nicht erfunden war. Erste konkrete Vorschläge tauchten in der Mitte des 16. Jahrhundert auf. In der Spree befanden sich zu jener Zeit zwei Stauanlagen, und zwar in Berlin und in Fürstenwalde. Im Bereich der schiffbaren oberen Spree kam hierzu noch eine Stauanlage in Beeskow. Auf die Stauanlagen in Berlin werden wir später noch zurückkommen, so daß hier nur der Fürstenwalder Stau zu betrachten wäre. Seine erste Erwähnung datiert in das Jahr 1298 und er dürfte vor dem Bau der ersten Kammerschleuse im Jahre 1588 mit einer Stauschleuse bestückt gewesen sein.

Bild 5.1 Das Gebiet zwischen Spree und Oder vor dem Bau des Friedrich-Wilhelms-Kanals. *Zeichnung Autor*

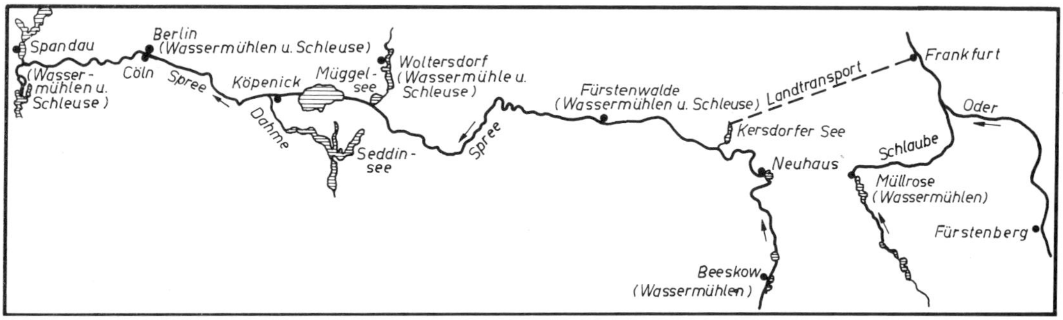

Die Schiffahrtsverhältnisse oberhalb des Berliner Seengebietes müssen denen der Havel zwischen Spandau und Liebenwalde sehr geähnelt haben: geringe Wassertiefen, insbesondere in Trockenzeiten, und ein schmales durch zahlreiche Krümmen noch schwieriger werdendes Fahrwasser.
Das andere im betrachteten Raum befindliche Gewässer, die Schlaube, dürfte im Gegensatz zur Finow bis zur Mitte des 16. Jahrhunderts niemals schiffbar gewesen sein. Die Hauptgründe hierfür waren die wesentlich ungünstigeren hydrologischen Voraussetzungen. Die Schlaube ist von der Quelle bis zur Mündung in den Brieskower See etwa 37 km lang, wobei das später kanalisierte Teilstück von Müllrose bis Brieskow auf einer Länge von etwas über 13 km ein Gefälle von knapp 19,00 m aufweist. Sowohl dieser als auch der obere Teil sind damit zur Wasserkraftnutzung bestens geeignet. So fällt die Nennung der ersten Wassermühlen auf der Schlaube wie bei der Finow schon ins 13. Jahrhundert (die Mühlen bei „Mühlrose" werden schon vor 1268 genannt und bereits 1275 verzeichnet die Chronik vier Mühlen auf der Slube, wie das Flüßchen damals hieß).
Im Februar 1556 trafen sich kaiserliche und kurfürstliche Sachverständige in Müllrose, um im Beisein von Vertretern der Städte Frankfurt/Oder und Hamburg (!) an Ort und Stelle die Möglichkeiten einer Realisierung der Verbindung von Spree und Oder zu überprüfen. Nach einer zweiten Überprüfung kam es am 1. Juli 1558 in Müllrose zu einer Vereinbarung, die den Bau des Kanals festschrieb und in der u. a. verzeichnet war, „daß die Errichtung dieses Grabens in zwei Teile sollte geteilet und von der Spree durch den Wirchner See (Wergensee, d. A.) bis an die Brücke von Mülrose von Kaiserl. Maj. auf ihre Unkosten allein verfertiget und beständig erhalten werden. Hergegen wollten Kurfürst Joachim (der II., d. A.) das Werk die Schlube herunter von dem großen Mülroser See aus, bis an die Oder fortsetzen mit Schleusen und anderer Notdurft gehörig versehen, und künftig bauständig erhalten ..." (Joh. Christ. Bekmann).
Während Kaiser Ferdinand I. seinen Teil sogleich in Angriff nahm und insgesamt 40 000 Reichstaler investierte, begann der Kurfürst aus den verschiedensten Gründen, deren wichtigste die größeren Vorteile aus diesem Projekt zugunsten des Kai-

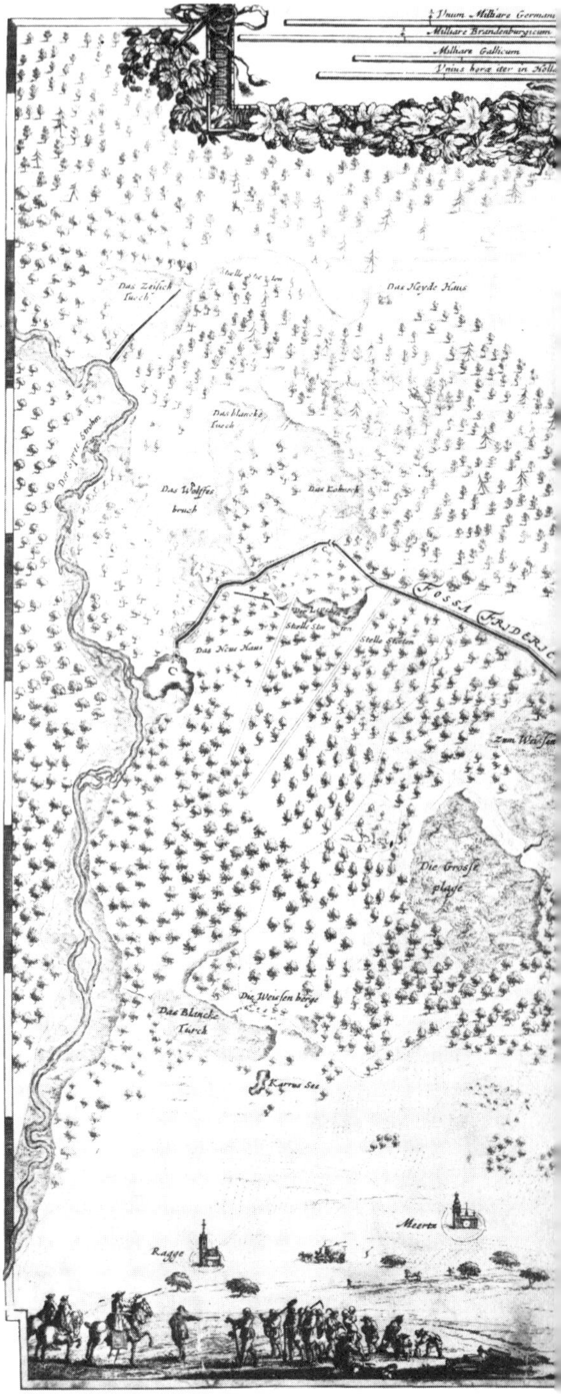

Bild 5.2 Die älteste Karte des Friedrich-Wilhelms-Kanals (Blesendorf 1670). *Repro Deutsche Staatsbibliothek*

Conjungere Suevum ac Viadrum
amnes fossa nova coeptum est
sub auspicio Serenis. ac Potentis. Dni DOMINI
FRIDERICI GUILIELMI
Electoris Brandenburgici
Et quod ante hac frustra conati A saeculo ab hinc et multo
ante praedecessores id nunc consummatum ac opere ipso ex hibitum
est moderatore Nobiliss. ac Generoso Dno PHILIPPO DE CHIESE
Supremo Castrametatorum praefecto Sui Electoris Camerae Nobile
primario. Fossa haec lata quinq. perticas Rheinlandicas. Longitudo
ejus ut mensura docet tria milliaria Germanica vel 5 aut 6 horarum
itinera excedit. In medio Longitudinis fere situm est oppidum
Mulrose unde ad utrumq. latus ex Lacu A. cui aquam ministrat
ex Lusatia defluens Rivus, quem genuino nomine alii Schlube
vocant per fossiculam B. ad utrumq. flumen descendit
Schleusen vocant
Lichtenbergk
Merckendorf
Die hollen
Hohen Walde
Lossow
FRANCKFORT
Odera Fluvius
Briesgke
Mulrose
B
A
D
Schlaube flus
Lindow
WILHELMIANA
Die Schlaube
Kupfer hammer
Zeisig berg
Die Schlube
FERDINANDUS
SATIÆ PARS
SUB MONASTERIO NEO-
CELLENSI

Bild 5.3 Unter dieser alten Eiche bei Müllrose, soll das Kanaleinweihungsfestgelage stattgefunden haben.
Foto: Schmiedeck

Bild 5.4 Das Basrelief am Gebäude der ehemaligen Schleuse Müllrose „FR 10. July 1765" erinnert an die Wiedererrichtung der Schleuse nach der Zerstörung im Siebenjährigen Krieg. *Foto: Heimatmuseum Müllrose*

sers waren, den Bau nicht. Nach dem Tode des Kaisers im Jahre 1564 wurde der Bau gänzlich eingestellt.
Zu vermerken wäre aus dieser Zeit noch, daß man in den Jahren 1588 oder 1589 den Landweg von der Oder zur Spree durch den Ausbau der Verbindung von der Spree bis zum Kersdorfer See (die später in die Linienführung des Oder-Spree-Kanals einbezogen wurde) verkürzte und die Stadt Frankfurt/Oder an diesem See eine Niederlage errichten durfte.
Nachdem das Projekt nahezu 100 Jahre geruht hatte, begannen unter dem Großen Kurfürsten erneut Überprüfungen, die die Durchführbarkeit des Vorhabens unter Beweis stellen sollten. Sie schlossen Ende 1660 mit einem Gutachten ab, an dem der für den späteren Bau der Schleusen und Brücken verantwortliche Amtsrat Michael Mathias maßgebend beteiligt war. In dem Gutachten wird festgestellt, daß eine Kanalverbindung zwischen Oder und Spree zwar möglich sei, „zuforderst aber nicht ohne große Mühe und merkliche Unkosten zu effectuiren, zumal hierzu nit wenig Ausräumung und Graben, sondern auch verschiedener Schleusen Ausfertigung von Nöten sein wird".

5.2. Der Bau des Friedrich-Wilhelms-Kanals

Am 2. Juni 1662 erließ der Kurfürst folgendes Kabinettsschreiben: „Nachdem S. K. D. jetzt gesonnen sein, den Neuen Graben aus der Oder in die Spree verfertigen zu lassen, als haben Sie die Direction solcher Arbeit dero Kammerjunker dem von Chieze hiemit dergestalt auftragen wollen, daß er solche nach seinem besten Wissen und Verstand beforderen und vollführen: denen dabei arbeitenden Soldaten kann entweder Taglohn geben oder ihnen die Arbeit anverdingen, nach dem er es am nützlichsten und zuträglichsten ermessen wird; den Anfang der Arbeit hat er zwischen Mühlrose und Neu Häusgen zu machen ...".
Mit diesem Schreiben ließ er es aber nicht bewenden, sondern er begab sich selbst an Ort und Stelle, um die Bauarbeiten zu eröffnen. Hierüber vermerkt das älteste Müllroser Kirchenbuch: „Anno 1662 am 7. Juni ist ihre Kurfürstliche Durchlaucht zu Brandenburg bei der Kaisermühle angelangt und folgenden Tag der Anfang zum Schiffgraben gemacht worden ..." Weiter ist hier zu lesen: „Und haben in diesem Jahre 500 Mann ohne die Zimmerleute daran gearbeitet; im folgende Jahre aber 600 Mann ...; 1664 und 1665 haben 500 Mann daran gearbeitet. 1666 als der

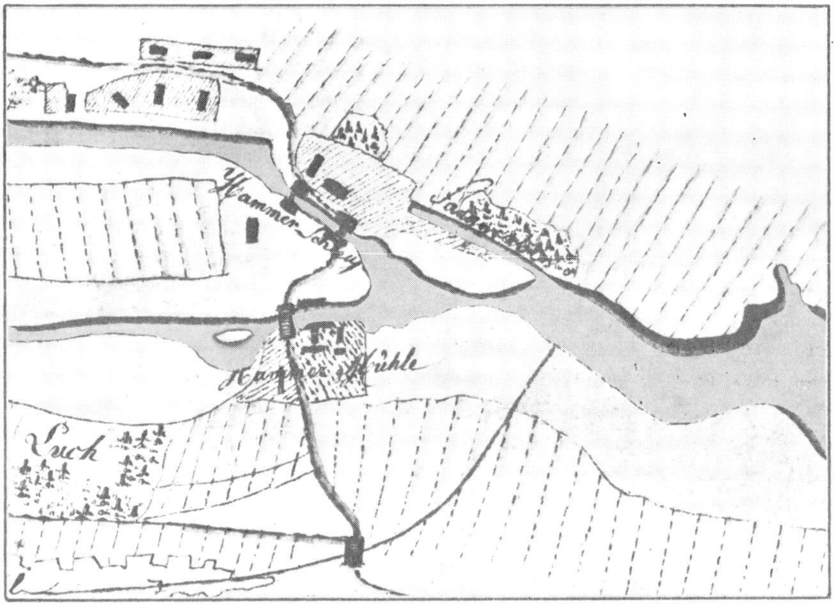

Bild 5.5
Lageplan der Hammer-Schleuse und Hammer-Mühle im Jahre 1811.
Quelle: Situations-Plan des Friedrich-Wilhelms-Canal, aufgenommen durch Carl v. Gloeden 1811

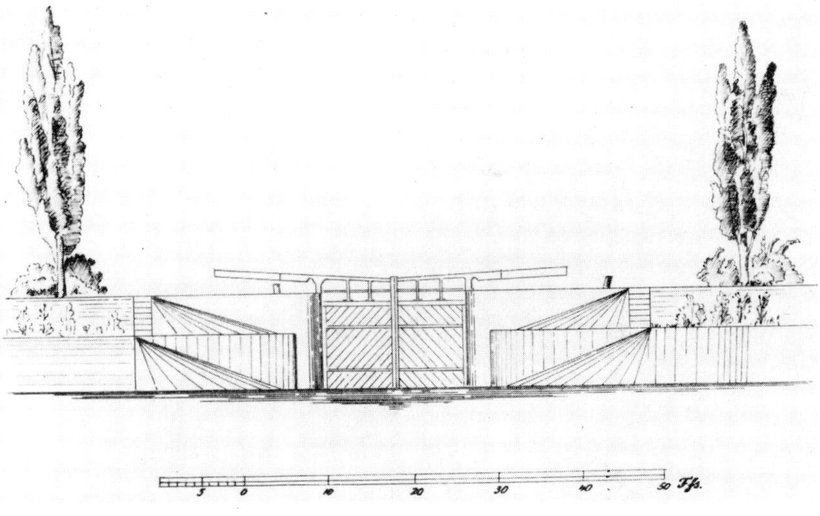

Bild 5.6
Unterhaupt der Schleuse Müllrose im Jahre 1854.
Zeichnung Senzel

Marsch in Cleve ging, haben 200 Mann daran gearbeitet, 1667 haben ungefähr 150 Mann daran gearbeitet."
Wie schon oben erwähnt, stand das Gesamtunternehmen unter der Leitung des italienischen Kriegsingenieurs und Generalquartiermeisters, des späteren Hauptmanns von Müllrose und Biegen, Philipp de Chieze, während die Errichtung der Schleusen und Brücken dem zum Hof-Schleusenbaumeister ernannten Michael Mathias übertragen wurde. Der Kanal erhielt einen etwa trapezförmigen Querschnitt und wies bei einer Wasser-

Bild 5.7. Gedenkstein aus dem Jahre 1868 an der Schleuse Weißenberg, errichtet zur Erinnerung an den Abschluß des Baues der zweiten Schleusen in jenem Jahr sowie zum 200jährigen Bestehen des Kanals. *Foto: Autor*

spiegelbreite von 5 Ruthen (18,83 m) eine Tiefe von 6 Fuß (1,88 m) aus. Die Schleusen waren reine Holzkonstruktionen, die vorwiegend aus Eichenholz bestanden. Da für jede Schleuse 300 Stämme gefordert wurden, mußten für Schleusen und Brücken annähernd 5 000 Eichen gefällt werden. Problematisch wurde es daher auch beim Antransport der Baumaterialien, insbesondere dieser Eichenstämme, da sich, in Analogie zum Finowkanal, die dazu verpflichteten Städte (u. a. Frankfurt/Oder, Fürstenwalde, Cottbus, Peitz, Beeskow und Storkow) weigerten, die benötigten Pferde zu stellen. Nur unter Androhung „militärischer Execution" war es möglich, die Baustellentransporte durchzuführen.

1668 war das Werk soweit gediehen, daß Ende Mai eine Probefahrt stattfinden konnte, die zur vollen Zufriedenheit verlief. Im August 1668 hielt dann der Kurfürst zur Einweihung des Kanals auf der Sohle eines anschließend gefluteten Kanalstückes mit seinem Hofstaat eine festliche Hoftafel ab. Nach erfolgter Flutung befuhr er anschließend „den Neuen Graben vom Werchensee ... bis Briesekow an der Oder".

Die Länge des Kanals betrug etwa 3 Meilen (22,6 km), und die 12 Fuß (3,77 m) Gefälle zwischen Spree und Scheitelhaltung überwand er mit zwei Schleusen und einer Fangschleuse. Von der Scheitelhaltung bei Müllrose bis zum Brieskower See betrug das Gefälle je nach Wasserstand der Oder 60 bis 74 Fuß (18,83 bis 23,22 m) und wurde mit elf Schleusen sowie einer Fangschleuse ausgeglichen. Acht Brücken führten über den Kanal, der nur zu einem Teil das Bett der Schlaube direkt benutzte, sonst aber in einem separat gegrabenen Bett verlief.

Durch die zahlreichen Mühlen in der Schlaube kam es immer wieder zu Wasserversorgungsproblemen, da sich Mühlen- und Schleusenregime nur schwer in Einklang bringen ließen und zur Abdeckung dieser verschiedenen Ansprüche das Wasserdargebot der Schlaube zu klein war.

Im März 1669 ging erstmals Schiffahrt durch den Neuen Graben, wie der Kanal anfangs hieß, und worüber Bekmann folgendes vermerkt: „So ist denn in dem folgenden Jahre 1669 mit der Durchfahrt ein Anfang gemachet und sein am 27. Februar durch Beförderung des Herren Schmettauer zu Breslau fünf große Oderkähne, deren Schiffer Andreas Freiberg geheißen, mit 28 Garnefassen, 4 Röhtfassen und 1 $1/2$ Tonnen Wachs von Breslau abgefahren, welche den 8. März durch den Neuen Graben gegangen, den 12. März (in Berlin, d. A.) in Schuten umgeladen und nach Hamburg fortgeschicket, anbei eine kurfürstliche Verordnung an die Zollbedienten in dero Landen mitgegeben, und zugleich die auswärtige Zollbedienten ersuchet worden, den Schiffer nirgends über zwei Stunden aufzuhalten". Und an anderer Stelle heißt es: „Es hat sich auch begeben, daß ein Schiffer aus Hamburg, Hans Friedenreich, mit 30 Lasten Lüneburger Salz durch den Neuen Graben gegangen, und so auf der Oder an die Niederlage zu Frankfurt angelanget, allwo die Leute haufenweise an die Oder gekommen und mit Verwunderung angesehen, daß Hamburger Schiffe von dem Neuen Graben bis auf die Niederlage angelanget ..."

Der Neue Graben oder Müllroser Kanal erhielt später zu Ehren des Großen Kurfürsten den Namen Friedrich-Wilhelms-Kanal.

Tabelle 5.1 Die Schleusen des Friedrich-Wilhelms-Kanals um 1780 (nach Borgstede)

Schleuse	Gefälle	Entfernung voneinander
Die Neuhauser Schleuse	8'1/2'	
Die Busch- oder Peitz-Schleuse (Fangschleuse)	—	2 708 Ruthen 8'[1]
Die Müllroser Schleuse	3 1/2	1 200 Ruthen 3'
Die Hammer Schleuse	12'	196 Ruthen
Die Schleuse bey Kunerts	8'	457 Ruthen
Die Schleuse zum Weißenspring	11'	435 Ruthen
Die Lindowsche Schleuse	12'	440 Ruthen
Die Weißenbergsche Schleuse	11'	284 Ruthen
Die Schleuse beym Finkenheerd	11'	560 Ruthen
Die Briesker Schleuse	9'	
		6 280 Ruthen 11'

[1] von der Spree bis Müllrose

5.3. Der Friedrich-Wilhelms-Kanal bis heute

Bereits im Jahre 1699 begann man, die hölzernen Schleusen durch Massivbauten zu ersetzen und ihre Zahl zu verringern. Diese Aktion war im Jahre 1716 beendet und damit die Zahl der Schleusen auf 9 1/2 (eine Fangschleuse) festgeschrieben. Während Borgstede diese Schleusen noch vermerkt, ist die Zahl Mitte des 19. Jahrhunderts endgültig bei 9 angelangt.

Der ständige Wassermangel, der dazu führte, daß vor allem im Sommer auf den Schleusendrempeln nur noch etwa 70 cm Wassertiefe vorhanden war, ließ viele Schiffer zum Finowkanal abwandern und damit einen längeren Weg in Kauf nehmen. Um diesem Mißstand abzuhelfen, begann im Jahre 1824 ein Programm zum Neubau aller Schleusen des Kanals, das aber erst nach Vorliegen des Berichtes von Oberbaurat Becker vom 9. November 1845 betreffend „die vollständige Herstellung des Friedrich-Wilhelms-Kanals" forciert wurde. Im Jahre 1868 war dieser Neubau abgeschlossen und alle Schleusen, wie am Finowkanal, zur Aufnahme von zwei Finowmaß-Kähnen ausgelegt. Es waren also zweischiffige Schleusen mit versetzten Häuptern, und ihre Drempel wurden zur Verbesserung der Tauchtiefe auf 5 Fuß (1,57 m) unter Niedrigwasser festgelegt. Aber auch diese Maßnahmen konnten dem wachsenden Verkehrsbedürfnis nicht lange entsprechen. Der Bau eines leistungsstärkeren Kanals stand vor der Tür. Ehe wir darauf zu sprechen kommen, soll die weitere Geschichte des Friedrich-Wilhelms-Kanals noch zu Ende geführt werden.

Bild 5.8
Zerstörtes und durch einen Damm gesichertes Oberhaupt der Schleuse Schlaubehammer, 1985.
Foto: Autor

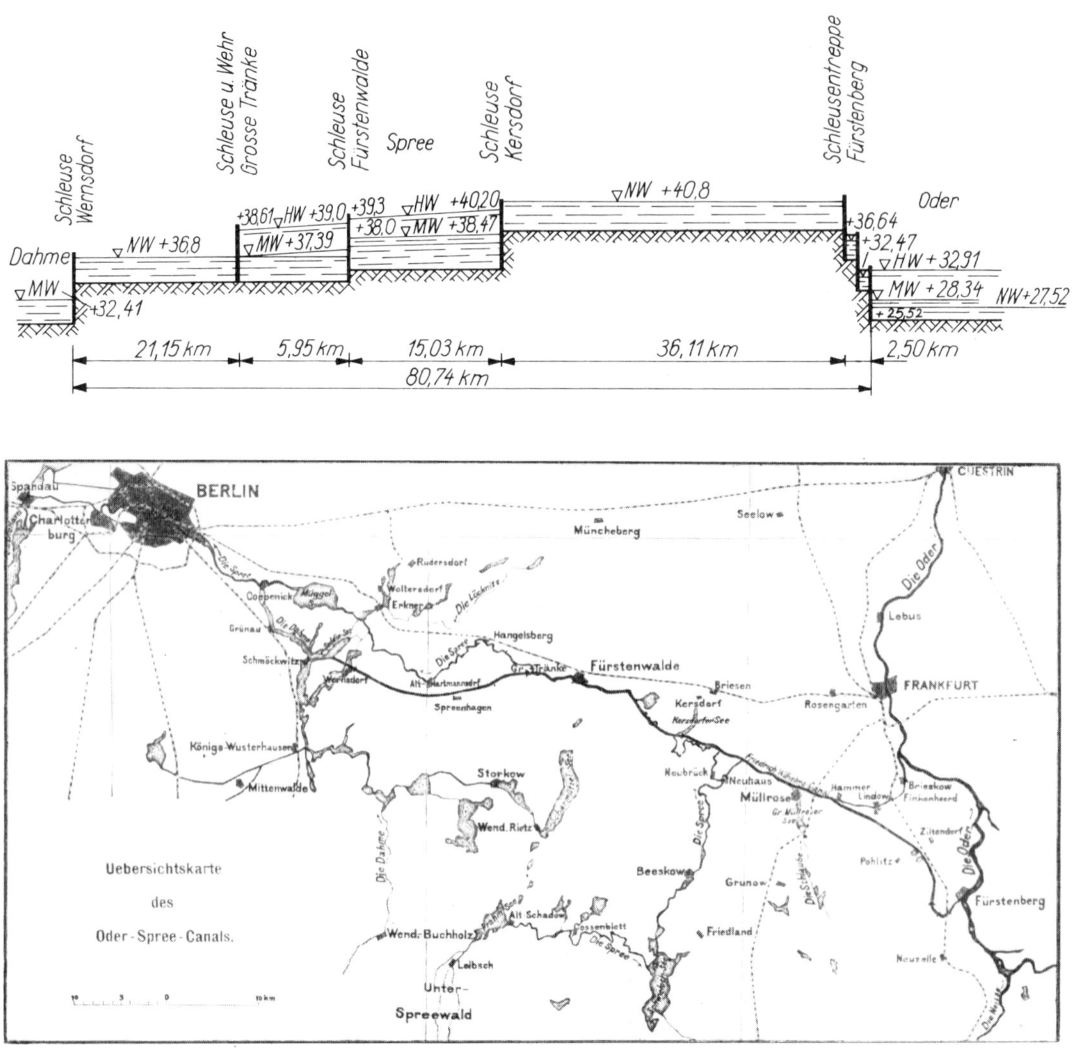

Bild 5.9 a und b Oder-Spree-Kanal, Längsschnitt und Lageplan. *Quelle: ZfBau 1890*

Ein Teil des Kanals — etwa 12 km, von der ehemaligen Buschschleuse bis nach Schlaubehammer — wurde zum Bau des Oder-Spree-Kanals benutzt. Der Abschnitt vom Wergensee bis zur Buschschleuse dient noch heute zur Speisung der Scheitelhaltung des Oder-Spree-Kanals aus der Spree (Speisekanal Neuhaus).

Der Abstieg von Schlaubehammer zur Oder (Brieskower See) wurde kurz vor Ende des zweiten Weltkrieges von deutschen Truppen durch Sprengen von Schleusenunterhäuptern und Brükken betriebsunfähig gemacht und dient heute nur noch wasserwirtschaftlichen Zwecken (Wasserabführung). Dieser Abschnitt führt seit 1951 den Namen Brieskower Kanal.

5.4. Der Oder-Spree-Kanal

Der Bau einer neuen leistungsfähigen Spree-Oder-Verbindung wurde zwingend, als das aufblühende oberschlesische Bergbaugebiet seine Produkte schneller und billiger in Richtung Berlin transportieren wollte. So wurde mit Gesetz vom 9. Juli 1886 der Bau des Oder-Spree-Kanals beschlossen.

Dieser Kanal ist im Laufe seiner Geschichte zu einem Musterbeispiel für oberflächliche Planung und unabgestimmte Perspektivvorstellungen zwischen Wasserstraßenverwaltung und Binnenschiffahrt geworden.

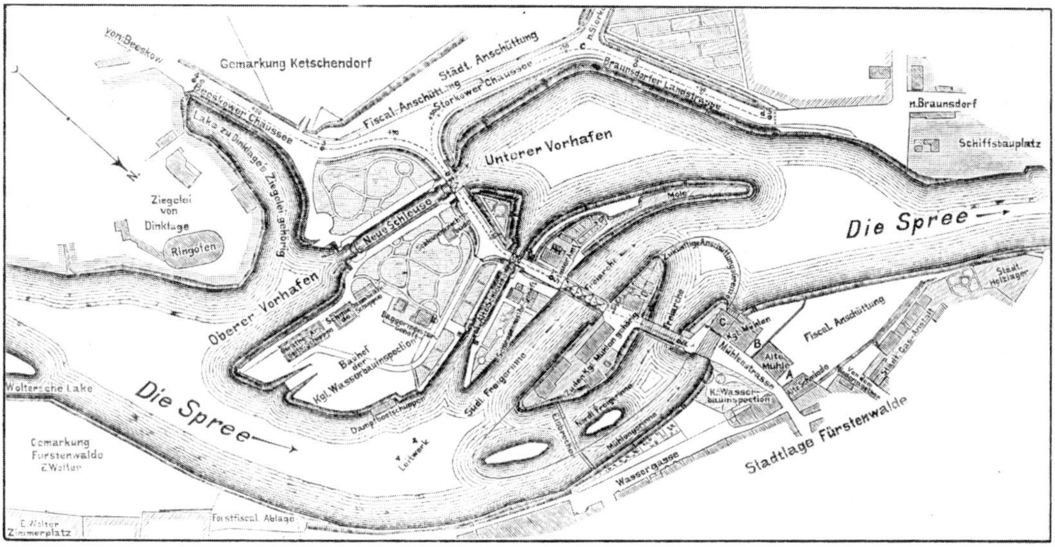

Bild 5.10 Staustufe Fürstenwalde. *Quelle: ZfBau 1890*

Bild 5.11 Regelquerschnitte des Oder-Spree-Kanals: a) gegrabene Strecken, b) Spreedurchstiche.
Quelle: ZfBau 1890

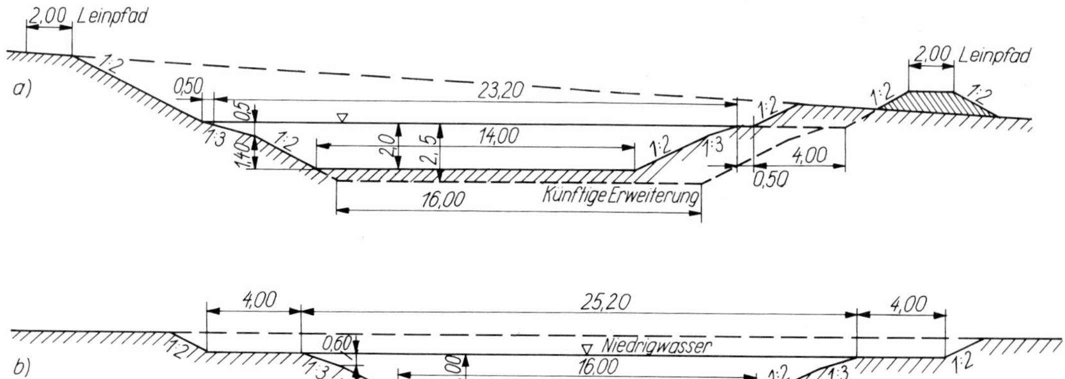

5.4.1. Der Bau des Kanals

Am 1. Oktober 1886 wurde in Fürstenwalde ein Bauhauptbüro eingerichtet, und im Frühjahr 1887 begannen die eigentlichen Bauarbeiten. Die Linienführung des Kanals kann wie folgt beschrieben werden:
Abzweigend aus dem Seddinsee, einer Ausbuchtung der Dahme-Wasserstraße, die dann von hier bis zu ihrer Mündung in die Spree ein wesentlicher Bestandteil der Spree-Oder-Wasserstraße wurde, verläuft der Kanal bis Große Tränke in einem völlig neu gegrabenen 24 km langen Bett. Ab Große Tränke benutzt er bis Fluthkrug (20 km) den für die Schiffahrt erweiterten Flußlauf der Spree. Von Fluthkrug bis Fürstenberg wurde ein 43 km langes neues Kanalbett gegraben, wobei einschränkend bemerkt werden muß, daß von der alten Buschschleuse bis Schlaubehammer auf einer Strecke von 11,3 km Länge das Bett des Friedrich-Wilhelms-Kanals benutzt werden konnte.

Die Wasserscheide zwischen Spree und Oder wurde mit sieben Schleusen (s. Tabelle 5.2.) überwunden. Da Dahme, Spree und Oder stark wechselnde Wasserstände aufweisen, differieren auch die Fallhöhen an den Schleusen erheblich. Die Schleuse Große Tränke wird nur bei größeren Hochwasserständen der Spree benutzt, da es dann notwendig wird, die Haltung bis Wernsdorf vor diesen Wasserständen zu schützen.

Die Schleuse Fürstenwalde erhielt eine größere nutzbare Länge, da sie als Muster für künftige Erweiterungen dienen sollte. Diese Erweiterung war von Anfang an vorprogrammiert, aus Kostengründen aber zur Zeit des Kanalbaues noch nicht realisiert worden. Da in Fürstenwalde bereits eine alte (Finowmaß-) Schleuse bestand, wurde hier das erste Erweiterungsexperiment ausgeführt.
Der Wasserstand in der Spreestrecke wird durch ein Wehr in Große Tränke gehalten. Damit wurde die durchgehende Schiffahrt auf der Müggelspree unterbrochen. Die neben dem Wehr angelegte Kahnschleuse gestattete nur noch kleineren Fahrzeugen den Durchgang. Dadurch wurde die Müggelspree zwischen Große Tränke und Dämeritzsee zu einer untergeordneten Wasserstraße, die heute keine Frachtschiffahrt mehr aufweist und nur noch aus wasserwirtschaftlichen Gründen unterhalten wird. Lediglich die Strecke zwischen Dämeritzsee und der Einmündung der Dahme bei Köpenick ist für Schiffe bis 2,00 m Tauchtiefe passierbar. Dazu fanden in diesem Bereich noch größere Wasserbauarbeiten statt:

1876 Regulierung der Spree bei Rahnsdorf;
1877/78 Regulierung der Spreemündung in den Müggelsee;
Verlegung der Müggelspree von Rahnsdorf nach dem Kleinen Müggelsee;
1879/80 Regulierung zwischen Dämeritzsee und Rahnsdorf, Durchstich bei Köpenick.

Die neu gegrabenen Strecken des Oder-Spree-Kanals mußten zum großen Teil gedichtet werden, um ein Vernässen der umliegenden Ländereien zu vermeiden und um die Wasserverluste in der Scheitelhaltung Kersdorf—Fürstenberg möglichst gering zu halten.
Interessant ist in diesem Zusammenhang auch, daß gefährdete Kanalstrecken durch vier selbsttätig wirkende Sicherheitstore geschützt waren. Diese Sicherheitstore befanden sich 300 m oberhalb der Schleuse Wernsdorf, bei Sandfurth (oberhalb von Kersdorf), bei Schlaubehammer (etwa 1,5 km hinter der Abzweigung des Friedrich-Wilhelms-Kanals) und kurz oberhalb der Fürstenberger Oberschleuse.
Insgesamt wurden folgende Bauwerke errichtet: sieben massive Schleusen, ein Wehr, vier Sicherheitstore, 23 Brücken (ohne die Schleusenbrücken),

Tabelle 5.2
Die Schleusen des Oder-Spree-Kanals, 1890

Schleuse	Nutzbare Länge m	Kammerbreite m	Torweite m	mittlere Fallhöhe m
Wernsdorf	55	9,60	8,60	etwa 4,50
Große Tränke	55	9,60	8,60	0
Fürstenwalde	68	9,60	8,60	etwa 0,90
Kersdorf	55	9,60	8,60	etwa 2,90
Fürstenberg				
Oberschleuse	55	9,60	8,60	4,16
Mittelschleuse	55	9,60	8,60	4,16
Unterschleuse	55	9,60	8,60	3,80

acht Düker, acht kleinere massive Bauwerke, der Umbau des Wehrs in Fürstenwalde, neun Schleusenmeister- bzw. Buhnenmeistergehöfte und die Gebäude des Bauhofes in Fürstenwalde. Es wurden etwa 6 Millionen m³ Boden bewegt und 75 000 m³ Packwerk verlegt.

Der Kanal erhielt in der neu gegrabenen Strecke eine Sohlenbreite von 14,00 m und eine Wassertiefe von 2,00 m (bei Niedrigwasser). Die Böschung wies nach heutigen Gesichtspunkten eine etwas eigenartige Gestalt auf. Während sie bis 0,60 m unter Wasserspiegel in einem Verhältnis von 1:3 abgeböscht wurde, zeigte der untere Teil ein Verhältnis von 1:2. In Wasserspiegellinie befand sich beidseitig eine Berme von 0,50 m Breite. Die Spreehaltung zeigte ein ähnlich aufgebautes Profil, nur war hier die Sohlenbreite auf mindestens 16,00 m festgelegt.

Der Kanal war für Schiffsabmessungen von 55,00 m Länge, 8,00 m Breite und 1,75 m Tiefgang konzipiert. Wie der Querschnitt aber erkennen läßt, war eine Erweiterung auf das Plauermaß-Schiff (65,00 × 8,00 × 1,75 m) schon vorprogrammiert. So wurden die Aufschüttungen 4 m ins Gelände hinein versetzt, um den Platz für die künftige Erweiterung frei zu halten.

Die Böschungen des Kanals erhielten vorerst keine Steinbefestigung, die Berme in der Wasserspiegellinie sollte wahrscheinlich biologischen Befestigungen (Schilf, Rohr usw.) Platz bieten.

Dichtungsarbeiten sind vor allem auf der Strecke Schlaubehammer—Fürstenberg durchgeführt worden, da hier der Grundwasserspiegel der anliegenden Ländereien fast überall unter dem Niveau der Kanalsohle liegt. Als Dichtung brachte man eine Lehmschicht von 0,30 m Dicke auf, außerdem wurde das Wasser beim Füllen der einzelnen Strecken mit einer Lehmbrühe versetzt, die nach ihrem Absetzen für eine zusätzliche Dichtung sorgte.

Die Erdarbeiten erfolgten vor allem in der Haltung Große Tränke—Wernsdorf mit Trockenbaggern, deren größter eine Stundenleistung von 200 m³ erbrachte.

Alle Schleusen sind nach dem gleichen Prinzip errichtet worden. Die Gründung bestand aus einer Betonschicht (in Wernsdorf z. B. 1,50 m bis 2,00 m dick), die zwischen hölzernen Spundwänden geschüttet wurde. Auf diesem Fundament wurden die Schleusen in Mauerwerk errichtet. Das Rohbaumauerwerk bestand aus Klinkern in Zementmörtel. Die Ecken sowie die Drempel und die Wendenischen waren aus Granit hergestellt, die Schleusenkammermauern durch Klinkerrollschichten abgedeckt.

Die Schleusen wurden je nach Gefälle mit hölzernen oder stählernen Stemmtoren ausgerüstet. Für die Obertore von Wernsdorf, Kersdorf und die drei Fürstenberger Schleusen kamen erstmals in Europa hölzerne Klapptore (sogenannte tumble gates) zum Einsatz. Das Füllen und Entleeren der Schleusen erfolgte bei Stemmtoren über kurze Umläufe im Haupt, die durch Klappen verschlossen waren.

5.4.2. Die erste Kanalerweiterung

Bereits vier Jahre nach der Eröffnung des Oder-Spree-Kanals mußten neue Entwürfe für die Verbreiterung des Kanals aufgestellt werden. Eine Verkehrsübersicht der Jahre 1890 bis 1898 von der Schleuse Fürstenwalde nennt die Gründe (Tabelle 5.3.).

Die Steigerung des Verkehrs hatte alle Erwartungen überstiegen. Viele der großen Schleppkähne erreichten das maximal mögliche Maß von 55,00 m

Tabelle 5.3
Verkehr an der Schleuse Fürstenwalde, 1890 bis 1898

Jahr	Anzahl der Schiffe insgesamt	davon Schleppdampfer	davon Schleppkähne	darunter Schleppkähne größer als Finowmaß
1890	7 176	—	—	—
1891	13 277	1 065	12 212	410
1892	13 947	1 245	12 702	1 073
1893	15 857	1 437	14 420	1 779
1894	17 315	1 876	15 439	3 165
1895	15 456	2 004	13 452	3 796
1896	17 514	2 428	15 086	5 662
1897	18 152	3 311	14 841	5 938
1898	19 819	4 175	15 644	6 418

Bild 5.12
Querschnitte der ersten Erweiterung.
Quelle: ZfBau 1899

Länge und 8,00 m Breite bei 1,75 m Tauchtiefe. Der Regelquerschnitt ließ jedoch nicht zu, daß sich in den reinen Kanalstrecken Fahrzeuge von mehr als 7,00 m Breite und 1,50 m Tiefgang begegnen konnten. Es kam deshalb häufig zu Staus und auch zu Unfällen.

Im Sommer 1895 begannen die Verbreiterungsarbeiten auf etwa 45 km Länge zwischen Seddinsee und Große Tränke bzw. Kersdorf und Fürstenberg. Aufgrund guter Erfahrungen am Dortmund-Ems-Kanal wurden hölzerne Stülpwände benutzt. Die höheren Baukosten dieser Uferbefestigungen wurden durch die Verminderung der anfallenden Erdarbeiten wieder ausgeglichen.

Bei diesem Verfahren wurden in 2,00 m Entfernung voneinander kieferne Pfähle von 0,20 m Durchmesser, 10:1 geneigt, soweit eingerammt oder eingespült, daß sie noch rund 0,30 m aus dem Wasser hervorragten; dann wurden die Zapfen angeschnitten und – nachdem der Holm aufgebracht war – das Holzgerippe jochweise mit einer Dampfpumpe von einem Prahm aus eingespült, wobei an jedem Pfahl ein Spülrohr heruntergeführt wurde. Gegen das Gerippe stützte sich die Stülpwand aus Schwarten oder 30 mm dicken Brettern. Diese Wand wurde in Tafeln bis zu 2,00 m Länge zusammengenagelt und unter Belastung soweit eingespült, bis sich ihre Oberkante 0,20 m unter Wasser befand. Das Einspülverfahren bewährte sich bestens, und die Stülpwand erreichte eine relativ hohe Dichtigkeit. Oberhalb des hölzernen Unterbaues wurden die Böschungen zum Schutz gegen Wellenschlag bis 0,40 m über Wasser mit Betonplatten versehen. Sie waren 1,10 m hoch, 0,50 m breit und 0,08 m dick und hatten eine Stahlbewehrung aus vier Quer- und drei Längsstäben von 5 mm Durchmesser. Die Fertigung der Platten erfolgte in unmittelbarer Nähe der Baustelle im Freien. Sie wurden auf einer 0,08 bis 0,10 m dicken Schicht aus Rüdersdorfer Kalksteingrus verlegt.

Der vorhandene Kanalquerschnitt wurde um etwa 8,5 m^2 auf 45 m^2 erweitert. Als problematisch erwies sich die Dichtungsstrecke. Durch das Anschneiden der Dichtungsschichten kam es zu Vernässungen der angrenzenden Ländereien. Besonders stark geschah das in Ziltendorf, in der Nähe von Fürstenberg, wo der Wasserspiegel des Kanals etwa 3,00 m über dem Gelände liegt. Das Wasser trat aus den Dämmen hervor und überschwemmte die angrenzenden Gebiete.

Abhilfe bot das bereits beim Bau bewährte Lehm-Einschlämmverfahren. Der Lehm wurde an ver-

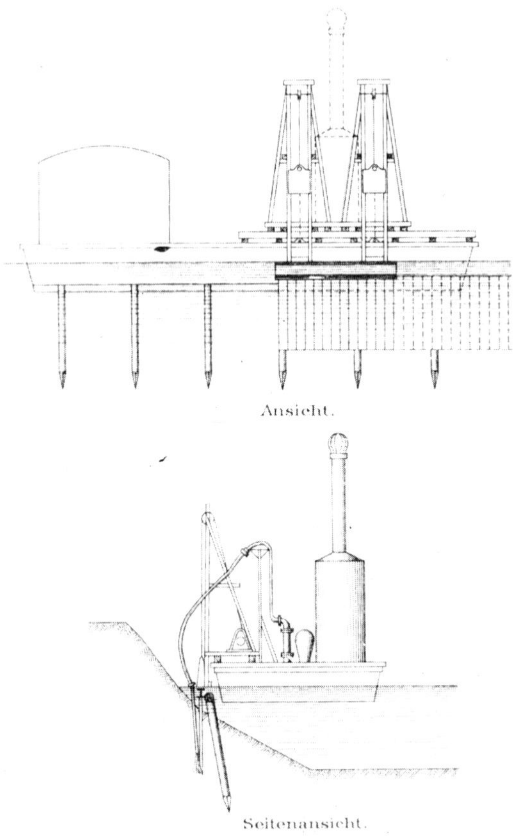

Bild 5.13 Stülpwandramme. *Quelle: ZfBau 1899*

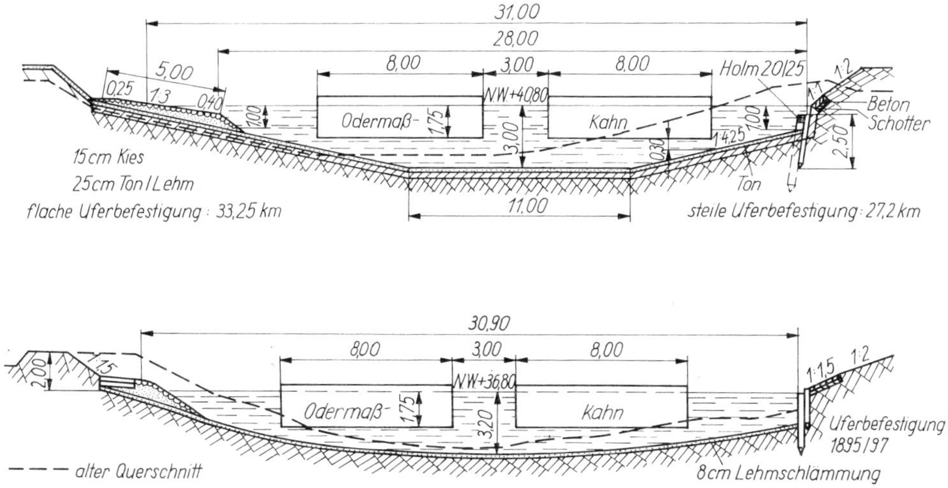

Bild 5.14 Querschnitte der zweiten Erweiterung.
Quelle: BT 1927

schiedenen Stellen des Ufers angefahren. Aus den für die Schleusen beschafften Dammbalken wurden durch Übernageln von Leisten Flöße gebaut; die Balken erhielten nur Zwischenräume von 25 mm bis 50 mm. Auf diese Flöße wurde so viel Lehm gekarrt, daß das Wasser eben die Oberfläche der Balken bespülte. Während die Flöße langsam am Ufer entlanggezogen wurden, schaufelten auf ihnen stehende Arbeiter Wasser auf den Lehm und zerkleinerten große und harte Stücke. Zusätzlich warf man noch etwas Lehm auf die Böschungen und überließ dessen Auflösung dem Wellenschlag.

Dies war alles in allem zwar eine sehr arbeitsintensive, aber auch wirksame Methode. Die Kanalstrecke in Ziltendorf war innerhalb von 14 Tagen wieder vollkommen gedichtet.

Bild 5.15
Schalgerüst der zweiten Schleuse Wernsdorf.
Quelle: ZfBau 1909

5.4.3. Der Bau der zweiten Schleusen und die zweite Kanalerweiterung

Die erste Erweiterung des Kanalquerschnittes war im Jahre 1897 abgeschlossen. Wie Tabelle 5.3. erkennen läßt, hatte sich der Anteil größerer Fahrzeuge sprunghaft erhöht. Dadurch wurde die Einzelschleusung von Fahrzeugen immer häufiger, da die Schleusen zwar zwei Finowmaß-Kähne, aber nur ein Fahrzeug über Finowmaß faßten. Die Kapazität der Schleusen sank, und die Aufenthalte der Schleppzüge verlängerten sich. Hinzu kam, daß die Schiffe von der Oder infolge der dort herrschenden Wasserstandsverhältnisse oft pulkweise eintrafen und damit weitere Stauungen verursachten. Die Errichtung zweiter Schleusen neben den schon bestehenden machte sich daher zwingend notwendig.

Die ersten Zweitanlagen entstanden in Wernsdorf und Kersdorf in der Zeit von 1901 bis 1904. Diese Schleusen erhielten nahezu die gleichen Abmessungen wie die schon bestehenden. Die Kammer- und Torweiten wiesen einheitliche Maße von 9,60 m auf. Sie wurden mit mechanischen Zugeinrichtungen (Spillanlagen), Leitwerken, Heberfüllung und Wassersparanlagen (Sparbecken) ausgerüstet. Die Schleusungsdauer konnte von 30 Minuten auf 25 Minuten verkürzt werden.

In der Zeit von 1903 bis 1906 wurden auch in Fürstenberg diese Zweitanlagen errichtet. In Große Tränke wurde das zweite Bauwerk in den Jahren 1910 bis 1912 geschaffen. Als Ersatz für die alte Finowschleuse ist schließlich in den Jahren 1912 bis 1914 eine neue Schleuse in Fürstenwalde errichtet worden. Sie erhielt eine nutzbare Kammerlänge von 67,70 m und eine nutzbare Breite von 9,60 m. Schließlich wurden noch zur Entlastung der Müggelspree in Wernsdorf und Große Tränke Freiarchen gebaut, die Wassermengen bis zu 20 m^3/s zum Seddinsee abführen sollten.

Der Bau der zweiten Schleusen zog sofort ein weiteres Ansteigen des Anteils von Schiffen über Finowmaß nach sich und führte damit erneut zu einer Überbeanspruchung der Kanalstrecken. Es kam zu Verhältnissen, die Ostmann wie folgt beschreibt:

„Der nach der Verbreiterung von 1895 bis 1897 vorhandene Querschnitt ergab 45,20 m^2 Wasserfläche. Dieser ermöglichte zwar dem einzeln fahrenden 500-Tonnen-Schiff und zur Not dem Schleppzug mit solchen im Anhang ein leidliches Vorwärtskommen, war aber bei Begegnungen unzureichend und mußte sich daher schon nach wenigen Jahren geradezu verhängnisvoll auf die Schiffahrt auswirken. Die Schrauben der Schlepper

Bild 5.16
Bau der zweiten Schleuse Kersdorf, 1903.
Quelle: Archiv WBU Eberswalde, OBL Fürstenwalde

Bild 5.17
Einweihung der zweiten Schleuse Kersdorf am 13. Juli 1904.
Quelle: Archiv WBU Eberswalde, OBL Fürstenwalde

erzeugten an den Ufern, besonders vor der Stülpwand am nördlichen Ufer und am ganzen südlichen flachen Ufer starke Abbrüche und spülten den losgelösten Boden nach der Mitte des Querschnitts. Dadurch bildeten sich ganz unregelmäßige Querschnitte heraus, an vielen Stellen wurden die nutzbare Wasserbreite und -tiefe eingeschränkt, so daß die Tauchtiefe der Schiffe, die ursprünglich bei Herstellung des Kanals mit 1,75 m angenommen worden war, fortschreitend, zuletzt bis auf 1,50 m, der Tiefgang der Dampfer bis auf 1,35 m und die Fahrgeschwindigkeit der Schleppzüge auf 3 km/h verringert werden mußte. Doch auch diese Hilfsmittel vermochten nicht den

Bild 5.18
Baugrube der oberen Schleuse Fürstenberg.
Quelle: Möller, Band 2

Bild 5.19 Betriebseröffnung der neuen Schleusen bei Fürstenberg am 22. September 1906. Einfahrt in die Mittelschleuse.
Quelle: Archiv WBU Eberswalde, OBL Fürstenwalde

weiteren Verfall der Böschungen und die weitere Bildung von Barren im Kanal nennenswert aufzuhalten. Immer schwieriger gestaltete sich die Fahrt der beladenen Fahrzeuge, immer häufiger traten Stockungen und Störungen bei den Begegnungen auf. Stellenweise wurde durch die Uferabbrüche auch die Dichtung beschädigt, wodurch Verwässerungen der anliegenden Ländereien eintraten."
Eine eindrucksvolle Darstellung, die uns auch heute noch zum Nachdenken zwingen sollte!
Um das Profil zu erweitern, begannen im Jahre 1907 auf der Strecke Seddinsee—Große Tränke und im Jahre 1910 auf der Strecke Große Tränke—Fürstenberg erneut Bauarbeiten, die im wesentlichen 1914 abgeschlossen waren.
Da sich die Spülwand zwar im Prinzip bewährt hatte, im Detail aber Schwächen aufwies, wurde ihre Konstruktion verbessert und auf den heute noch vorhandenen Stand gebracht.

Die Dichtung in der Scheitelhaltung hingegen hatte sich als zu schwach erwiesen und wurde bei der zweiten Erweiterung verstärkt. Auf 22 km Länge wurde eine Lehmschicht von 25 cm Dicke mit einer darüber liegenden 0,15 m dicken Kiesschutzschicht aufgebracht. Die Dichtungsarbeiten geschahen ohne Sperrung des Schiffsverkehrs, indem man den Lehm aus Prähmen über Bord warf. Seine Beschaffenheit und Zusammensetzung war so gewählt, daß er im Wasser zerfiel und eine zähe, den Boden überziehende zusammenhängende Schicht bildete.
Im Zusammenhang mit den Dichtungsarbeiten darf nicht unerwähnt bleiben, daß die Sicherheitstore bei Sandfurth, Schlaubehammer und oberhalb Fürstenberg beseitigt wurden, da sie Verkehrshindernisse darstellten und wegen der gut funktionierenden Dichtung überflüssig waren. Anstelle des Sicherheitstores in Fürstenberg wurde ein 60,80 m breites Nadelwehr gebaut, das der winterlichen Trockenlegung des alten Abstieges diente.
Der wasserführende Querschnitt betrug nach der Erweiterung in der Scheitelhaltung 67,50 m^2 und im Bereich Seddinsee—Große Tränke 69,00 m^2.

Bild 5.20
Abstieg des Oder-Spree-Kanals bei Fürstenberg.
Quelle: BT 1931

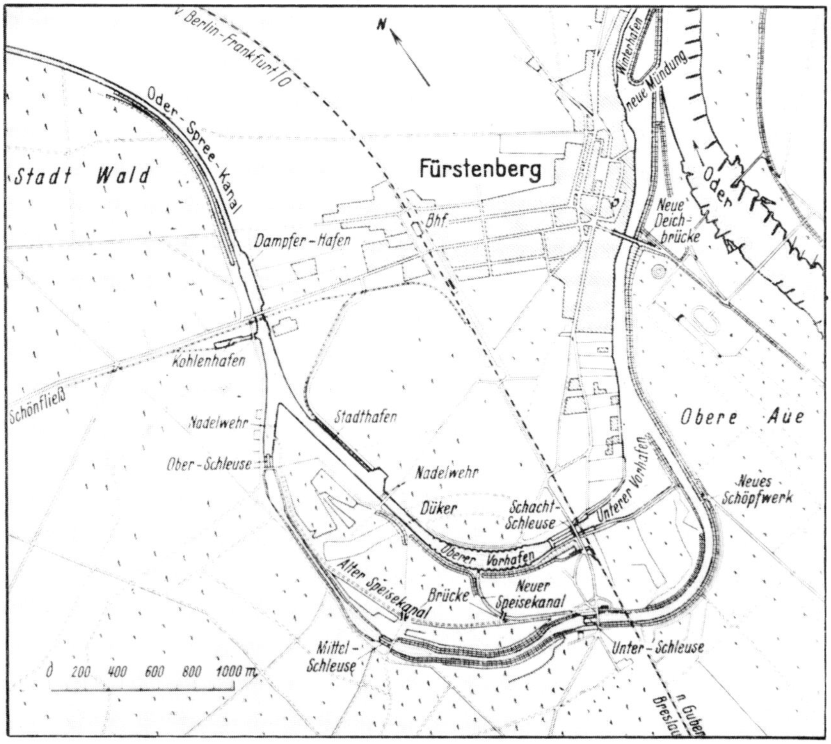

Noch während der Erweiterungsarbeiten erreichte der Verkehr im Oder-Spree-Kanal seinen absoluten Höchstwert. Im Jahre 1912 wurde von etwa 40 200 Fahrzeugen eine Gütermenge von 4,456 Millionen t transportiert.

5.4.4. Der Bau der Schachtschleuse Fürstenberg

Obwohl in den Jahren 1903 bis 1906 in Fürstenberg Zweitschleusen eingebaut wurden, waren die Anlagen ab 1910 dem ständig zunehmenden Verkehr schon wieder nicht mehr gewachsen. Zudem war es im Laufe der Jahre auch zu zum Teil erheblichen Schäden an der Bausubstanz der alten Schleusen gekommen. Diese Faktoren und der Trend der Schiffahrt nach größeren Fahrzeugen (Plauermaß- bis Großplauermaß-Kahn) führten zu einer völligen Neugestaltung der Endstrecke des Oder-Spree-Kanals bei Fürstenberg an der Oder. Neben umfangreichen Erd- und Baggerarbeiten zur Herstellung einer neuen Kanalmündung in die Oder und eines kurzen Kanals zur Umgehung der alten Schleusentreppe mit den dadurch bedingten neuen Brückenbauten wurde als größtes und bedeutendstes Bauwerk die Zwillingsschachtschleuse Fürstenberg errichtet. Diese auch heute noch imposanteste Schleusenanlage der DDR faßte das Gefälle der bisherigen drei Schleusen zusammen und überwindet damit bei Niedrigwasserständen der Oder einen Wasserspiegelunterschied von mehr als 14,00 m.

Der Bau der Schachtschleuse begann am 1. August 1925, und am 1. November 1929 fand die Verkehrsübergabe statt.

Die Anlage besteht aus zwei nebeneinanderliegenden Schleusen, deren Achsabstand 34,00 m beträgt. Das Schleusenbauwerk ist aus Stahlbeton hergestellt. Jede Schleusenkammer hat eine nutzbare Länge von 130,00 m und eine Breite von 12,00 m.

Die Ausbildung des Abstiegsbauwerks als Doppelschleuse ermöglicht die reibungslose Abwick-

Bild 5.21
Baustelle der Zwillingsschachtschleuse Fürstenberg.
Quelle: Archiv WBU Eberswalde, OBL Fürstenwalde

Bild 5.22
Die fast fertiggestellte südliche Kammer der Zwillingsschachtschleuse.
Quelle: Archiv WBU Eberswalde, OBL Fürstenwalde

Bild 5.23
Der obere Vorhafen der Zwillingsschachtschleuse im Bau.
Quelle: Larssenhandbuch 1938

lung eines sehr starken Verkehrs. Die für eine Doppelschleusung (eine Kammer zu Berg, die andere gleichzeitig zu Tal) erforderliche Zeit vom Beginn des Einfahrens bis zur Beendigung des Ausfahrens beträgt 25 bis 30 Minuten.
Im allgemeinen steht immer die eine Kammer auf Oberwasser, die andere auf Unterwasser, so daß

Bild 5.24 Querschnitt der Zwillingsschachtschleuse.
Quelle: BT 1936

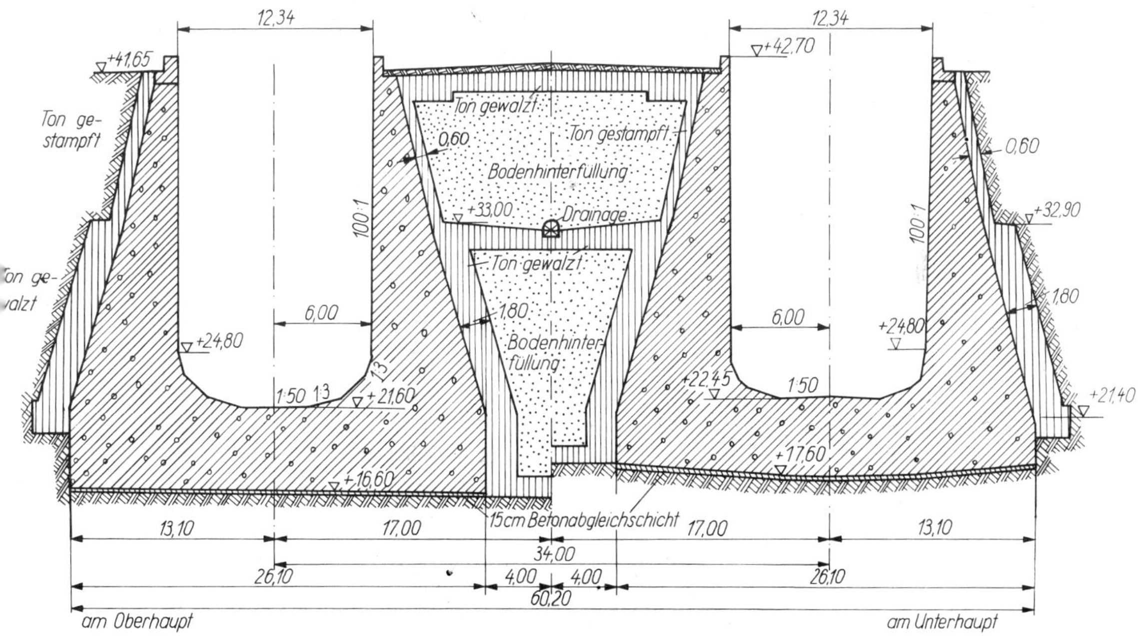

nach Einfahren der Schiffe gleichzeitig mit der einen Schleuse herauf, mit der anderen herunter geschleust wird. Beim Schleusen wird zuerst der Wasserspiegel in beiden Kammern durch Verbindungskanäle ausgeglichen, dann wird die eine Kammer nach dem Unterwasser entleert, die andere aus dem Oberwasser gefüllt. Bei diesem Betrieb werden 50 Prozent des Wassers gespart, das zwei einfache Kammerschleusen verbrauchen würden. Trotzdem werden auch bei diesem Sparbetrieb etwa 11 000 m^3 Wasser je Schleusung benötigt.

Gegründet wurde das Bauwerk auf einer etwa 20,00 m unter Gelände anstehenden Tonschicht, die als tragfähiger Untergrund angesprochen werden konnte. Zur Erreichung der Tonschicht wurde eine 20 m tiefe Baugrube ausgehoben, wozu etwa 550 000 m^3 Boden gefördert werden mußten.

Um die Baugrube trocken zu halten, mußte, fortschreitend mit den Erdarbeiten, das Grundwasser um 15 m abgesenkt werden; dazu waren etwa 300 Rohrbrunnen erforderlich, die in vier Staffeln angeordnet waren.

Erschwerend kam hinzu, daß unterhalb der Tonschicht artesisch gespanntes Grundwasser anstand, das in den Beobachtungsbrunnen bis zu 2,00 m höher stand als das obere Grundwasser. Der Druck dieses unteren Grundwassers mußte durch Abpumpen soweit vermindert werden, daß ein Durchbrechen der nach dem Ausschachten freigelegten Tonschicht nicht zu befürchten war.

Für den Bau der Zwillingsschachtschleuse einschließlich der Vorhäfen waren 130 000 m^3 Beton mit 6 000 t Stahleinlagen erforderlich. Der Beton wurde gegossen. Die durchschnittliche Tagesleistung je Betoniertag betrug 834 m^3, die größte Tagesleistung 1 750 m^3, die größte Monatsleistung (18 Betoniertage) 18 527 m^3 festen Beton. Die reine Arbeitszeit an jedem Betontag dauerte 21 Stunden, die restlichen drei Tagesstunden verteilten sich auf die Pausen; es waren zwei Schichten mit je 10,5 Stunden eingeteilt.

Die Betonarbeiten begannen im Oktober 1925 und waren im Frühjahr 1927 abgeschlossen. Interessant dürfte noch sein, daß die Druckfestigkeit des Gußbetons (der einen erheblichen Traßzusatz erhielt) nach 28 Tagen erst 12 N/mm^2 betrug, nach 365 Tagen dann aber auf 36 N/mm^2 angewachsen war.

5.4.5. Die Vollendung des Ausbaus des Oder-Spree-Kanals für das Plauermaß-Schiff

Die Konzipierung der Schachtschleuse Fürstenberg war im Hinblick auf das Plauermaß-Schiff erfolgt. Eine Kammer kann gleichzeitig zwei Plauermaß-Schiffe oder sechs Finowmaß-Schiffe aufnehmen.

Bild 5.25
Aufstellen der Portale des Hubtorgerüstes an der Schleuse Kersdorf, Winter 1928/29.
Quelle: BT 1930

Um jedoch die ganze Strecke des Oder-Spree-Kanals bis Berlin mit Plauermaß-Schiffen befahren zu können, war es notwendig, die Schleusenanlagen in Kersdorf, Große Tränke und Wernsdorf ebenfalls auf diese Schiffsabmessungen zu erweitern. In Fürstenwalde hatte die neuere Schleuse (1912 bis 1914 erbaut) bereits eine Nutzlänge von 67,70 m.

In Kersdorf, Große Tränke und Wernsdorf erfolgte die Vergrößerung der Nutzlänge an jeweils einer der bestehenden Schleusen im Winter 1928/29. Da eine Verlängerung der Schleusenkörper am Ober- und Unterhaupt einen völligen Neubau dieser Häupter und ihrer Verschlüsse erfordert und sich damit sehr teuer gestellt hätte, wurde das angestrebte Ziel wirtschaftlicher auf folgende Weise erreicht: Die im Unterhaupt vorhandenen Stemmtore wurden entfernt und durch Hubtore ersetzt. Damit war der Raum, den die Stemmtore zum Öffnen benötigten, gewonnen. Gleichzeitig wurden die Hubtore, soweit es die über das Unterhaupt führenden Brücken gestatteten, nach dem Unterwasser hin verschoben. In Kersdorf und Wernsdorf wurden außerdem noch die Oberdrempel abgestemmt und damit um 1,40 m verkürzt. Durch alle diese Maßnahmen konnten etwa 9,40 m nutzbare Kammerlänge gewonnen und die Nutzlänge der Schleusen auf 67,50 m gebracht werden.

Für die Verlängerung wurden die alten, um 1890 erbauten Schleusen vorgesehen. Der Grund hierfür war der, daß die neueren Schleusen um etwa 3,00 m weiter zum Unterwasser hin verschoben waren und so die angestrebte Nutzlänge von 67,50 m nur mit einer Verlegung der Straßenbrücke hätte erreicht werden können. So sind also aus ökonomischen Gründen die älteren und um 1,00 m schmaleren Schleusen verlängert worden.

Gleichzeitig mit der Verkürzung der Oberdrempel sind in Kersdorf und Wernsdorf die hölzernen Klapptore, die durch beidseitigen Drahtseilantrieb mit Hilfe von zwei Handwinden betätigt wurden, durch stählerne Klapptore mit einseitigem elektrischen Antrieb ersetzt worden.

In den Jahren 1926 bis 1935 wurde die Fürstenwalder Spree zwischen Fluthkrug und Große Tränke in ihrer Linienführung erheblich verbessert. Es entstanden die Durchstiche bei Streitberg, Berkenbrück und oberhalb Große Tränke. 1933 wurde auch der Durchstich bei Müllrose, der den kleinen Müllroser See im Norden umgeht,

Bild 5.26 Klapptor mit Triebstange der Oder-Spree-Kanal-Schleusen im Querschnitt. *Quelle: BT 1930*

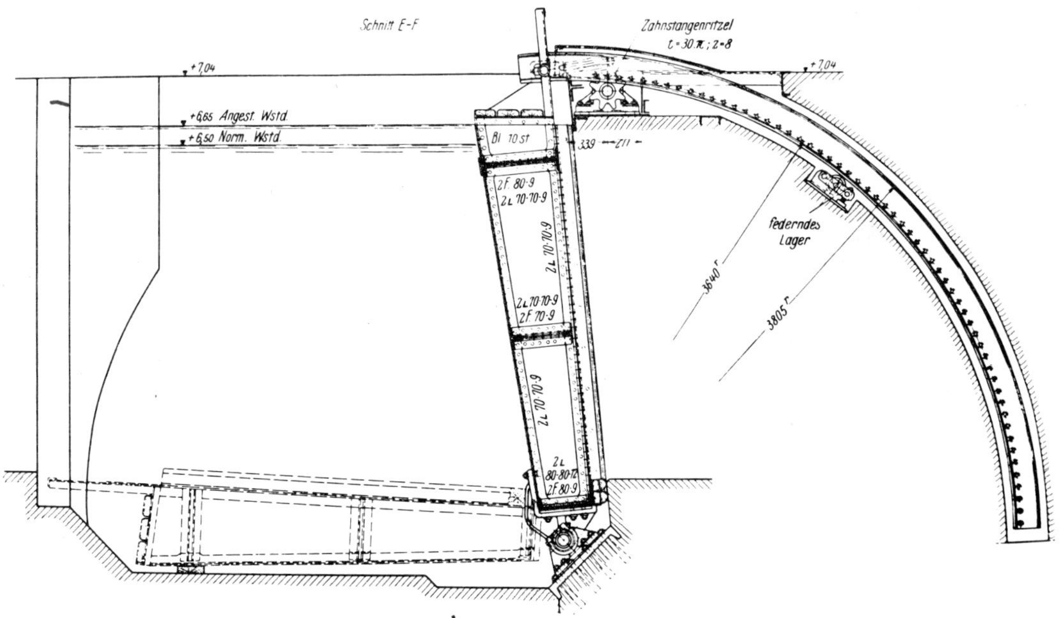

dem Verkehr übergeben. Die alte Fahrt über den See war wegen starker Krümmungen besonders in der Dunkelheit und bei Nebel sehr gefährlich.

5.4.6. Die Wasserversorgung der Scheitelhaltung

Bei der Inbetriebnahme des Kanals im Jahre 1890 war man der Meinung gewesen, die Scheitelhaltung nicht extra mit Wasser versorgen zu müssen. Im praktischen Betrieb reichten die natürlichen Zuflüsse aus der Schlaube und dem Grundwasser (im Mittel knapp 1 m^3/s) aber nicht aus, um die bei den Schleusungen auftretenden Wasserverluste zu kompensieren. So wurde bereits 1892 das Pumpwerk Neuhaus errichtet, mit dessen Hilfe Spreewasser aus dem Wergensee in die Scheitelhaltung gepumpt wird. Die anfangs konzipierte Pumpenleistung von 3 m^3/s erwies sich ebenfalls als unzureichend, und so wurde im Rahmen der ersten Verbreiterung des Kanals die Kapazität auf 7 m^3/s gesteigert. Damit konnte auch der größte Wasserverbrauch, der über 6 m^3/s betrug, abgefangen werden.

Bald ergaben sich erneut Probleme. In Niedrigwasserzeiten führte der Entzug von Spreewasser zu Schwierigkeiten in der Wasserversorgung Berlins, da ja ein großer Teil des hochgepumpten Wassers zur Oder hin verlorenging. Um die Wasserversorgung Berlins nicht zu gefährden, wurde gefordert, den Pumpbetrieb in Neuhaus einzustellen, wenn der Abfluß der Spree unter 9 m^3/s zurückging, eine Forderung, die noch heute besteht. Um wiederum den Schiffahrtsbetrieb in der Scheitelhaltung nicht zu beeinträchtigen, kam es 1916/17 zur Errichtung des Pumpwerkes Fürstenberg (Kapazität 3 m^3/s), um in Trockenzeiten Oderwasser zur Versorgung heranziehen zu können. Die Kapazität dieses Pumpwerkes wurde in den dreißiger Jahren noch auf 4,5 m^3/s gesteigert.

5.4.7. Der Oder-Spree-Kanal heute

Nur eine der 33 über den Oder-Spree-Kanal füh-

Bild 5.27
Fluten des Durchstiches Seelashof, 1971.
Foto: Schmiedeck

Bild 5.28
Einbau der Tondichtung auf der Baustelle Kiesgrube Spreenhagen, 1973.
Foto: Schmiedeck

renden Brücken war am Ende des 2. Weltkrieges unzerstört. Die Brückentrümmer und 188 versenkte Fahrzeuge sperrten den Verkehr auf der Wasserstraße. Die fünf Doppelschleusen aber waren bis auf die Nordkammer der Schleuse Fürstenwalde betriebsfähig geblieben. So konnte nach Beräumung der gröbsten Trümmer die Schiffahrt bereits 1946, mit einer Tauchtiefe von 1,00 m aufgenommen werden. Mit fortschreitender Beräumung konnte dann die Tauchtiefe schrittweise über 1,50 m (Anfang 1948), 1,65 m (Anfang 1949) auf 1,75 m (22. Mai 1950) erhöht werden. Seit dem August 1964 ist sie auf das heute noch gültige Maß von 1,85 m festgesetzt.

Die Hauptarbeiten an der Wasserstraße konzentrierten sich bis in die 60er Jahre neben der Trümmer- und Wrackbeseitigung auf die Reparatur der Uferbefestigungen sowie die Erneuerung von Leitwerken, Dalben und Schleusenbrücken. Anfang der 50er Jahre wurde bei Kilometer 124,1 ein Stichhafen für das Hüttenzementwerk Ost errichtet und dabei eine 330 m lange Kaimauer sowie eine Hafenfläche von 16 500 m^2 geschaffen. In der Dichtungsstrecke gelegen, wurde diese Maßnahme auch dadurch bekannt, daß hier einer der ersten Anwendungsfälle des inzwischen weltbekannt gewordenen Hydratondichtungsverfahrens praktiziert worden ist. Bei diesem Verfahren wird ein künstlicher Erddichtungsstoff durch die Mischung von rolligen oder schwachbindigen Grundstoffen (Kiessand, Sand, Verwitterungslehm etc.) mit hydratationsfähigen Tonen unter Zugabe von Natriumwasserglas, kalzinierter Soda und Wasser hergestellt. Der Hauptvorteil gegenüber herkömmlichen Tondichtungen besteht darin, daß der Hydraton nicht mehr mechanisch verdichtet werden muß und auch bei ungünstiger Witterung (Regenwetter etc.) eingebaut werden kann.

Für das Eisenhüttenkombinat Ost wurde 1951/52 der Kanal bei Kilometer 121,5 auf 70,00 m verbreitert und auf beiden Seiten durch eine je 180,00 m lange Kaimauer eingefaßt.
1961/62 erfolgte bei Kilometer 74 eine Begradigung der Fürstenwalder Spree, um der Schiffahrt bessere Bedingungen sowie eine Liege- und Koppelstelle zu schaffen. Das Pumpwerk Neuhaus ist 1954/55 von Dampfbetrieb auf elektrischen Betrieb umgestellt und 1958/59 mit einer automatischen Steuerungsanlage ausgerüstet worden. Das Pumpwerk Eisenhüttenstadt wurde 1966 auf eine Kapazität von 7,5 m^3/s erweitert. Mit der Leistung beider Pumpwerke kann nun jederzeit der Schleusungswasser- und auch der Brauchwasserbedarf des Eisenhüttenkombinats Ost gedeckt und in Niedrigwasserzeiten die Spreewasserführung durch Oderwasser angereichert werden.
Nachdem bis Mitte der 60er Jahre die Uferbefestigungen des Oder-Spree-Kanals nahezu auf den Erhaltungsstand der Vorkriegszeit gebracht worden waren, setzte ab 1966 ein Ausbau des Kanals für den Verkehr mit Dreier-Schubverbänden ein. Im Rahmen dieses Ausbaues wurden fünf Durchstiche (in Sandfurth, Braunsdorf, Biegenbrück, Schlaubehammer und Seelashof) mit einer Gesamtlänge von 8,2 km und sieben Abgrabungen mit einer Gesamtlänge von 7,3 km hergestellt. Sie dienten vor allem der Beseitigung zu kleiner Radien (minimal 300 m) sowie dicht aufeinanderfolgender Krümmen und erweiterten den vorhandenen Querschnitt von teilweise nur 67 m^2 auf mindestens 103 m^2, teilweise sogar bis auf 143 m^2. Weiterhin wurden die Steilufer in Kaisermühl und Rautenkranz rekonstruiert und der Querschnitt auch hier wesentlich erweitert. Für die Binnenschiffahrt sind in Eisenhüttenstadt eine Koppelstelle, eine Tankstelle und eine Prahmreede errichtet worden. Bei diesen Bauarbeiten wurden etwa 2,4 Millionen m^3 Boden bewegt, davon 1,5 Millionen m^3 im Naßbagger-, der Rest im Trockenbetrieb. Außerdem mußten etwa 210 000 m^2 neue Uferbefestigung aus Schüttsteinen hergestellt werden. Die durch die Durchstiche entstandenen Altarme stellen heute z. T. attraktive Naherholungszentren dar.
Bemerkenswert bei den Bauarbeiten war die praktizierte Dichtungsherstellung. In ein 0,15 m dickes Schotterstützgerüst wurde eine Tonmehlsuspension mittels einer Wasserstrahlpumpe eingespült. Die so entstehende Dichtungsschicht wurde auf der Sohle mit einer 0,30 m und auf der Böschung mit einer 0,20 m dicken Schutzschicht aus rolligem Material abgedeckt. Der eingetretene Dichtungseffekt bestätigte die Wirksamkeit des Verfahrens. Bei der Abgrabung Katharinengraben wurde in wenig standfestem Boden (Moor) eine ungesicherte Böschung in der Neigung 1:10 hergestellt, in der man nur die Stümpfe der gefällten Erlen beließ. Auch dieser Versuch glückte.
Wenig gelungen ist die „Bepflanzung" der großen Spülfelder. An diesem Beispiel läßt sich nachweisen, wie schnell Erkenntnisse vergangener Generationen in Vergessenheit geraten. Es erschien selbst der Forstverwaltung unmöglich, 3 m dicke Schichten von sterilem Boden mit Aussicht auf Erfolg zu begrünen. So unterblieb die Bepflanzung. Doch die Natur führte durch gut gedeihenden Wildanflug die obige These ad absurdum.
Leider ist der zweite Teil des Ausbaus des Oder-Spree-Kanals bis heute nicht verwirklicht worden. Er sieht vor, die Zahl der Staustufen auf drei zu verringern. Durch die Erhöhung des Staus am Wehr Große Tränke um etwa 0,90 m lassen sich die Staustufen Fürstenwalde und Große Tränke aufheben, und der Schiffahrt stände zwischen Wernsdorf und Kersdorf eine durchgehende Haltung zur Verfügung. Bestandteil dieses Programmes ist auch der Neubau zweier Schleusen in Kersdorf und Wernsdorf mit 170,00 m nutzbarer Länge und 12,00 m Breite.

6. Die Berliner Wasserstraßen

In diesem Kapitel wird die Entwicklung der Spree-Oder-Wasserstraße zwischen Wernsdorf und ihrer Mündung in die Havel mit all ihren Innerberliner Abzweigungen und Verzweigungen dargestellt. Einbezogen in diese Darstellung sind die Havel im Berliner Stadtgebiet, der Teltowkanal und die Rüdersdorfer Gewässer, obwohl die beiden letztgenannten Wasserstraßen teilweise (Teltowkanal) oder ganz (Rüdersdorfer Gewässer) außerhalb des Berliner Stadtgebietes lagen bzw. liegen.

6.1. Spree und Havel bis zur Mitte des 16. Jahrhunderts

Schiffahrt wurde auf Spree und Havel schon lange vor der Berliner Stadtgründung betrieben. Erste nachweisbare Beeinflussungen der Schiffahrt wurden auch in diesem Bereich durch die Anlage von Mühlenstauen registriert. Einesteils wirkten sich diese Mühlenstaue positiv aus, indem sie der Schiffahrt konstantere und bessere Tauchtiefen (zumindest im unmittelbaren Staubereich) garantierten, andernteils wirkten sie hemmend und verzögernd, da sie anfangs ein unüberwindliches Hindernis darstellten und die Schiffahrt an dieser Stelle unterbrachen. Das änderte sich jedoch, als neben den Mühlen befahrbare Flutrinnen angelegt wurden, die je nach Bedarf durch ein Schütz geöffnet oder verschlossen werden konnten.
Die beiden Mühlenstaue im Berliner Raum lagen in Spandau und am Berliner Mühlendamm. Der Spandauer Mühlenstau wird erstmalig 1258 urkundlich erwähnt, während der Mühlendammstau in einer Urkunde vom 28. Oktober 1298, als Berlin von Markgraf Otto IV. den bisher in Köpenick erhobenen Schiffszoll käuflich erwarb, verzeichnet ist. Beide Mühlenstaue müssen aber um einiges älter als ihre erste urkundliche Erwähnung sein. Klehmet verzeichnet die erste urkundliche Nennung einer Wassermühle in der Spree bei Berlin für das Jahr 1285, und für Spandau gibt es das Kuriosum, daß die erste Flutrinne, die ja ohne einen Stau unsinnig gewesen wäre, schon im Jahre 1232 erwähnt wird.
Für Berlin ist im Cölner Stadtschreiberbuch die erste Flutrinne im Jahre 1432 registriert. Sie wird aber Vorläufer besessen haben. 1448 beschwert sich Kurfürst Friedrich II. bei den Bürgermeistern der Städte Spandau, Berlin und Cöln, „daß ihr unsere Arche ohn unser und derselben unser Amptleute willen und volbort (?) offgezogen habet, so uns fast Schaden in bringt und uns von Euch verfrömbdet." 1527 wird wiederum in Berlin eine „freye Arch" erwähnt, die vor der Stadtmauer neben der ehemaligen Stadtschleuse oder an der Jungfernbrücke gelegen haben soll.
Mit der Einführung der Kammerschleusen in der Mark um die Mitte des 16. Jahrhunderts bahnten sich auch im Berliner Raum bessere Verhältnisse für die Schiffahrt an. Spandau muß seine erste Schleuse um das Jahr 1550 erhalten haben, da schon aus dem Jahre 1572 eine Schleusenordnung überliefert ist. Für das Jahr 1578 verzeichnet die Chronik den Bau einer Schleuse in Berlin „vfm Werder", wobei aber mit einiger Sicherheit anzunehmen ist, daß es sich hier schon um einen Ersatzbau für eine etwa 20 bis 25 Jahre früher angelegte Schleuse gehandelt haben muß. Der Bau der Berliner Schleuse erfolgte im damaligen Köllnischen Stadtgraben, dem heutigen Spreekanal. Der eigentliche Hauptarm der Spree, in dem sich der Mühlendamm befand, blieb für die Schiffahrt gesperrt.
Bei den Schleusenbauten des 16. Jahrhunderts hat es sich ausschließlich um hölzerne Konstruktionen gehandelt, wobei alte Pläne erkennen lassen, daß die Kammerwände mit einer Schälung versehen waren, die aus einer waagerechten Holzverscha-

lung aus dicken Holzbohlen bestand, und deren Halt durch im Abstand von 2 bis 3 m geschlagene Holzpfähle gewährleistet wurde.

6.2. Die Berliner Wasserstraßen bis zur Mitte des 19. Jahrhunderts

Viel hat sich in dem nun zu betrachtenden Abschnitt bis in die Mitte des 19. Jahrhunderts beim Ausbau und der Vervollkommnung der Berliner Wasserstraßen nicht ereignet.
Innerhalb des Stadtbereiches mußten naturgemäß die kurzlebigen, zu großen Teilen aus hölzernen Schälungen bestehenden Uferbefestigungen ergänzt und erneuert werden. So verzeichnet z. B. die Chronik für die Jahre 1654 bis 1657 eine Aufhöhung des rechten Spreeufers zwischen Langer Brücke und Mönchsturm und eine Sicherung des Ufers mit einer Schälung.
Ständige Arbeiten waren auch an den hölzernen Schleusen zu verzeichnen, und hier sind uns für die Berliner Stadtschleuse einige interessante Angaben überliefert. So scheint die Schleuse im Dreißigjährigen Krieg restlos zerfallen gewesen zu sein. Über den Neubau der Schleuse gibt es eine Kupfertafel aus dem Jahre 1657, auf der berichtet wird: „Anno 1657 hat der Churfürst Friderich Wilhelm . . . diese Schleuse aus dem Grundt aufs neue bauen lassen nachdem vorhero Anno 1654 eine Schleuse von Kalcksteinen an diesem Ort ist erbauet worden, weil aber durch Verwahrlosung desselben Meisters, welcher 3 000 Thaler vor diese steinerne Schleuse empfangen, entlich entlaufen, 2 $^1/_2$ Jahre nach diesen hat wieder müssen abgetragen und an dessen Stadt diese höltzerne Schleuse gesetzet wurde, welche in allen mit Aufnehmen der alten, und Setzen der neuen gekostet hat zwey tausendt acht hundert sechs und achzigk Thaler 22 Gl. darunter die verdungne Zimmer Arbeit welche mit dem Wasser Ausgiessen allein gekostet hat, elff hundert Thaler . . ." Zur Interpretation des Tafeltextes muß gesagt werden, daß 1654 versucht wurde, die Schleuse massiv zu errichten. Dem holländischen Baumeister Gerritsen scheint das mißlungen zu sein, da er die Wasserhaltung („Wasserausgiesser") nicht unter Kontrolle bekam und deshalb flüchtete. Die Schleuse wurde 1657 noch einmal in hölzerner Bauweise errichtet.
Bereits 1694 wurde die erste massive Schleuse unter Leitung des Oberbaudirektors Johann Arnold Nering erbaut. Auch von diesem Bau berichtet uns eine Kupfertafel: „Anno 1694 hatt Friderich der III. Marggraf und Churfürst zu Brandenburg bey noch wehrendem schweren Kriege wieder Frankreich in welchen der Höchste seine Waffen sonderlich gesegnet nach dem Er in eben dem Jahre die Academie zu Halle aufgerichtet, die

Bild 6.1 Westliche Ansicht der Berliner Stadtschleuse von 1694. *Quelle: ZBlatt 1941*

erste Steinerne Schleuse zu Trota, die Saale Schiffbar zu machen gebauen. In dieser Churfürstl: Residentz die grohse Steynerne Brücke und den Hetzgarten zur perfection gebracht. Diese Schleuse nach dem die Fundamente der vorigen Höltzernen mit grohser Mühe herauhs gearbeitet worden, durch schwere Kosten auhs Quader-Stükken, wie sie zu sehen ist glücklich vollführet."

Für die damalige Zeit muß dieser Bau als besondere technische Meisterleistung gegolten haben, denn der Kurfürst ließ zu seinem Gedenken eine Medaille schlagen, deren Inschrift: „LIGNEAM INVEN LAPID RELINQUIT" aussagt: „Er hat sie von Holz gefunden, von Stein aber hinterlassen." Die Schleuse war auf einem Pfahlrost gegründet, aus Rüdersdorfer Kalksteinen in Kalkmörtel errichtet und mit großen Sandsteinplatten verkleidet. Der Kammerboden, die beiden Drempel und die Tore bestanden aus Holz. Die Schleuse hatte eine nutzbare Länge von 76,11 m und eine Breite von 7,53 m. Durch die solide Konstruktion brachte sie es auf ein Alter von fast 170 Jahren.

Größere wasserbauliche Aktivitäten waren neben den Schleusenbauten auch im Unterwasser der Stadtschleuse zu vermerken. So ist die Einmündung des unteren Schleusengrabens in die Spree mehrfachen Umlegungen unterzogen worden. Durch den Schweizer Kunsthistoriker Raoul Nicolas wurde 1937 darauf hingewiesen, daß die heutige Museumsinsel früher Festland war und der Köllnische Stadtgraben in Höhe des heutigen Zeughauses scharf nach rechts abbog und etwa bei der Friedrichsbrücke in die Spree mündete. Zu erkennen ist das auf zwei alten Stichen aus den Jahren 1642 und 1652. Indirekt wird diese Tatsache dadurch bestätigt, daß auf dem Memhardschen Stadtplan der im Zuge des heutigen Kupfergrabens liegende Flußarm den Namen „Neuer Ausfluß der Spree" trägt. Dieser Graben dürfte etwa zwischen 1650 und 1655 angelegt worden sein, mußte aber schon im Jahre 1670 im Zuge des Festungsbaus wieder zugeschüttet werden. Zu seinem Ersatz wurde nördlich des alten Grabenlaufes der sogenannte „Kommunikationsgraben" angelegt. Nach der Schleifung der Festungswerke im Jahre 1746 diente dann der Kupfergraben wieder der Schiffahrt.

Im Zusammenhang mit der Errichtung des Festungsbauwerkes muß noch erwähnt werden, daß sich durch die Anlage und den Betrieb des die Festung umgebenden Grabensystems die Wasserstandverhältnisse der Spree änderten und dadurch auch der Köllnische Stadtgraben reguliert werden mußte. 1694 wird für ihn eine Breite von 24 Fuß (7,53 m) registriert. Die Seitenwände des Grabens bestanden damals aus einem senkrechten Holzbohlwerk.

Im Jahre 1705 wurde ein schon bestehendes Grabensystem erweitert und vervollkommnet. Der Landwehrgraben wurde bis zum Königlichen Holzplatz am Halleschen Tor als Floßgraben ausgebaut. An dieser Stelle soll nicht weiter darauf eingegangen werden, da wir beim Bericht über den Bau des Landwehrkanals noch einmal auf ihn zurückkommen.

1704 entstand auch der 2 km lange Charitégraben, der in Höhe des heutigen Humboldthafens aus der Spree abzweigte und diese direkt mit der Panke verband. Über ihn fanden Treckschutenfahrten des Hofes bis zum Schloß Schönhausen statt. Für die Wasserstraßengeschichte ist er nur insofern von Bedeutung, daß er später zum Bestandteil des Berlin-Spandauer Schiffahrtskanals wurde.

Zum Abschluß dieses Abschnitts soll noch auf die beginnende Hafengeschichte Berlins eingegangen werden, da gerade in Berlin Wasserstraßen- und Hafengeschichte kaum voneinander zu trennen sind.

Der Anfang der Berliner Hafenbaupolitik führt auf Kurfürst Johann Georg (1571 bis 1598) zurück, in dessen Regierungszeit der Bau eines Hafenbeckens und eines Packhauses am linken Ufer des Köllnischen Stadtgrabens direkt unterhalb der Schleuse auf dem sogenannten „Werder" fällt. 1669 erfolgte der Bau des ersten Packhofs mit dem Niederlage-, Zoll- und Akziseamt am Auslauf des Berliner Stadtgrabens, dort, wo sich bis dahin eine Schneidemühle und eine Walkmühle der Tuchmacher befunden hatten.

1743 wird ein neuer Packhof mit Kran und Wachhaus am Kommunikationsgraben errichtet. Der alte Packhof blieb außerdem bestehen. Weitere Abladeplätze, insbesondere für Holz und Steine, befanden sich beiderseits der Spree in Höhe der heutigen Jannowitzbrücke, an der unteren Einmündung des Schleusengrabens und am Unterbaum.

6.3. Die Berliner Wasserstraßen bis zum Ende des 2. Weltkrieges

Nach dem Wiener Kongreß nahm auch der Verkehr in der Mark Brandenburg erheblich zu, und der Schiffsverkehr innerhalb der Stadt Berlin war um das Jahr 1820 schon so groß, daß durchfahrende Schiffer an der Stadtschleuse sechs bis acht Tage auf die Durchfahrt warten mußten. Dieser Zustand steigerte sich bis in das Jahr 1840 so weit, daß in Spitzenzeiten 65 bis 70 Fahrzeuge pro Tag geschleust werden und laut Berghaus die Schiffer oft wochenlang auf das Durchschleusen warten mußten. Eine Verbesserung wurde zwingend notwendig und durch eine weiträumige Umgehung der Stadtschleuse angestrebt.

6.3.1. Landwehrkanal und Luisenstädtischer Kanal

Die Umgehung der Stadtschleuse erfolgte durch die Anlage des Landwehrkanals. Der Landwehrkanal folgt auf etwa 7,42 km dem Lauf des alten Landwehrgrabens, von dem er dann auch den Namen übernahm. Die Zeit der Entstehung des Landwehrgrabens ist unbekannt. Er wurde vor allem zur Hochwasserentlastung der Spree und als Vorfluter für das angrenzende Gelände angelegt. Seit dem Jahre 1705 ist er bis zum Halleschen Tor für Holztransporte genutzt worden. Unterhalb des Tores dürfte er neben seiner wasserwirtschaftlichen Funktion nur dem Betrieb der Tiergartenmühle gedient haben, obwohl ältere Karten ihn auch in diesem Bereich als Floßgraben bezeichnen.

Bereits 1818 wurde durch den Ober-Mühlen-Inspektor Schwahn ein Projekt aufgestellt, daß einen Kanal mit einer Sohlenbreite von 36' (11,30 m), einer Tiefe von 4' (1,26 m) unter dem niedrigsten Oberwasserspiegel der Spree und einer Wasserspiegelbreite von 54' (16,95 m) bei gewöhnlichem Sommerwasserstand (der damals um etwa 60 cm über dem niedrigsten Wasserstand lag) vorsah. Nachdem schon alle Vorbereitungen getroffen waren, ließ der König 1820 aus Spar-

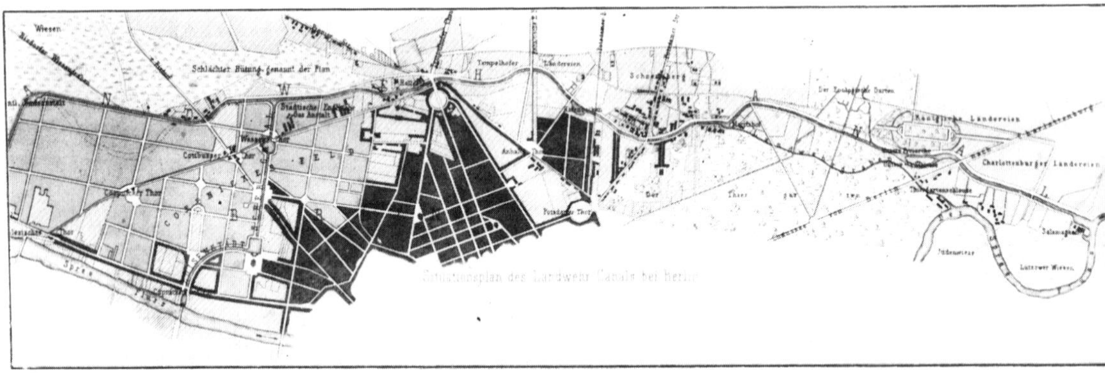

Bild 6.2 Lageplan des Landwehrkanals von 1852. *Quelle: ZfBau 1852*

Bild 6.3 Ansicht und Querschnitt einer typischen Landwehrkanalbrücke. *Quelle: ZfBau 1852*

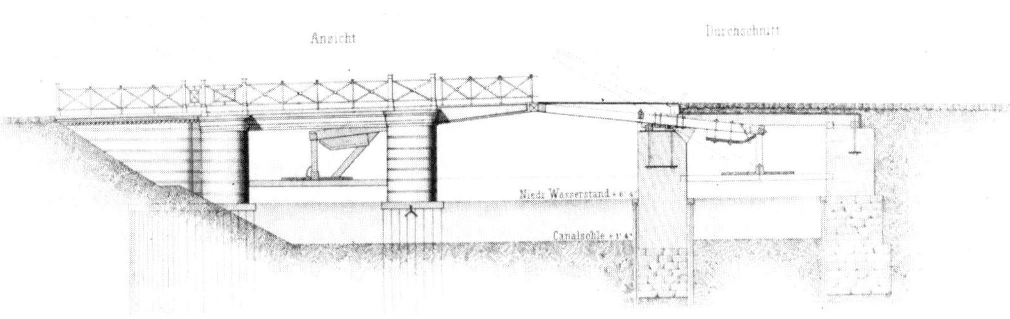

samkeitsgründen ein Bauverbot aussprechen. Im Winter 1839/40 erhielt dann Lenné den Auftrag, einen Plan zur Bebauung des sogenannten Köpenicker Feldes zu entwerfen. Lennés Entwurf enthielt als Hauptpunkt das Konzept eines „schiffbaren Wassergrabens, der von der Spree bei der damals noch nicht vorhandenen Schillingsbrücke bis zur südlichen Stadtmauer zwischen dem Cottbuser und dem Halleschen Thore geleitet wurde" (Berghaus). Hauptzweck dieses, des späteren Luisenstädtischen Kanals war die Entwässerung aber auch die Verkehrserschließung des Köpenikker Feldes. Zu diesem Entwurf gehörten deshalb auch ein rundes und ein viereckiges Wasserbekken, die dem Be- und Entladen von Schiffen dienen sollten. Obwohl Lenné kein Wasserbauingenieur war, (das beweist die Konzeption des Luisenstädtischen Kanals), erkannte er doch, daß ein solcher Kanal nicht in einer Sackgasse enden dürfte, und so betrieb er auch seine Einbindung in einen schiffbar zu machenden Landwehrgraben. Beide Konzeptionen wurden in einem Entwurf am 24. April 1840 zur Begutachtung eingereicht. Das Gutachten wurde von der Königlichen Ober-Bau-Deputation angefertigt und daraufhin durch „Allerhöchste Cabinets-Ordre vom 21. April 1841" noch eine Immediat-Kommission eingesetzt, die unter Leitung des Gouverneurs von Berlin, von Müssling, das Projekt nochmals nach allen Richtungen überprüfen mußte. Im Jahre 1845 erfolgte dann der erste Spatenstich zum Landwehrkanal. Noch zu Beginn des Baues stand die Trassierung nicht endgültig fest. Es war vorgesehen, für den Bau einen Geländestreifen von mindestens 14 Ruthen (52,72 m) freizuhalten. Trotz dieser für einen Kanal viel zu geringen Baufreiheit kam es noch während des Baues zu Trassenänderungen. Obwohl am Rande der Stadt gelegen, mußten für den Geländeerwerb Preise bis zu 100 Taler/Quadratruthe (14,18 m^2) gezahlt werden.
Die endgültige Linienführung des Kanals beschreibt der verdienstvolle Bauleiter des Kanals, Ingenieur Helfft, wie folgt: „Der ungefähr 1 $^3/_8$ Meilen (10,4 km) lange Landwehrkanal tritt oberhalb des Schlesischen Thores, nicht weit von der ehemaligen Mündung des Landwehrgrabens, aus der Spree, durchschneidet alsdann die Chaussée nach Treptow, entfernt sich, die sogenannten Berliner Wiesen durchschneidend und bei seiner Wendung beinahe einen rechten Winkel bildend, von der Stadt, kommt derselben bei Durchschneidung des Rixdorfer Dammes wieder näher, erreicht die Stadtmauer am Halleschen Thore, durchschneidet ferner die Militairstraße, die Berlin-Anhalter-Eisenbahn, die Schöneberger Straße, die Berlin-Potsdam-Magdeburger Eisenbahn und die Potsdamer Straße, läuft die Grabenstraße entlang, wendet sich dann nach dem ehemaligen Fasanerie-Gehege, durchschneidet dasselbe und die Chaussee nach Charlottenburg und mündet endlich oberhalb Lietzow, bei dem neuen königlichen Salzmagazine, in die Spree aus."
Zur besseren Entwässerung des Köpenicker Feldes und anderer an den Kanal grenzenden Ländereien wäre es besser gewesen, nur eine Schleuse am oberen Ende anzulegen und den restlichen Teil des Kanals auf den Unterwasserstand der Spree abzusenken. Hiergegen ging aber Lenné mit aller Energie vor, denn das hätte mit Sicherheit das Ende des alten Baumbestandes im Tiergarten bedeutet, der diese Absenkung des Wasserstandes von etwa 1,25 m nicht überlebt hätte.
Aus den vorgenannten Gründen wurde der Kanal sowohl am oberen als auch am unteren Ende mit einer Schleuse versehen. Der Normalwasserstand für den Kanal wurde auf 6' 9 $^3/_4$'' (2,14 m) am Berliner Pegel festgesetzt (etwa 33,64 m über dem Wasserspiegel der Ostsee). Sanken die Wasserstände im Oberwasser der oberen Schleuse unter diesen Wert, so blieb diese geöffnet. Ebenso blieb die Unterschleuse geöffnet, wenn die Spree im Unterwasser den Normalwasserstand des Kanals überstieg.
Das Querprofil des Kanals wurde so festgelegt, daß er bei niedrigstem Wasserstand eine Tiefe von 5' (1,57 m) und dabei eine Wasserspiegelbreite von 6 Ruthen (22,60 m) erhalten sollte. Für die Hochwasserentlastung der Spree war konzipiert, daß der Landwehrkanal die volle Entlastungsfunktion des ehemaligen Landwehrgrabens übernehmen, aber auch

- „die Consumtion der Schoßthüren der Stadtschleuse, welche bisher unvorteilhaft als Freischützen benutzt wurden" und
- „die geringere Wassermenge, welche durch die Schützen der Damm-Mühlen abgeführt wird, nachdem der Einbau des Domes in der Spree einen Rückstau nach den Mühlen veranlaßt"

beachtet werden sollte. Summa summarum sollten 792 Kubikfuß/Sekunde (etwa 24,5 m^3/s) über den Landwehrkanal abgeführt werden.
Nun noch etwas zu den Bauwerken. Die Schleusen wurden, wie zu dieser Zeit üblich, zweischiffig mit versetzten Häuptern errichtet. Die Kammerlänge betrug 140' (43,94 m), und zwischen den Drempel-

spitzen wurde eine Länge von 160' (50,22 m) erreicht. Die Kammerbreite betrug 32' (10,04 m), die Torweite, für die 19' (5,96 m) gereicht hätten, wurde mit Rücksicht auf etwa zu schleusende kleinere Dampfschiffe auf 24' (7,53 m) festgelegt. Zur Konstruktion ist zu sagen, daß zwischen den Pfählen und dem Grundbalken eine Betonschüttung (etwa 1,25 m in der Kammer und in den Häuptern etwa 1,90 m dick) zur Anwendung kam. Das hierauf aufgeführte Mauerwerk wurde an der Unterschleuse aus Klinkern und Verblendungssteinen der Königlichen Joachimsthalschen Ziegelei errichtet. Infolge des enormen Bedarfes in dieser Zeit reichten sie aber nicht für die Oberschleuse, so daß diese aus Rathenower Ziegeln errichtet wurde. Für die Wendenischen verwendete man Granit, und die Tore bestanden aus Eichenholz.

Die obere Freiarche wurde im alten Landwehrgraben errichtet, während die Schleuse in einem neu geschaffenen Kanalstück lag. Die hydraulische Berechnung ergab eine Breite der Durchflußöffnung von 6 $^{3}/_{4}$' (2,12 m). Um den Freigraben auch zum Holzflößen benutzen zu können, wurde eine Breite von 11' (3,45 m) gewählt, die durch einen Setzpfosten in zwei Schützöffnungen unterteilt war. Die untere Freiarche erhielt eine lichte Weite von 45' (14,12 m), die in sechs Schützöffnungen unterteilt wurde. Die meisten der zahlreichen über den Kanal führenden Brücken erhielten Aufzugklappen, die bei höheren Wasserständen betätigt werden mußten. Bei normalen Wasserständen konnten sie geschlossen bleiben. Man wollte durch die Wahl dieser Konstruktion die Anrampung der Brückenzufahrten möglichst gering halten.

Nach einer Bauzeit von fünf Jahren konnte der Kanal am 2. September 1850 dem Verkehr übergeben werden. Mit dem Bau des Luisenstädtischen Kanals wurde erst im Jahre 1848 begonnen. Er erhielt die von Lenné vorgesehene Linienführung, die auf die Schiffahrt z. T. wenig Rücksicht nahm. Seine Länge betrug 2 km bei einer Breite von 22,50 m. Die Ufer waren auf beiden Seiten mit Klinkermauern eingefaßt, die bis zu 3,00 m über den Normalwasserstand hinaus reichten. An seinem oberen Ende in Höhe der heutigen Schillingsbrücke lag die Köpenicker Schleuse, die dieselben Funktionen wie die Oberschleuse des Landwehrkanals zu erfüllen hatte. Die Betriebseröffnung des Kanals erfolgte nach vierjähriger Bauzeit am 15. Mai 1852.

Seiner ihm von Lenné zugedachten Funktion, die industrielle Erschließung des Köpenicker Feldes

Bild 6.4 Der Luisenstädtische Kanal um die Jahrhundertwende. *Foto: Märkisches Museum*

zu bewirken, ist der Luisenstädtische Kanal nie gerecht geworden. So konstatierte Professor Dietrich bereits im Jahre 1881: „Die Schiffe drängten sich auf ihm, als die Bebauung seiner Umgebung im Gange war, während er heute, obgleich er eine schiffbare Verbindung zwischen Spree und Landwehrkanal darstellt, Schiffsverkehr fast gar nicht mehr zeigt, dagegen mit seinen beckenartigen Erweiterungen (dem Engel- und dem Wassertorbecken, d. A.) eine reizvolle, dem Stadttheile zum Schmuck dienende, für andere jetzt noch unbebaute Stadttheile zur Nachahmung zu empfehlende Anlage darstellt, was noch mehr der Fall sein würde, wenn auf die Herstellung von Baumpflanzungen an seinen Ufern mehr Werth gelegt worden wäre." Dem ist später, aber auf ganz andere Art, Rechnung getragen worden. Der Luisenstädtische Kanal ist nämlich in den Jahren 1926/27 verfüllt und in seinem Zuge sind schöne Grünanlagen errichtet worden.

Weiter muß noch bemerkt werden, daß die Revolution des Jahres 1848 auch die 5 000 bei den Kanalbauten beschäftigten Arbeiter erfaßte. So kam es im Oktober 1848 zu einem Barrikadenkampf am Engelbecken, bei dem elf Arbeiter und ein Bürgergardist ums Leben kamen.

Das unglückliche Profil des Landwehrkanals mit nur 10,00 m Sohlenbreite bei 1:4 geneigten Unterwasserböschungen führte schon etwa 20 Jahre nach Inbetriebnahme zu unhaltbaren Zuständen für die Schiffahrt. Die zahlreichen zum Löschen im Kanal haltmachenden Schiffe blockierten diesen fast völlig, und bei den Überhol- und Begegnungsmanövern kam es zu umfangreichen Beschädigungen der flachen Kanalufer, die zu großen Versandungen führten (Bild 6.20). Um 1880 durften die Schiffe nur periodisch entweder aufwärts oder abwärts fahren, und an der Unterschleuse mußte im Sommer Tag und Nacht geschleust werden, um den Schleusenrang nicht zu groß werden zu lassen. Schon 1874 wurde der Entwurf eines Südkanals vorgestellt, der in seiner Linienführung in nur etwa 300 m Entfernung fast parallel zum Landwehrkanal verlaufen sollte. Anstelle einer unteren Ausmündung in die Spree war eine Führung über die Grunewaldseen bis zum Wannsee vorgesehen. Dieses Projekt wurde aber aus ökonomischen Gründen zugunsten einer Erweiterung des Landwehrkanals verworfen.

Die zur Erweiterung des Landwehrkanals durchgeführten Arbeiten umfaßten

- die Veränderung des Profils durch Vergrößerung der Sohlenbreite von 10,00 auf 22,00 m,
- die Einfassung des Kanals auf fast der gesamten Länge mit Steilufern,
- die Anhebung sämtlicher Brücken sowie die Beseitigung der Drehbrücke der Potsdamer Eisenbahn.

Durch Anhebung des Normalwasserstandes wurde außerdem die Wassertiefe zwischen Ober- und Unterschleuse auf 1,75 m erhöht. Um den Schiffsumschlag in geordnete Bahnen zu lenken, wurden längs des Kanalufers Ladestraßen und zwischen 1891 und 1896 am Kanal der Urbanhafen errichtet.

In den Jahren 1936 bis 1941 ist der Landwehrkanal Odermaß-Schiffen (Länge 55,00 m, Breite 8,00 m, Ladefähigkeit 550 t) zugängig gemacht worden. Zu diesem Zweck wurden beide Schleusen umgebaut. Die Oberschleuse, die 1939 fertiggestellt wurde, erhielt als Novum zwei Untertore. Ihre nutzbare Länge schwankt zwischen 72,10 m und 58,85 m. Die Kammerbreite beträgt 19,70 m, die Torweiten oben 8,80 m und unten 2 × 8,50 m. Die Unterschleuse (Verkehrsübergabe 1941) weist bei einer nutzbaren Länge von 60,00 m eine Kammerbreite von 10,50 m und Torweiten von 8,50 m auf. An der Unterschleuse wurde der Standort des Wehres und der Schleuse im Interesse einer zügigeren Linienführung getauscht.

Die Fertigstellung des Wehres wurde durch den 2. Weltkrieg unterbrochen. Sie erfolgte erst 1955 durch den Einbau einer Fischbauchklappe. Ferner wurde das Profil des Kanals auf eine Tiefe von 2,00 m in Kanalmitte und einen wasserführenden Querschnitt von 42 m^2 gebracht.

6.3.2. Der Berlin-Spandauer Schiffahrtskanal

Im Winter 1842/43 erhielten mehrere Privatunternehmer die Genehmigung, einen Schiffahrtskanal zwischen der Spree unterhalb Berlins und der Havel oberhalb Spandaus anzulegen. Zweck des Unternehmens war es, den Verkehr zwischen Berlin und den östlichen Landesteilen in Richtung Finowkanal zu erleichtern. Durch die direkte Verbindung sollte der Weg abgekürzt und vor allem der stark gewundene Unterlauf der Spree ausgeschaltet werden. Der 12,1 km lange Kanal zweigte in der Nähe des Unterbaumes am rechten Ufer aus der Spree ab und folgte, nach Lennes Vorschlag, dem Laufe des Charite-Grabens, der hier zwischen dem gerade neu errichteten Hamburger Bahnhof (1846) und dem Invalidenhaus verlief. Am Abzweig aus der Spree wurde der Humboldthafen und etwa 1,5 km von diesem entfernt, an

Tabelle 6.1
Verkehr der Berliner Stadtschleuse; 1837 bis 1840

Jahr	Anzahl der Schiffe insgesamt[1])	davon beladen	davon leer	Anzahl der Floßhölzer in Stück
1837	14 831	8 700	6 131	34 973
1838	13 463	8 024	5 439	23 345
1839	14 519	8 672	5 847	28 178
1840	14 743	8 916	5 827	31 505

[1]) außer Flöße, Anhänge, Jagdkähne und Gondeln

der Einmündung der Panke in den Kanal, der Nordhafen errichtet. Mitten durch die Jungfernheide verlief der Kanal in westlicher Richtung bis Haselhorst, wo er aus „fortificatorischen" (festungs-, befestigungs-technischen, d. A.) Rücksichten einen scharfen Knick nach Westen machte, um dann in den Tegeler See zu münden.

Um unterschiedliche Wasserstände von Havel und Spree ausgleichen zu können, wurde bei Plötzensee eine Schleuse (nutzbare Maße 47,50 × 6,04 m) errichtet, die oben und unten doppelte Tore erhielt. Diese Anordnung war anfangs erforderlich, da die Spree bei größeren Hochwässern den normalerweise höheren Wasserstand der Havel überschreiten konnte. Bei der später erfolgten Regulierung der Unterspree konnten diese Spreehochwasserspitzen gekappt werden, so daß die Tore in Plötzensee nur noch gegen die Havel zu kehren brauchten.

Durch die Schleuse Plötzensee wurde der Kanal in eine 8 km lange Havel- und eine 4 km lange Spreehaltung unterteilt. Vom Profil her war er genauso wie der Landwehrkanal konzipiert und für Schiffe bis zum späteren Großfinow-Maß ausgelegt.

Die Bauarbeiten schritten anfangs zügig voran (Baubeginn war 1847), wurden aber ebenfalls durch die Ereignisse des Jahres 1848 unterbrochen. Der größte Teil der Arbeiter wurde damals auf die Straße gesetzt. Später übernahm der Staat die Bauausführung, und nach etwas schleppendem Verlauf konnte 1859 das erste Schiff direkt von Berlin nach Stettin fahren.

1891/92 wurde die Spreehaltung des Berlin-Spandauer Schiffahrtskanal erweitert. Sie erhielt in Klinkermauerwerk eingefaßte Steilufer. Nach dem Ausbau konnten bereits Plauermaß-Schiffe verkehren.

Beim Bau des Großschiffahrtsweges wurden Teile des Berlin-Spandauer Schiffahrtskanals benutzt und dann in den Jahren 1933 bis 1939 zwischen der Schleuse Plötzensee und der Mündung des Kanals in die Oberhavel dreischiffig mit einer Wasserspiegelbreite von 53,00 m bei einer Wassertiefe von 3,20 m ausgebaut.

6.3.3. Der Neubau der Berliner Stadtschleuse

Um die Mitte des 19. Jahrhunderts war die alte Berliner Stadtschleuse den Verkehrsanforderungen nicht mehr gewachsen (Tabelle 6.1.). Die Hauptursachen hierfür waren, daß erstens die Ober- und Unterdrempel bei niedrigen Wasserständen keinen Schiffsverkehr mehr zuließen. So wurden bei Niedrigwasserständen nur noch Wassertiefen von 0,60 m und über dem Unterdrempel sogar nur von 0,40 m gemessen. Der zweite Hauptgrund für einen Neubau der Stadtschleuse war der, daß die Schleusenbrücke kurz vor dem Unterhaupt die

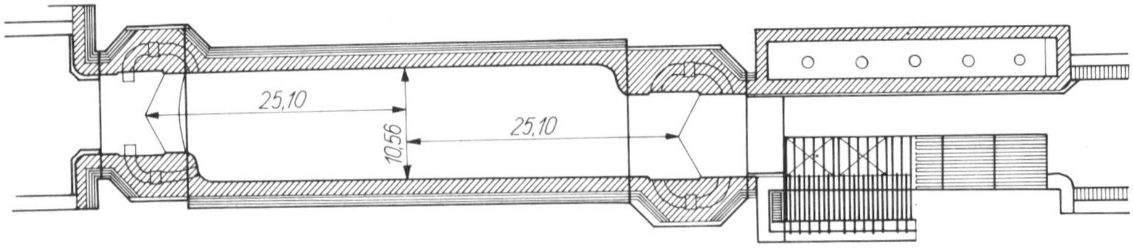

Bild 6.5 Grundriß der alten Berliner Stadtschleuse von 1864. *Quelle: ZfBau 1867*

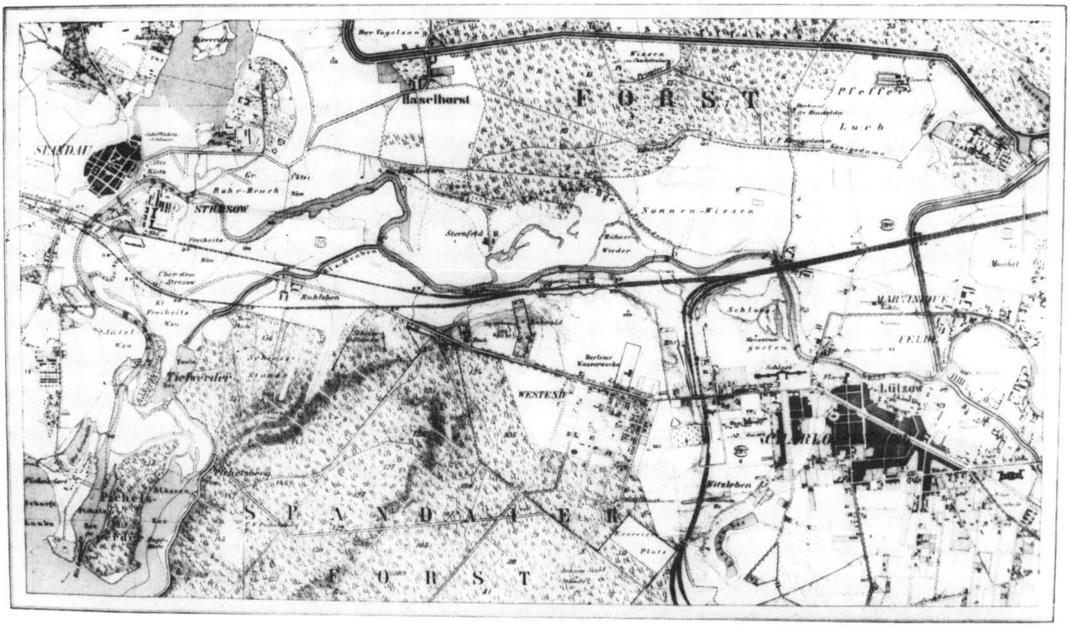

Bild 6.6 Die Untere Spree von der Berliner Stadtgrenze bis Spandau, Stand 1880. *Quelle: ZfBau 1881*

Kammer querte. Um der Schiffahrt ungefährdete Durchfahrt zu gestatten, mußte die Brücke fast bei jeder Schleusung (in den Sommermonaten 65 bis 70 Schiffsgefäße pro Tag) hochgezogen werden. Das hatte wiederum katastrophale Folgen für den stark gewachsenen Straßenverkehr. So wurde bereits im Jahre 1852 ein Umbau der Stadtschleuse in Erwägung gezogen. Die Bearbeitung des Entwurfes verzögerte sich aber sehr, da keine Unterlagen über die Gründung aufzufinden waren.

Der Bau selbst begann im März 1861. Die Baugrube ist im Schutze eines 10' (3,14 m) breiten Fangedammes, der im Oberwasser errichtet wurde, angelegt worden. Bei den Aushubarbeiten stellte man fest, daß der alte Pfahlrost von 1694 nicht in das neue Bauwerk eingebunden werden konnte. Es wurde deshalb eine Flachgründung auf einer etwas tiefer anstehenden tragfähigen Sandschicht gewählt. Bei dem äußerst beschränkten Bauplatz und der Nähe der umliegenden Häuser entschloß man sich, nicht sofort die ganze Baugrube in Angriff zu nehmen. Begonnen wurde am Unterhaupt in einer etwa 11,00 m langen und 17,00 m breiten Baugrube. Die Entwässerung erfolgte mittels einer offenen Wasserhaltung. Dazu wurden drei Sammelbrunnen (etwa 90 × 90 cm) angelegt und die Entwässerung mit drei Dampfmaschinen (2 × 6 PS und 1 × 12 PS) in Verbindung mit drei Kreiselpumpen durchgeführt. Die neue Schleuse erhielt gegenüber der alten (242,5') nur 160' (50,22 m) Nutzlänge. Dadurch war es möglich, die Schleusenbrücke unterhalb des Unterhauptes über den Spreekanal zu führen und die Sperrzeit des Straßenverkehrs auf ein Minimum zu reduzieren.

Die Breite der Schleuse wurde von 24' (7,53 m) auf 33'8" (10,54 m) vergrößert. Es konnten also jetzt zwei Finowmaß-Kähne nebeneinander geschleust werden. Die Schleusenfüllung erfolgte außer über Torschütze auch mittels kurzer Torumläufe. Dadurch wurde die Zeit für das Füllen bzw. Leeren der Kammer auf zwei Minuten reduziert. In einer Stunde konnten ohne weiteres fünf Kreuzungsschleusungen durchgeführt werden.

6.3.4. Der Charlottenburger Verbindungskanal

Bei der Anlage des Berlin-Spandauer Schiffahrts-

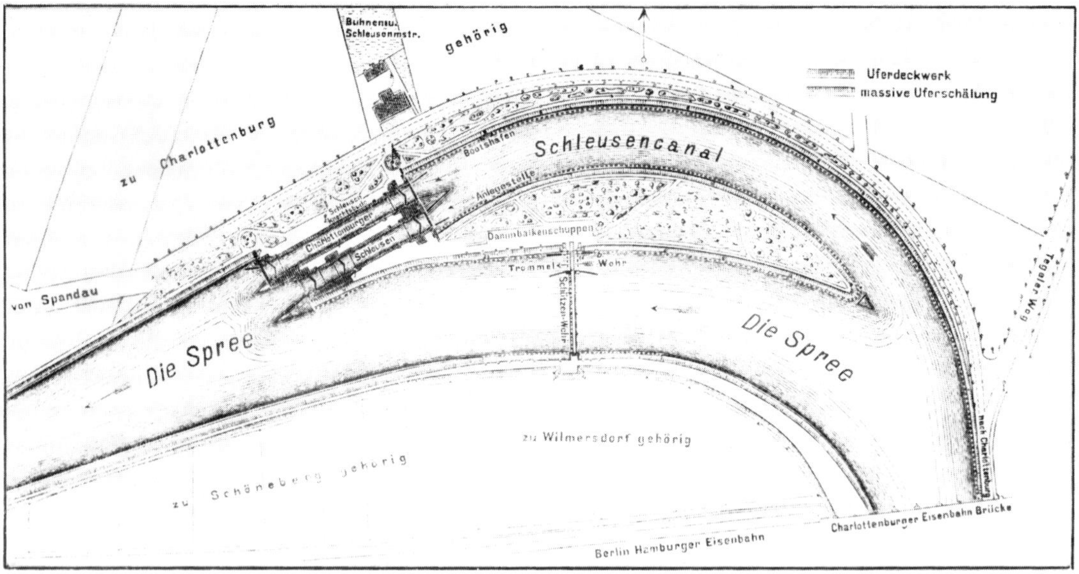

Bild 6.7 Stauanlage in der Spree bei Charlottenburg. *Quelle: ZfBau 1884*

kanals hatte man außer acht gelassen, daß ein nicht unbeträchtlicher Teil des Schiffsverkehrs, insbesondere des Ziegeltransportes von der Oberen Havel, den Landwehrkanal und die zu bebauenden südlichen Stadtgebiete zum Ziel hatte. Diese Schiffe mußten nun entweder den alten Weg über Spandau oder den Weg vom Hum-

Bild 6.9
Die Charlottenburger Schleusen im Jahre 1938.
Repro Deutsche Staatsbibliothek

boldthafen 5 km spreeabwärts zum Landwehrkanal nehmen. Die schwierigen Schiffahrtsverhältnisse auf der noch ungeregelten Spree führten zur Anlage einer direkten Verbindung zwischen Berlin-Spandauer Schiffahrtskanal und Landwehrkanal.

Der Charlottenburger Verbindungskanal schloß ohne Schleuse an die Spree und damit an die untere Haltung des Landwehrkanals an. Von der Spree verlief er etwa 1,4 km lang in nördlicher Richtung, um dann fast rechtwinklig abzubiegen und in östlicher Richtung auf Plötzensee zuzulaufen. Hier wurde sein Wasserstand und der des Berlin-Spandauer Schiffahrtskanals durch eine Schleuse ausgeglichen. Die anfangs geplante Direktverbindung zwischen Plötzensee und Landwehrkanalmündung verhinderten Bodenspekulationen, die auch zu der etwas unglücklichen Linienführung führten. Der Kanal hatte eine Länge von 3,2 km und wies ähnliche Querschnittsverhältnisse wie der Landwehrkanal und der Berlin-Spandauer Schiffahrtskanal auf.
Im Anschluß an die Erweiterung des Berlin-Spandauer Schiffahrtskanals (1891/92) wurde auch der Charlottenburger Verbindungskanal verbessert. Bei den bis ins Jahr 1902 andauernden Arbeiten erhielt er ebenfalls durch Klinkermauerwerk eingefaßte Steilufer. Nach dem Ausbau konnte auch er von Plauermaß-Schiffen passiert werden.

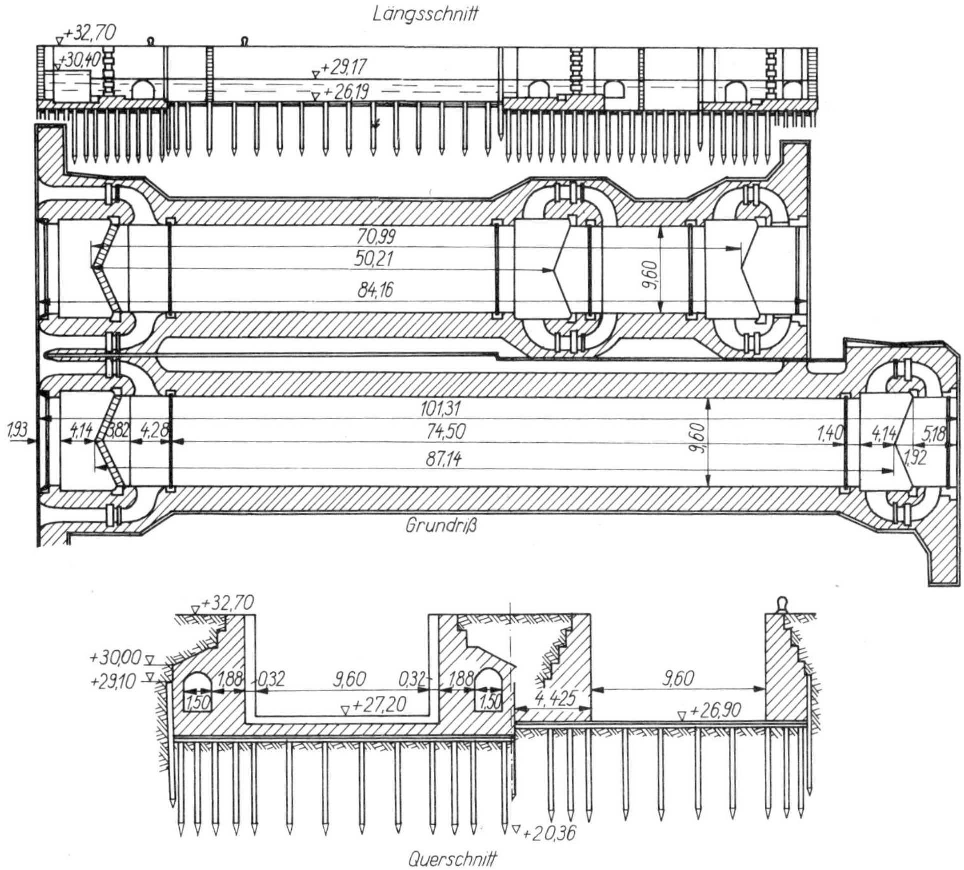

Bild 6.8 Längsschnitt, Grundriß und Querschnitt der Charlottenburger Schleusen. *Quelle: ZfBau 1884*

Bild 6.10
Spree an der Jungfernbrücke, 1888.
Foto: Märkisches *Museum*

Bild 6.11
Friedrichsgracht um 1890.
Foto: Märkisches *Museum*

6.3.5. Die „Canalisierung der Unterspree von den Damm-Mühlen in Berlin bis Spandau"

Unter diesem Titel rangiert die wohl bedeutendste wasserbauliche Maßnahme der letzten 100 Jahre im Berliner Raum, die sowohl für die Schiffahrt als auch für die gesamte Stadtentwicklung Berlins von immenser Wichtigkeit war. Obwohl es sich im eigentlichen Sinne um Stauregelungsarbeiten, die durch umfangreiche Flußregulierungen ergänzt wurden, handelte, ist für die Überschrift dieses Kapitels bewußt der alte, in die Historie eingegangene Terminus gewählt worden.
Wie waren nun die Zustände auf Berlins wichtigster Wasserstraße Anfang der 80er Jahre des 19. Jahrhunderts?
Obwohl im Jahre 1880 der Mühlenbetrieb am Mühlendamm eingestellt, die Mühlenräder entfernt und die Stauregelung ausschließlich der Königlichen Wasserbauverwaltung übertragen wurde, konnten die Hochwässer in der Oberspree nur geringfügig reduziert werden. Ursache hierfür waren die unzureichenden Abflußmöglichkeiten im Bereich der Staustufen und die Folgen daraus, ein Ansteigen der Hochwässer bis zu 1,60 m über den Mittelwasserstand, und das, obwohl oberhalb des Mühlendamms Retensionsflächen von 30 bis 40 km^2 zur Verfügung stehen. Aus diesen Hochwässern resultierten wiederum Vernässungsschäden, die bis in den Raum Köpenick reichten. Da das Wasser auch in die Regen- und Schmutzwassereinläufe zurückstaute, kam es weiterhin zu hygienischen Beeinträchtigungen.
Schwierigkeiten gab es auch bei den neuzubauenden Brücken, da der stark gewachsene Straßenverkehr keine Aufzugsöffnungen mehr duldete, die Anlage massiver Brücken aber, aus den schon erwähnten Gründen, größere Anrampungen erforderlich machte. Die Reduzierung der Staulamelle am Mühlendamm war also zwingend notwendig geworden.
In der Unterspree hatten sich im Laufe der Jahrhunderte große Mengen von Sinkstoffen abgelagert. Die unzureichende Räumkraft des Flusses führte zwischen dem Humboldthafen und der Spreemündung zu Erhöhungen des Flußbettes, die sich in Niedrigwasserzeiten so auswirkten, daß nur noch Fahrwassertiefen von etwa 1,00 m vorhanden waren, wozu für die Schiffahrt weiterhin erschwerend die zu geringe Breite und die starke Mäanderbildung dieses Spreestückes hinzukamen.
Zur Beseitigung der Mißstände hatte der Staat mit Gesetz vom 12. März 1879 bereits 600 000 M

Bild 6.12
Am Kupfergraben um 1890.
Foto: Märkisches *Museum*

zur Verfügung gestellt. Von den damals vorgesehenen Maßnahmen, mittels Einengung durch Buhnen und Parallelwerken die Räumkraft des Flusses zu erhöhen, nahm man jedoch Abstand. Man befürchtete mit Recht, daß diese Einschränkung des Flußbettes zum einen die Schiffahrt behindern und zum andern sich ungünstig auf die Hochwasserstände auswirken würden, die damals schon ähnliche Situationen wie an der Oberspree erzeugten.

Neben den mißlichen Verhältnissen in der Unterspree gab es seitens der Schiffahrt noch einen weiteren Grund, der auf Veränderung drängte. Die beiden Schiffahrtsverbindungen zur Oberspree, Spree- und Landwehrkanal, ermöglichten nur Fahrzeugen bis zur Größe des späteren Odermaßes die Passage. Außerdem war ihre Leistungsfähigkeit zu dieser Zeit kaum noch ausreichend. Sollte Berlin nicht zu einem Nadelöhr im sich ständig verbessernden und erweiternden märkischen Wasserstraßennetz werden, so war der Bau einer Großschleuse unabdingbar geworden.

Unter Berücksichtigung aller vorgenannten Umstände wurde das Projekt zur „Canalisierung der Unterspree" erstellt, daß (nach Wiebe) vorsah:

„a) der Unterspree eine bestimmte Normalbreite zu geben und größere Regulierungen ihrer Richtung vorzunehmen,

b) die Sohle so tief zu legen, daß sie beim kleinsten bekannten Wasserstande eine Schiffahrtstiefe von 1,5 m gewährt, deren Vergrößerung bis auf 2 m offen gehalten wird,

c) bei Charlottenburg ein Stauwerk zu erbauen, um den Wasserstand in der Stadt dem Bedürfnis entsprechend regeln zu können.

d) den Stau der Berliner Dammühlen anderweitig einzurichten, um einerseits die Hochwasserabführung aus der Oberspree zu verbessern, andererseits die Schiffahrtsstraße direkt hindurch zu führen."

Wie sollten nun diese Vorgaben erfüllt werden?

Zu a) und b): Die hydraulischen Berechnungen zur Bemessung der Querschnitte und des Längsschnittes gingen von einer Höchsten Abflußmenge von 162 m^3/s, einem Mittleren Abfluß von 42,5 m^3/s und einer Niedrigsten Abflußmenge von 13 m^3/s aus. Daraus ergab sich ein Querprofil mit einer Regulierungsbreite von 50,00 m. Das Querprofil wurde dem schon vorhandenen Flußprofil angepaßt und erhielt dadurch eine Sohlenbreite von 40,00 m, woran sich beidseitig Böschungen anschlossen, die mit einer Neigung von 1:5 um 1,00 m über die Sohle anstiegen. Eingefaßt wurde dieses Profil außerhalb der Stadt durch Faschinendeckwerke und innerhalb der Stadt durch Ufermauern. Beide Einfassungsarten reichten bis zu einem hochwasserfreien Leinpfad.

Die hydrauliche Berechnung ergab weiterhin, daß zwischen Spandau und der neuen Staustufe Charlottenburg eine horizontale Sohle (Höhenlage 27,60 m ü. NN) anzulegen war, während man zwischen Charlottenburg und dem Mühlendamm ein Gefälle von 0,90 m vorsah.

Für die Linienführung der Unterspree waren zwei Varianten im Gespräch, von denen die eine eine Verlegung der Spreemündung in die Havel stromab über den Stössensee vorsah. Diese Variante kam nicht zur Ausführung, da sie neben zahlreichen Vorteilen einen massiven Einspruch der Fortifications-Behörden der Festung Spandau erwarten ließ sowie auch zu schwierigen Kreuzungen mit der Eisenbahn (u. a. der Berlin-Hamburger und der Lehrter Bahn) und zu zusätzlichen Arbeiten im Havelbereich geführt hätte. Die zur Ausführung gekommene Variante sah neben diversen Abgrabungen und Ufersicherungsarbeiten einen 850 m langen Durchstich bei Paulsstern und eine Teilverlegung der Spree nördlich der Bahnkreuzung zum Bahnhof Jungfernheide vor. Hier hatte der Fluß bisher eine fast rechtwinklige Krümme mit einem Radius von etwa 200 m zu durchlaufen, die für die Schiffahrt infolge der Bahnüberführung vollkommen unübersichtlich war. Diese Arbeiten an der Unteren Spree zogen sich mit kurzen Unterbrechungen von 1882 bis 1892 hin.

Zu c): Während das Wehr Charlottenburg in die Spree selbst zu liegen kam, wurde die Schleusenanlage in einem extra hergestellten 340 m langen Kanal errichtet. Das Wehr sollte das Oberwasser auf der Ordinate 30,40 m ü. NN halten, die dem früheren Mittelwasser der Spree entsprach. Dadurch ergab sich bei Niedrigwasser an der Staustufe ein Gefälle von etwa 1,20 m. Im Interesse der Schiffahrt wurden zwei Schleusen errichtet, von denen die größere von Drempelspitze zu Drempelspitze eine Länge von 87,14 m aufwies. Die kleinere Schleuse, die zusätzlich ein Mittelhaupt bekam, hatte zwischen Mittel- und Oberhaupt eine Länge von 50,22 m und zwischen Ober- und Unterhaupt eine solche von 70,99 m. Die nutzbare Breite beider Schleusen betrug 9,60 m. Die Bauarbeiten erfolgten im Schutze eines Fangedammes, der ein Arbeiten im Trocknen ermöglichte. Für die Rammarbeiten waren teilweise bis zu elf Rammen im Einsatz, während die Was-

serhaltung mittels vier Lokomobilen sowie der dazugehörigen Kreiselpumpen erfolgte.
Das Ausheben der Baugrube begann am 10. Juli 1883, und bereits am 26. Juli desselben Jahres konnten die Rammarbeiten beginnen. Am 25. Januar 1884 konnte die Aufmauerung der Schleusenwände in Angriff genommen werden und schon am 20. April 1884 wurden beide Schleusen für die Schiffahrt in Betrieb genommen.
Um den Oberwasserspiegel nicht über + 31,77 m ü. NN ansteigen zu lassen, erhielt das Wehr insgesamt eine lichte Durchflußweite von 50 m. Vier Strompfeiler teilten es in fünf gleiche Abschnitte, von denen der rechte durch ein Trommelwehr und die vier links davon liegenden durch Schützenwehre verschlossen wurden. Das Trommelwehr wurde insbesondere deshalb errichtet, daß abwärts fahrende Flöße und leere Schiffe bei bestimmten Wasserständen diese Öffnung zum Passieren der Staustufe benutzen sollten.
Da eine Verlegung der Spree im Bauzeitraum nicht zur Diskussion stand und die Hochwasserabführung durch die Schleusen nicht in vollem Umfange zu gewährleisten war, mußte das Wehr in zwei Abschnitten errichtet werden. Der erste Abschnitt umfaßte das spätere Trommelwehr sowie das erste Schützenwehr. Während dieser Abschnitt im Schutze eines Fangedammes errichtet wurde, ist der zweite Abschnitt nur unter Verwendung der Spundwände des Bauwerkes selbst, die man gegeneinander aussteifte, ausgeführt worden.
Mit dem Bau des ersten Abschnittes wurde am 1. Juli 1884 begonnen, und am 16. Mai 1885 war er beendet. Da es die Wasserstände der Spree erlaubten, konnte bereits am 14. April 1885 mit dem zweiten Bauabschnitt begonnen werden, der dann am 26. September 1885 fertiggestellt war.
Innerhalb von reichlich zwei Jahren war damit die Staustufe Charlottenburg voll funktionsfähig und ihre Erbauer konnten stolz konstatieren, eine „in dieser Art der Anordnung und in diesen Abmessungen" auf dem europäischen Festland bisher einzigartige Anlage errichtet zu haben.
Zu d): Nach dem Abriß der Mühlen begannen die Wasserbaumaßnahmen am Mühlendamm im Jahre 1888 mit der Errichtung des Wehres. Auf die Höchste Durchflußmenge von 162 m^3/s bemessen, hatte es die Hauptaufgabe, den auf 32,28 m ü. NN festgelegten Berliner Normalstau im Oberwasser zu garantieren. Bei einem größten Gefälle von etwa 1,90 m erhielt das Wehr eine lichte Weite von 44,32 m und war durch zwei Zwischenpfeiler in drei Abteilungen mit je sechs Schützen

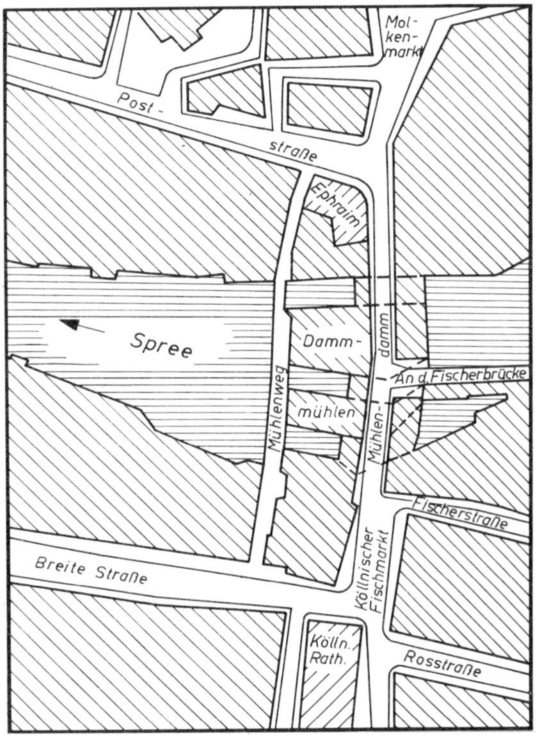

Bild 6.13 Der Mühlendamm vor dem ersten Schleusenbau. *Quelle: ZBlatt 1941*

(Schützenbreite 2,45 m) unterteilt. Die normalerweise senkrecht zu ziehenden Schützen wurden bei höheren Wasserständen vollkommen herausgezogen und in eine waagerechte Lage gebracht; sie verschwanden dann völlig unter der Wehrbrücke.
Um die Abführung des Hochwassers während des Baues nicht zu gefährden, ist auch dieses Wehr in zwei Abschnitten errichtet worden. Nach knapp zweijähriger Bauzeit ging es im Frühjahr 1890 in Betrieb. Die beiden bis dahin noch offenen Mühlengerinne wurden jetzt geschlossen, und es konnte mit dem Bau der Schleuse begonnen werden.
„Dem Schleusenbau setzten sich wegen der sehr beengten, zwischen hohen Häusern eingeklemmten Lage und wegen des sehr regen Verkehrs über die beiden die Baugrube kreuzenden Stra-

Bild 6.14 Baustelle der Mühlendammschleuse im Jahre 1891. Foto: Märkisches Museum

ßen große Hindernisse entgegen. Auch die Unreinheit des Baugrundes, aus dem Tausende alter Pfähle und große Massen von Steinen und dergleichen herausgeschafft werden mußten, bevor der eigentliche Bau beginnen konnte, erschwerte die Gründung in ungewöhnlicher Weise. Da, wo die Nachbargebäude besonders nahe an die Baugrube herantraten, wurden, um die Erschütterungen beim Rammen möglichst zu vermeiden, anstelle der hölzernen Spundwände solche von Eisen angewandt (sie bestanden aus Doppel-T-Trägern NP 13 und NP 14, die im Wechsel und verschachtelt gerammt wurden). Die Schläge einer 3 Ctr. schweren Ramme genügten, um diese Pfähle bis zu beliebiger Tiefe hinunterzutreiben. Auch haben sich diese Wände als vollständig dicht erwiesen. Durch Anwendung der eisernen Spundwände und großer Sorgfalt bei Aussteifung und Austiefung der Baugrube sind Beschädigungen der anliegenden Häuser fast ganz vermieden.

Um den Straßenverkehr nicht zu unterbrechen, mußte die Schleuse in vier Teilen hergestellt werden. Zunächst wurden die beiden Mittelstücke, dann das Oberhaupt und zuletzt das Unterhaupt in Angriff genommen. Der Verkehr mußte während der Bauausführung mehrmals verlegt werden. Die hierzu dienenden hölzernen Notbrücken waren derartig eingerichtet, daß eine Verschiebung derselben während einer Nacht, in den Stunden, in denen der Pferdebahnverkehr ruhte, vorgenommen werden konnte. Trotz dieser vielseitigen Schwierigkeiten und Hindernisse wurde die festgesetzte Bauzeit innegehalten, ohne daß Unfälle erheblicher Natur zu beklagen gewesen wären.

Die Betonbetten, die mit eisernen 60 cm weiten Trichtern von festen Gerüsten in Lagen von 1,00 m Mächtigkeit geschüttet worden sind, waren ausnahmslos gut dicht, obgleich die hölzernen Rüstpfähle, deren ein bzw. zwei Reihen geschlagen sind, einbetoniert wurden und im Beton steckenblieben. Dieser gute Erfolg ist neben sehr guter Ausführung in der Hauptsache dem gewählten Mischungsverhältnis: 1 Cement, 3 Sand, 5 Stein-

schlag bzw. 1 Cement, 2 $^1/_2$ Sand, 4 Steinschlag zu verdanken." (Germelmann)
Die Schleuse erhielt die für die damalige Zeit beachtliche Nutzlänge von 110,00 m und eine nutzbare Breite von 9,60 m bei einem mittleren Schleusengefälle von 1,80 m. Die stählernen Stemmtore erhielten eine neuartige Ausbildung in Form von Zylinderabschnitten mit Diagonalträgern. Zum Füllen und Leeren der Schleuse dienten Umläufe, von denen die oberen bis Kammermitte führten und das Wasser durch Schlitze in der Sohle zuleiteten.
Die Bewegung der Tore, der Umlaufschützen und der Spills erfolgte durch Druckwasser, das einem Kraftsammler entnommen wurde. Das Schleusengefälle wurde in einer Turbine von 25 PS ausgenutzt. Diese trieb eine Pumpe an, die das Wasser in den Kraftsammler drückte. Das Antriebssystem hat sich in den folgenden 50 Jahren gut bewährt.
Die Schleuse war im Juni 1893 betriebsfähig. Die Verkehrseröffnung erfolgte aber erst am 25. September 1894, da sich Schwierigkeiten beim Umbau der Langen Brücke einstellten. Mit der Inbetriebnahme der Mühlendammschleuse ist gleichzeitig der „Großschiffahrtsweg durch Berlin" eröffnet worden.
Parallel zum Wehr- und Schleusenbau wurden im Bereich des Mühlendamms neue Ufermauern errichtet und die Spree vertieft. Gleichzeitig beseitigte man auch Teile der weit in die Spree vorspringenden Fundamente des Doms. Anstelle der Mühlen wurde ein großes Sparkassengebäude der Stadt Berlin errichtet.
Im Zusammenhang mit der Veränderung der Stau- und Verkehrsbedingungen am Berliner Mühlendamm sollen noch zwei bemerkenswerte Folgemaßnahmen zur Sprache kommen.
So konnte anschließend an die wasserbaulichen Maßnahmen durch die Stadt Berlin ein großes Brückenbauprogramm begonnen werden. Es wurde dadurch gefördert, daß mit der Festlegung des Berliner Normalstaus und seiner Gewährleistung durch eine leistungsfähige Wehranlage die Wasserstandsschwankungen im Oberwasser auf ein Maß von knapp 0,50 m reduziert und damit die Ordinaten für die Brückenunterkanten wesentlich gesenkt werden konnten.
Die Berliner Straßen und Brücken waren bis zum Jahre 1875 Eigentum des preußischen Staates, gingen dann aber ab 1. Januar 1876 in das Eigentum der Stadt über, so daß diese damit voll für den Bau und die Unterhaltung der Brücken verantwortlich war. Von 1885 bis 1897 wurden in Berlin 28 Brücken über die Spree und ihre Nebenarme gebaut. Auch die Dammbrücke und die Lange Brücke in Köpenick sind in dieser Zeit (1890 bis 1892) in ihrer heute noch bestehenden Form entstanden.
1890 ist im Rahmen der umfangreichen Uferausbauten im Stadtgebiet eine Baukonstruktion entwickelt worden, die unter dem Namen „Berliner Bauweise" in die Literatur eingegangen ist. Die bisherigen Uferbohlwerke wurden fast ausschließ-

Bild 6.15
Blick in das fast fertiggestellte Unterhaupt der Mühlendammschleuse.
Quelle: Möller, Band 2

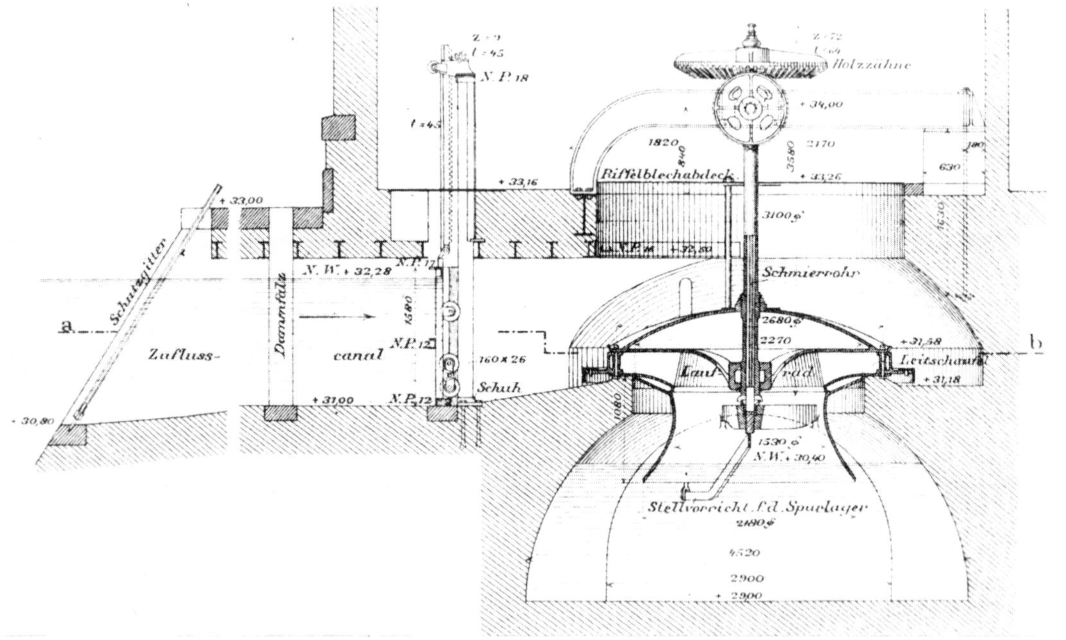

Bild 6.16 Die Turbine zur Nutzung des Schleusengefälles. *Quelle: ZfBau 1896*

lich in Holz ausgeführt, und bei der Rekonstruktion dieser Anlagen wurde die „Berliner Bauweise" angewandt. Man schnitt die unter Wasser noch gut erhaltenen Pfähle der Bohlwerke unterhalb der Niedrigwassergrenze ab und verband sie durch einen hölzernen Holm. Auf dem Holm befestigte man in 1,50 m Abstand gußeiserne Schuhe, auf die in schwacher Neigung Stahlträger mit dazwischen geschobenen bewehrten Betonplatten gestellt wurden. Die Stahlträger wurden am Fußende und im oberen Drittel gegen einen 2,50 m hinter der Wand eingebrachten Betonklotz verankert. Wegen ihrer Billigkeit war diese Bauweise lange Zeit weit verbreitet.

6.3.6. Der Teltowkanal

Schon vor über 100 Jahren (die ersten Entwürfe datierten in das Jahr 1861) entstand der Gedanke, das Berliner Stadtgebiet im Zuge der Verbindung Oder — Spree — Untere Havel — Elbe südlich der Stadt zu umgehen.
Folgende Gesichtspunkte zwangen zu diesen Überlegungen:

— der starke innerstädtische Verkehr auf der Spree, der auch durch die Inbetriebnahme des Landwehrkanals nicht spürbar entlastet werden konnte,
— die großen Zeitverluste beim Passieren der Schleusen (Charlottenburg und Mühlendammschleuse in der Spree, Ober- und Unterschleuse im Landwehrkanal) und der teilweise sehr engen Stadtdurchfahrten,
— die Wegeverkürzung beim Verkehr zwischen Elbe und Oder von rund 16 km.

Alle diesbezüglichen Projekte kamen aber nicht zur Ausführung. Den eigentlichen Anstoß zum Bau des Teltowkanals gaben wasserwirtschaftliche Interessen, die darin bestanden, den südlich und südwestlich von Berlin gelegenen Ortschaften des Kreises Teltow einen wirksamen Vorfluter zu schaffen. Diese Interessen des Kreises Teltow wurden mit den oben genannten Schiffahrtsinteressen verknüpft und ergaben so das Projekt des Teltowkanals. Hinzu kam noch, daß auch die

Bild 6.17
Die fertiggestellte Mühlendammschleuse im Jahre 1893.
Foto: Märkisches Museum

Bild 6.18
Blick ins Unterwasser der Schleuse im Jahre 1903.
Foto: Märkisches Museum

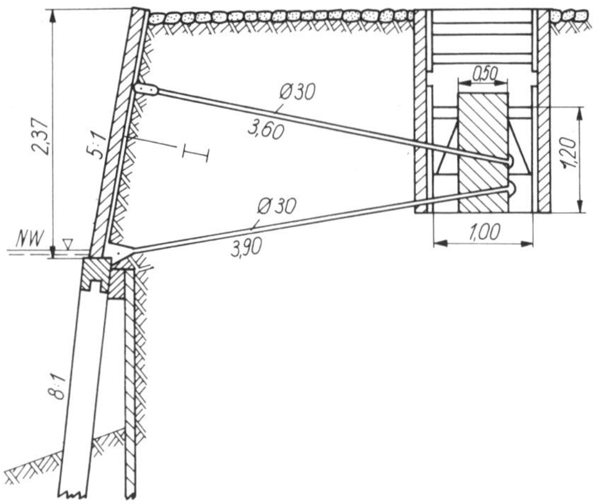

Bild 6.19 Uferausbau nach der Berliner Bauweise.
Zeichnung Autor

Bild 6.20 Die katastrophalen Schiffahrtsverhältnisse im Landwehrkanal vor dem Ausbau: das Cottbuser Ufer um 1887. *Foto: Märkisches Museum*

ständig wachsende Industrie im Kreis Teltow selbst nach einer leistungsfähigen Wasserstraße verlangte.

Der Teltowkanal zweigt aus der Unteren Havel bei Klein-Glienicke ab und führt über Kleinmachnow und Teltow zur Dahme bei Grünau. Von Britz wurde noch eine Abzweigung zur Spree bei Baumschulenweg konzipiert (Verbindung Britz—Kanne oder heute Britzer Zweigkanal). Insgesamt beträgt die Länge des Teltowkanals 37 km, die des Britzer Zweigkanals 3,5 km. Unterteilt ist der Kanal in zwei Haltungen, die durch die Schleusenanlage in Kleinmachnow miteinander verbunden sind. Die mittlere Hubhöhe an dieser Anlage betrug bei Normalwasserstand der Spree und Mittelwasser der Havel 2,74 m. Bis auf die im Beketal liegende Endstrecke der oberen Haltung, die ein Sohlengefälle von 1:50 000 erhielt, wurde die Sohle des Kanals ohne Gefälle angelegt. Die Konzipierung des Kanals mit nur einer Schleuse führte auf einem Teil der Strecke zu größeren Einschnitten, deren Maximum 17 m betrug.

Für die Speisung des Kanals wurde ein Wasserbedarf von etwa 0,9 m^3/s ermittelt, der in Niedrigwasserzeiten nicht aus der Spree genommen werden durfte. Zur Deckung dieses Bedarfes wurde

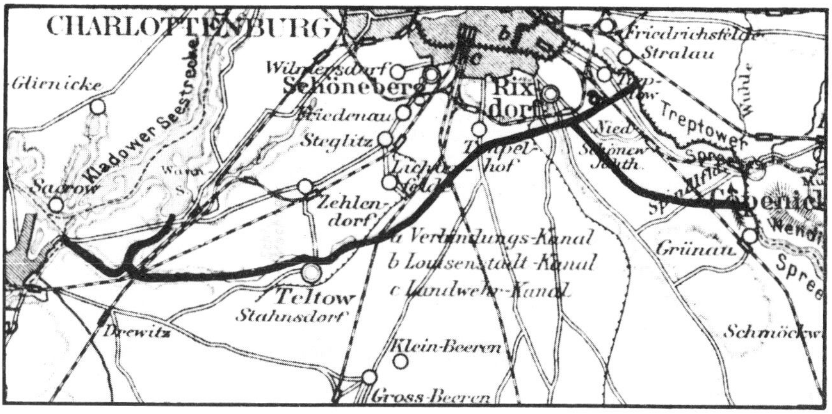

Bild 6.21
Der Verlauf des Teltowkanals.
Quelle: Festschrift Teltowkanal

Bild 6.22
Oberhäupter der Machnower Schleusen.
Quelle: Festschrift Teltowkanal

deshalb an der Schleuse Kleinmachnow eine Pumpe mit einer Leistungsfähigkeit von 1 m^3/s installiert. Spätere Erhebungen und insbesondere die praktischen Betriebserfahrungen führten zu der Erkenntnis, daß diese Maßnahme überflüssig war. An der Staustufe Kleinmachnow wurde auch eine Wehranlage errichtet, die in Hochwasserzeiten die Spree bis zu 25 m^3/s entlasten kann.
Der Kanal war für den zweischiffigen Verkehr von Plauermaß-Kähnen mit einem Tiefgang von 1,75 m (Tragfähigkeit 600 t) konzipiert. Der Kanalquerschnitt war auch für damalige Verhältnisse mit einer Sohlenbreite von 20 m, einer mittleren Wassertiefe von 2,35 m (in der Spreehaltung) und einem n-Verhältnis kleiner als 4,5 unterbemessen, so daß für den Schiffsverkehr Sonderregelungen erlassen werden mußten.
Nun zu den eigentlichen Bauarbeiten: Wie bei

allen Kanalneubauten beanspruchten die Erdarbeiten den größten Anteil von allen beteiligten Gewerken. Während diese Arbeiten auf dem Gebiet des heute zu Berlin (West) gehörenden Teiles im wesentlichen unproblematisch verliefen (überwiegend Trockenbaggerung bei mehr oder minder großer Wasserhaltung), gestaltete sich der Aushub im Bereich des Beketales und damit auch in der Gegend von Teltow und Kleinmachnow äußerst schwierig. Der hier überwiegend anstehende kalk- und mergeldurchsetzte Schlamm machte schon die Fixierung des Kanalprofils zu einem großen Problem. So wurden erst die Leinpfaddämme aus rolligem Material geschüttet, das man an den höher gelegenen Talrändern gewann. Ständige Dammversackungen erschwerten die Arbeiten ungemein, und mittels Kontrollbohrungen stellte man fest, daß die Schüttungen im Mittel bis in Tiefen von 12 bis 15 m reichten und das Maximum bei 20 m lag. Durch die enorme Tiefe dieser Schüttungen ergab es sich, daß sie im Fußbereich aneinanderstießen und der Kanalquerschnitt so vollkommen im aufgeschütteten Teil zu liegen kam. Durch die Verdrängung des Schlammes aus dem Profil kam es im angrenzenden Gelände zu Aufpressungen von 3 bis 4 m Höhe.

Ein großer Teil der Arbeiten in den oberen Schichten des Profils wurde in mühseliger Handarbeit ausgeführt, bis in den tieferen Lagen der Einsatz von Eimerkettenschwimmbaggern möglich wurde. Das geförderte Baggergut wurde zum größten Teil für die Aufhöhung des angrenzenden Geländes genutzt, das dadurch einer besseren landwirtschaftlichen bzw. einer zukünftigen industriellen Nutzung zugeführt werden konnte.

In 40 effektiven Arbeitsmonaten wurden etwa 12,6 Millionen m³ Boden bewegt, davon kamen etwa 11 Millionen m³ aus Profilbaggerungen und rund 1,6 Millionen m³ aus Seitenentnahmen, die man für die Dammschüttungen nutzte. Eine Befestigung des Kanalprofils erfolgte, wie in dieser Zeit allgemein üblich, nur bis maximal einen Meter unter Wasserspiegel. Bei den überwiegend angewendeten Schrägufern wurde in Höhe des Niedrigwasserspiegels eine Pfahlreihe (drei Pfähle pro laufenden Meter) geschlagen, an die

Bild 6.23 Unterhäupter der Machnower Schleusen.
Quelle: Festschrift Teltowkanal

Bild 6.24
Elektrische Treidellokomotive des Teltowkanals.
Quelle: Festschrift Teltowkanal

sich nach unterhalb eine Sicherung aus Kalksteingrus oder Schilfrasen anschloß. Oberhalb der Pfahlreihe erfolgte die Sicherung in Abhängigkeit von den Baugrund- und Böschungsverhältnissen entweder mit Betonplatten, Kalksteingrus oder Schilfrasen. Zum Schutz der Schilfkulturen wurde ebenfalls oberhalb der Pfahlreihe eine 1 m breite Berme angelegt. In tiefen Einschnitten und bei beengtem Baugelände (bedingt durch zu teuren Grunderwerb etc.) kamen auch steile Uferböschungen zur Anwendung, die aus Holzspundwänden und davor befindlichen Stützpfählen (Abstand etwa 1 bis 2 m) bestanden.
Noch einige Bemerkungen zur Staustufe Kleinmachnow. Für den Schiffahrtsbetrieb wurde hier eine Doppelschleuse errichtet, deren Kammern durch eine 12 m breite Plattform getrennt sind und die durch einen im Oberhaupt liegenden Querkanal im Sparbetrieb gefahren werden können. Jede Kammer hat eine Nutzlänge von 67 m bei einer Breite von 10 m. Die Füllung der Kammern erfolgt mittels Längsumläufen, die auf jeder Kammerseite mit neun Stichkanälen versehen sind. Dadurch ist ein sehr ruhiges Schleusen der in der Kammer befindlichen Schiffe möglich. Der Abschluß der Umläufe erfolgt sowohl im Oberals auch im Unterwasser durch sogenannte Hotopp'sche Heber.
Als Schleusenverschlüsse wurden ausschließlich Hubtore verwendet. Sowohl im oberen als auch im unteren Vorhafen wurde im Anschluß an die Mittelmauer eine 140 m lange Leitwand für auf Einfahrt wartende Schiffe errichtet.
In der Mittelmauer befinden sich das Freigerinne und das Wehr, das einen Schützverschluß besaß. Diese Anlage wurde so ausgelegt, daß maximale Strömungsgeschwindigkeiten von 1,4 m/s beim Erreichen des Unterwassers im Freigerinne nicht überschritten werden.
Auf der Südseite der Staustufe wurde eine Bootsschleppe (Ruderbootsüberschleppe) angelegt, die für die Märkischen und angrenzenden Wasserstraßen ein absolutes Novum darstellte.
Nun noch einige Sätze zum elektrischen Treidelbetrieb, der zu dieser Zeit und auch später in diesem Ausmaß in Deutschland nicht seinesgleichen hatte. Zu seiner Verwirklichung wurden zahlreiche Vorversuche mit den verschiedensten Systemen gemacht, ehe ein elektrischer Lokomotivbetrieb nach dem Vorschlag der Firma Siemens-Halske (später Siemens-Schuckert) verwirklicht wurde. Für einen Jahresverkehr von 1,5 Millionen t wurde ein Betriebsaufwand von 0,8 Pfennig/Tonnenkilometer ermittelt, der damit fast doppelt so hoch lag wie der bei Pferde- oder Propellerbetrieb. Ausschlaggebend für die Wahl des elektrischen Betriebes waren die zu erwartende Verringerung der Kosten bei höherem Verkehr und die äußerst minimalen Kosten für die Kanalunterhaltung.

Die Schleppzüge wurden so zusammengestellt, daß entweder zwei Plauermaß-Kähne a 600 t oder vier Finow- bzw. Oder- und Berlinermaß-Kähne a 250 t bewegt werden konnten. Dort, wo die Anlage von Treidelwegen unmöglich war, wurde mittels Propellerbetrieb geschleppt. Für die anfangs erwarteten 2 Millionen t wurden vorerst zwanzig 600-Volt-Gleichstromlokomotiven und sechs Schleppboote (100 PS) beschafft.
Die Stromerzeugung erfolgte in einem Kraftwerk in Zehlendorf, dessen Brennstoffversorgung voll zu Wasser erfolgte und das einen Kohlehof besaß, auf dem der gesamte Winterbedarf eingelagert werden konnte!
Bedingt durch die unmittelbare Nähe Berlins war es notwendig, zahlreiche Verkehrswege, die durch den Kanal gekreuzt wurden, über diesen zu führen. So mußten neun Eisenbahnbrücken und 46 Straßen- und Wegebrücken errichtet werden.
Um das an den Kanal grenzende Territorium für den Verkehr zu erschließen, wurde durch ein- oder zweiseitige Verbreiterung des Kanals um je 10 m eine große Anzahl von Umschlagstellen errichtet, Zusätzlich wurden noch in Lichterfelde, Steglitz, Tempelhof und Britz vom Kanal abzweigende, separate Hafenbecken geschaffen.
Der erste Spatenstich für den Kanal erfolgte am 22. Dezember 1900 im Schloßpark Babelsberg. Die eigentlichen Bauarbeiten begannen dann im April 1901. Zeitweise waren dabei bis zu 2 550 Arbeiter beschäftigt. Die Einweihung des Kanals durch Kaiser Wilhelm II. erfolgte am 2. Juni 1906. Von der Konzeption, den Teltowkanal für den zweischiffigen Verkehr mit 1 000-t-Schiffen zu erweitern, kam nur der Bau einer dritten Schleusenkammer in Kleinmachnow zur Ausführung. Sie erhielt eine nutzbare Länge von 85 m, eine Breite von 12 m und wurde in Stahlspundwandbauweise errichtet (Bild 6.36). Die Verkehrsübergabe war 1940. Nach 1945 war der Teltowkanal lange Zeit nur über den Britzer Zweigkanal und den Neuköllner Schiffahrtskanal erreichbar.
Aufgrund zwischenstaatlicher Vereinbarungen zwischen der Regierung der DDR und dem Senat von Berlin (West) erfolgte am 20. November 1981 die Öffnung des Teltowkanals von Westen her. Dem voraus gingen umfangreiche Bauarbeiten, die bewirkten, daß der Teltowkanal auf einer Länge von 15,1 km eine Wasserspiegelbreite von mindestens 37,00 m, eine Wassertiefe von mindestens 2,50 m sowie eine befestigte Böschung erhielt. Damit wurde ein zweischiffiger Verkehr bei 2,00 m Tauchtiefe möglich.

6.3.7. Rixdorfer Stichkanal und Neuköllner Schiffahrtskanal

Zwischen 1902 und 1905 wurde der Rixdorfer Stichkanal gebaut. Er zweigte kurz unterhalb der Oberschleuse an dem rechtwinkligen Knick des Landwehrkanals aus diesem ab und verlief in einer Länge von 1,90 km bis zur Ringbahn. In den Jahren 1912 bis 1914 ist er um 2,50 km verlängert und an den Teltowkanal angeschlossen worden. Dieser Neuköllner Schiffahrtskanal wurde mit einer Kesselschleuse von 27,40 m Breite, die eine Nutzlänge von 67,00 m und Torbreiten von 8,50 m erhielt, versehen. Der mittlere Schleusenhub beträgt nur 0,14 m. Der Kanal erhielt Wasserspiegelbreiten von 26,60 m (Teltowkanalhaltung) und 22,10 m (Landwehrkanalhaltung) bei Wassertiefen, die sich um 2,50 m bewegten. Der größte Teil der Ufer bestand aus 0,03 m dicken Stülpwänden, die in Höhe des Niedrigwassers durch einen im Abstand von 2,00 m durch Schrägpfähle gestützten Holm zusammengefaßt wurden.
Der Neuköllner Schiffahrtskanal wurde für Plauermaß-Schiffe konzipiert und diente bzw. dient der städtebaulichen Erschließung und der Versorgung Neuköllns. Zu diesem Zweck sind an ihm auch ein Ober- und ein Unterhafen errichtet worden.
Nach dem 2. Weltkrieg erfolgten von 1959 bis 1968 eine Wiederinstandsetzung durch Sicherung des Kanalufers auf 4 200 m Länge und eine Vertiefung des Fahrwassers auf 2,50 m in der unteren und auf 3,50 m in der oberen Haltung sowie der Umbau und die Modernisierung der Neuköllner Schleuse.

6.3.8. Hafenbauten in Berlin

In ganz kurzen Zügen soll in diesem Abschnitt ein Abriß über die wichtigsten Hafenbauten in Berlin anfangs des 20. Jahrhunderts gegeben werden.
Die sich ständig weiterentwickelnden und vervollkommnenden Wasserstraßen in und um Berlin und der immer stärker wachsende Schiffsverkehr verlangten auch auf dem Gebiet des Güterumschlages nach modernen und leistungsfähigen Anlagen.
Ende des 19. Jahrhunderts bestanden neben den Ladestraßen (insbesondere am Landwehrkanal), der Schöneberger Hafen (ebenfalls am Landwehrkanal), der Humboldt-, der Nord- und der Urbanhafen, Hierzu kamen anfangs des 20. Jahrhunderts die Häfen am Teltow-

Bild 6.25
Die Wasserstraßen im Berliner Raum um 1914.
Quelle: Festschrift Großschiffahrtsweg

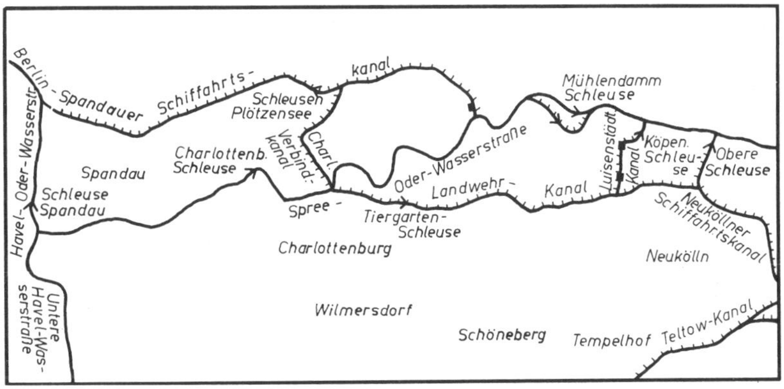

kanal und am Neuköllner Schifffahrtskanal. Der Umschlag in Berlin stieg allein von 1900 bis 1906 von 6,6 auf 10,4 Millionen t. So wurde der Ruf nach leistungsfähigen, größeren Häfen immer zwingender. 1905 faßte man deshalb den Beschluß, einen Ost- und einen Westhafen zu errichten. Mit dem Bau des Osthafens (gelegen am rechten Spreeufer in Höhe der Stralauer Allee) wurde 1907 begonnen, und am 1. Oktober 1913 fand die Verkehrsübergabe statt. Die Bauarbeiten mußten anfangs um zwei Jahre unterbrochen werden, da die damals selbständige Gemeinde Stralau eine unterirdische Kreuzung des Hafenanschlußgleises erreichen wollte. Mit dem Bau des Westhafens (gelegen am Berlin-Spandauer Schiffahrtskanal) wurde im Jahre 1914 begonnen und die erste Ausbaustufe nach langjähriger Arbeitsunterbrechung, bedingt durch den 1. Weltkrieg, am 3. September 1923 dem Verkehr übergeben. Der Westhafen ist in den Jahren 1925 bis 1927 durch den Bau eines dritten Hafenbeckens vervollkommnet worden.
Bedingt durch die gute Wasserstraßen- und Hafenbaupolitik konnte in Berlin im Jahre 1928 das Rekordergebnis von 11,1 Millionen t Güterumschlag erreicht werden.
Erwähnt werden sollte abschließend noch, daß auch Spandau 1908 einen Nordhafen bekam und

Bild 6.26
Speicher im Osthafen, 1924.
Sammlung Autor

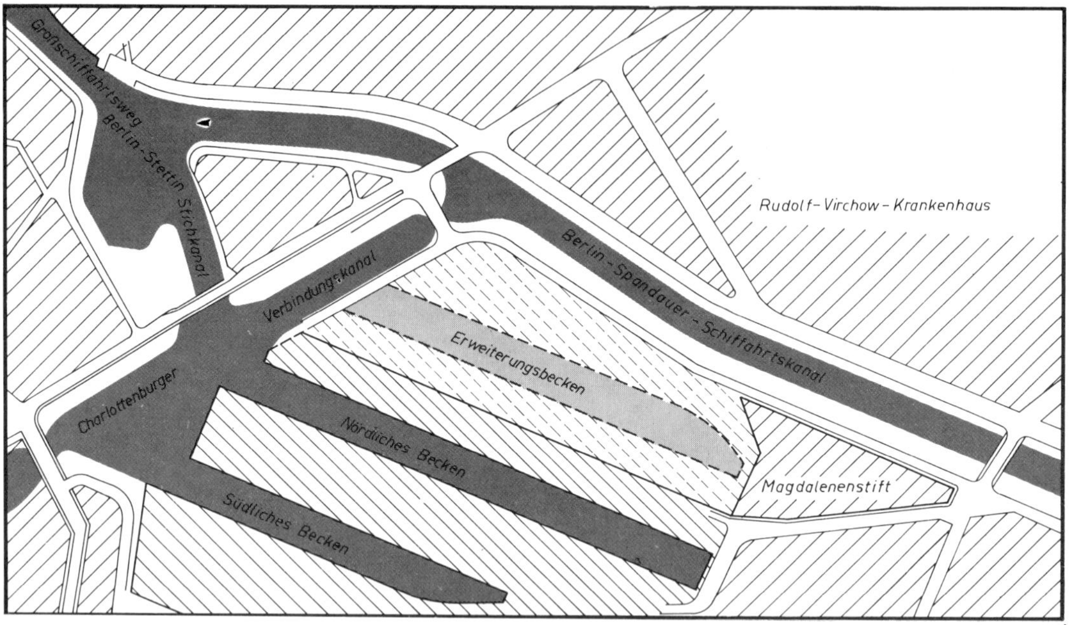

Bild 6.27 Lageplan des Westhafens, 1924.
Sammlung Autor

Bild 6.28 Blick auf den heute zugeschütteten Urbanhafen im Jahre 1906. *Foto: Märkisches Museum*

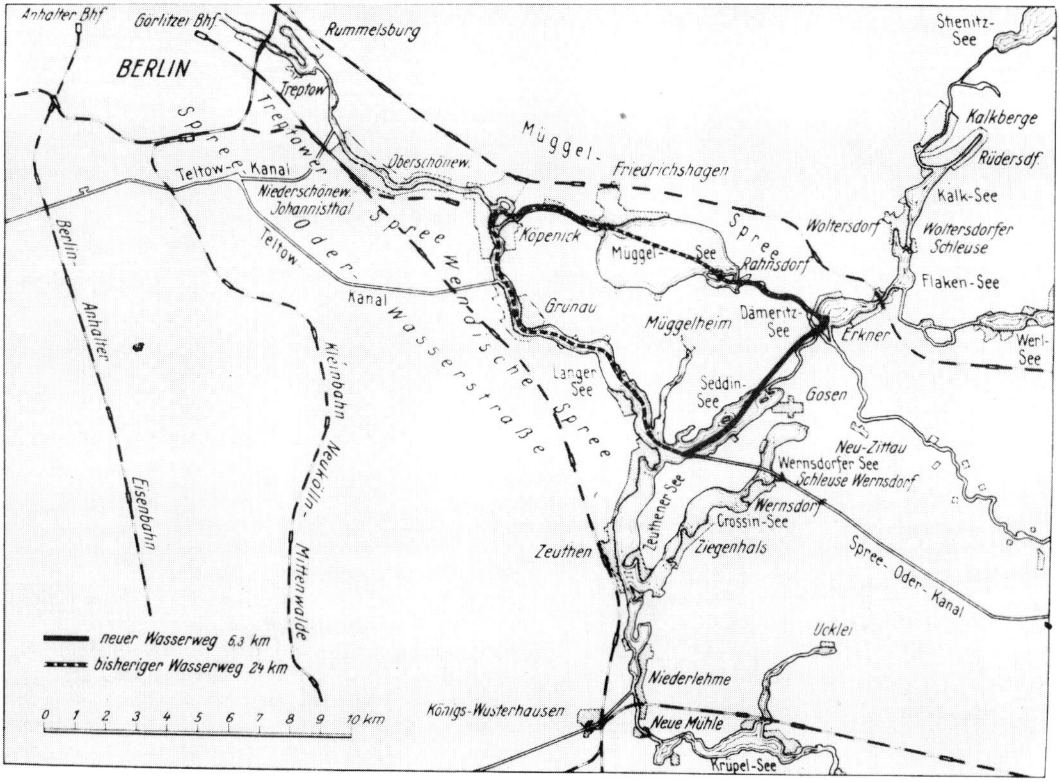

Bild 6.29 Wasserstraßenverhältnisse im Südosten Berlins im Jahre 1936. *Quelle: BT 1937*

im weiteren Berliner Einzugsbereich in Hennigsdorf und Velten ebenfalls Häfen errichtet wurden. Der Hafen in Velten wurde durch einen 3,20 km langen Stichkanal an die Havel-Oder-Wasserstraße angeschlossen.

6.3.9. Der Gosener Kanal

Der Gosener Kanal stellt die direkte Verbindung zwischen den Rüdersdorfer Gewässern und der Spree-Oder-Wasserstraße bei Wernsdorf her. Die im Bereich des Gosener Kanals schon vorhandene alte Verbindung (Gosener Graben) war und ist infolge ihrer zu geringen Abmessungen nur für Sportboote und kleinere Wirtschaftsfahrzeuge befahrbar.

Der erste Plan, den Dämeritzsee mit dem Seddinsee durch einen Schiffahrtskanal zu verbinden, datiert in das Jahr 1872. Aber sowohl dieser Plan wie auch die Variante von 1891, den Gosener Kanal im Zusammenhang mit dem Oder-Spree-Kanal zu bauen, scheiterten. Beide Pläne und ein im 1. Weltkrieg nachfolgender, ebenfalls gescheiterter Plan, die Wasserstraße mit Hilfe von Kriegsgefangenen herzustellen, waren so konzipiert, daß die Linienführung des Kanals im Zuge des Gosener Grabens erfolgen sollte. Von dieser Linienführung, bei der man mehr als 100 Grundstücksbesitzer hätte entschädigen müssen, ging man bei den folgenden Plänen ab und legte die Kanaltrasse westlich davon in den städtischen Berliner Dauerwald. 1922/23 war die Kanaltrasse schon fast frei gerodet, aber 1924 wurde infolge der Inflation das Projekt wieder eingestellt. Der erste Spatenstich zu den Bauarbeiten erfolgte dann am 15. August 1933.

Der Kanal selbst bietet keine technischen Besonderheiten. Da das Wasserspiegelgefälle zwischen Dämeritz- und Seddinsee bei Mittelwasser nur etwa 0,10 m beträgt, konnte auf eine Staustufe verzichtet werden. Die Länge des Kanals beträgt 4 km, von denen auf den eigentlichen Kanal (zwischen beiden Seerändern) 2,70 km entfallen. Er wurde für 600-t-Schiffe von 8,00 m Breite und 1,75 m Tiefgang (Plauermaß) konzipiert. Das trapezförmige Profil weist eine Wassertiefe von 2,25 m, 16,00 m Sohlenbreite und 30,00 m Wasserspiegelbreite auf. Die Böschungsbefestigung reichte von 1 m unter bis 1 m über den Wasserspiegel und bestand aus Ziegelbruch, der bei Berliner Abbrucharbeiten gewonnen und per Wasserweg zur Baustelle befördert wurde. Mit den im Trocknen gewonnenen Massen wurden niedrig liegende Ländereien bei Wilhelmshagen und in der Nähe des Kanals gelegene nasse Wiesen aufgehöht. Die Naßbaggermassen sind zum größten Teil nach dem Wernsdorfer See transportiert und dort am Westufer und im See selbst verspült worden. Die restlichen Massen wurden in den zu nassen Gosener Bruchwiesen verspült, um diese durch die Aufhöhung einer besseren Kultur zuzuführen.

Welche Bedeutung besaß und besitzt der Gosener Kanal für die Schiffahrt?

Folgende Gründe waren für seinen Bau maßgebend:

1. Die Erhöhung der Verkehrssicherheit auf den Wasserstraßen. Die Dahme-Wasserstraße zwischen Wernsdorf und Köpenick führte infolge Überlastung durch Berufs- und Sportschiffahrt im Volksmund den Namen „Potsdamer Platz auf dem Wasser", während der Weg über den Müggelsee bei widrigen Winden so gefährlich war, daß beladene Kähne und Schleppzüge oft tagelang auf besseres Wetter für eine Überquerung des Sees warten mußten. Durch den Bau des Kanals konnten etwa 47 Prozent des die Schleuse Woltersdorf passierenden Frachtverkehrs diesen kürzeren Wasserweg benutzen, und auch beim Sportverkehr ergab sich eine spürbare Entlastung.
2. Die Verkürzung der Transportentfernung vom Rüdersdorfer Industriegebiet zum Industriegebiet um Niederlehme/Königs Wusterhausen und umgekehrt um rund 18 km.
3. Die Umgehung der Regattastrecke Grünau für die Zeit der Olympischen Sommerspiele von 1936. Dieser Grund war letztlich der ausschlaggebende für den Beginn des Baus, da man für die Totalsperrung der Wasserstraße zur Olympiade nicht abzusehende Schadenersatzforderungen der Binnenschiffahrt erwartete.
4. Die schon weiter oben genannten Kultivierungsmaßnahmen durch Aufhöhung zu tief liegender und damit vernäßter Ländereien.

Der Kanal wurde Ende Januar 1936 fertiggestellt und dem Verkehr übergeben.

In den Jahren 1964 bis 1966 wurde der Gosener Kanal durch einen gezielten Ausbau des Gosener Grabens in bezug auf den Sportbootverkehr entlastet, so daß auf ihm „außer Sportruderbooten und Sportmotorbooten mit einer Maschinenleistung ab 3,5 PS — unabhängig von ihren Abmessungen — nur solche Sportboote fahren dürfen, die eine Länge über alles von mehr als 6,00 m bzw. eine Breite von mehr als 3,00 m oder einen Tiefgang von mehr als 0,80 m haben." *(Sportbootanordnung)*

Bild 6.30 Lageplan des Gosener Kanals. *Quelle: BT 1937*

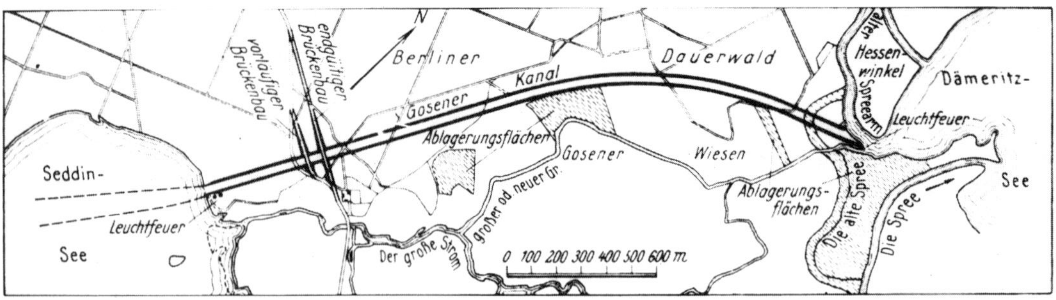

Bild 6.31
Der fertiggestellte Gosener Kanal, 1936.
Quelle: BT 1937

6.3.10. Der Umbau der Staustufe am Mühlendamm

Im Jahre 1929 wurde durch die Wasserstraßenverwaltung der Entschluß gefaßt, einen Umbau der Staustufe am Mühlendamm vorzunehmen. Folgende Gründe führten zu diesem Entschluß:

1. Die beiden Schleusen (Mühlendamm- und alte Stadtschleuse) hatten mit Rücksicht auf den ständig gestiegenen Verkehrsumfang zu geringe Abmessungen. Ihre Leistungsfähigkeit reichte nicht mehr aus.
2. Die Mühlendammschleuse lag in einer scharfen Flußkrümmung. Vom Oberwasser einfahrende Fahrzeuge mußten eine Drehung von etwa 30° um die Einfahrtskante des Schleusenhauptes ausführen. Auch der untere Vorhafen war geknickt und hatte eine sehr geringe Breite. Dazu kam, daß die Vorhäfen nicht durch geschlossene Leitwerke vom eigentlichen Flußlauf getrennt waren. Die ein- und ausfahrenden Schiffe wurden daher besonders bei stärkerer Wasserführung durch zum Teil sehr starke Querströmungen und Wirbelbildungen getroffen und damit der Gefahr von Beschädigungen ausgesetzt. Die Leistungsfähigkeit der Schleuse wurde durch diese Erschwernisse noch weiter herabgesetzt.
3. Der bauliche Zustand der Mühlendammschleuse und des Wehres war — zum Teil wegen schlechter Untergrundverhältnisse — nicht mehr einwandfrei.
4. Die Unterkante der verkehrsreichen Mühlendammbrücke, die ja die Schleusenkammer querte, lag nur 3,50 m über dem Normalstau. Größere Kähne konnten daher in leerem Zustand, besonders bei Hochwasser, die Schleuse nicht benutzen. Die Brücke höher zu legen war wegen der schwierigen Rampenverhältnisse nicht möglich.
5. Der Spreekanal konnte nur Wassermengen bis zu 15 m^3/s abführen, so daß er bei Hochwasser keine nennenswerte Entlastung für die Spree bildete.
6. Bei Störungen und Unterhaltungsarbeiten an der Mühlendammschleuse fehlte ausreichender Ersatz.

Diese Mängel, die größtenteils durch die ungünstige Lage der alten Staustufe bedingt waren, ließen sich durch einen Umbau des bestehenden Bauwerkes nicht beseitigen. Nur eine völlige Neuanlage der Staustufe unter optimaler Verschiebung des Standortes konnte zum Ziel führen. Die Errichtung einer neuen Schleusenanlage an verändertem Standort war auch deshalb zwingend erforderlich, weil eine Sperrung der alten Mühlendammschleuse für den Zeitraum der Bauarbeiten zu katastrophalen Auswirkungen auf den Schiffsverkehr geführt hätte.

Der Lageveränderung der neuen Mühlendammschleuse waren enge Grenzen gesetzt. So durften die Grundwasser- und Vorflutverhältnisse im Stadtgebiet möglichst wenig verändert werden. Einer weitgehenderen Verlegung flußaufwärts stan-

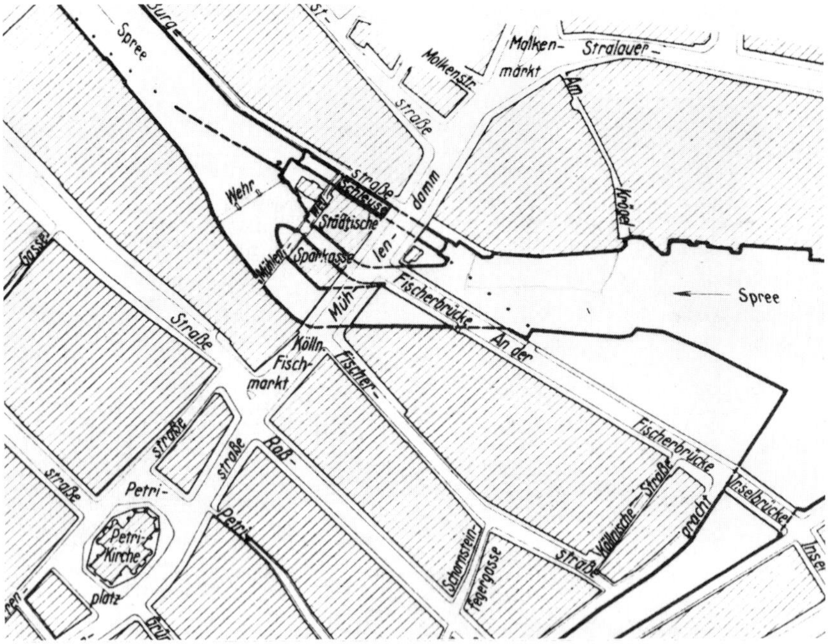

Bild 6.32
Der Bereich des Mühlendamms im Jahre 1929.
Quelle: ZBlatt 1941

Bild 6.33 Die neuen Mühlendammschleusen. Aus „Geheimhaltungsgründen" wurden die NN-Höhen 200 m höher angegeben. *Quelle: BT 1942*

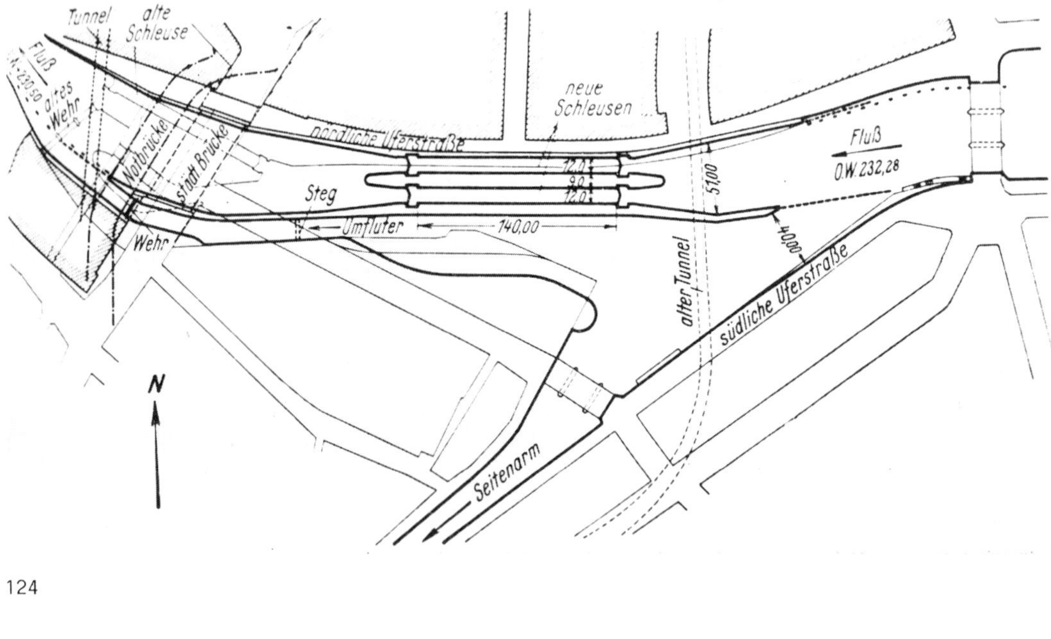

Bild 6.34
Bau des Mühlendammwehres. 1937.
Quelle: BT 1942

Bild 6.35
Bau der Mühlendammschleuse. 1938.
Quelle: Larssenhandbuch 1938

den schon vorhandene bzw. geplante Unterfahrungen der Wasserstraße (U-Bahn etc.) entgegen. So wurde die Schleuse nur soweit nach oberstrom verlegt, daß die Schleusenvorhäfen eine gestrecktere Form erhielten und die Mühlendammbrücke nicht mehr die Schleusenkammer queren mußte.

Die Schleuse ist als Doppelschleuse mit einer nutzbaren Kammerlänge von 140 m und einer Kammerbreite von 12 m angelegt worden. In den Spreekanal wurden anstelle der alten Stadtschleuse ein neues Wehr und eine kleine Bootsschleuse eingebaut. Das Wehr ist auf einen Maximaldurchfluß von ca. 50 m^3/s bemessen, während das Wehr neben der Schleusenanlage auf 80 m^3/s ausgelegt wurde.

Die Bauarbeiten zum Umbau der Mühlendamm-

Bild 6.36
Bau der dritten Schleusenkammer in Kleinmachnow. Umspundung des Unterhauptes und der Kammer im Juni 1939.
Sammlung Autor

Bild 6.37
Die alte Mühlendammschleuse vor dem endgültigen Abriß 1952. Im Hintergrund die 1942 fertiggestellte neue Schleuse.
Foto: Wesselowski

Bild 6.38
Beschädigte Ufermauer unterhalb der Mühlendammschleuse.
Zustand 1952.
Foto: Wesselowski

schleuse begannen 1935 und waren äußerst kompliziert und verwickelt. Neben den schon oben erwähnten Zwangspunkten kam noch erschwerend hinzu, daß zur Zeit des Baues gleichzeitig noch die Münze, die Mühlendammbrücke und ein U-Bahntunnel neu errichtet wurden. Münze und Mühlendammschleuse erhielten eine gemeinsame Grundwasserabsenkung.

Die eigentlichen Wasserbauarbeiten begannen im Juli 1936 mit der Errichtung des Wehres und der Bootsschleuse im Spreekanal. Sie waren die Voraussetzung dafür, daß die später folgenden Baumaßnahmen in der Spree zu keiner wesentlichen Beeinträchtigung des Hochwasserabflußvermögens des Flusses führten. Als Wehrverschlußkörper wurde ein 13 m breites Rollschütz mit 1 m hoher Aufsatzklappe gewählt, das an Gelenkzahnstangen aufgehängt war und elektrisch angetrieben wurde. Die Bauarbeiten waren im August 1937 abgeschlossen.

Der eigentliche Staustufenumbau ist wegen seiner Kompliziertheit in kurzen Zügen kaum darzustellen. Deshalb sollen hier nur die wichtigsten Eckpunkte kurz erwähnt werden:

1935 Neubau der nördlichen Ufermauer im unteren Vorhafen

1936/37 Neubau der nördlichen Ufermauer im oberen Vorhafen, Abbruch der alten Gebäude im Zuge des Staudammes

1937/38 Neubau des Wehres

1937/42 Neubau der Schleuse. Die alte Schleusenanlage blieb bis zur Inbetriebnahme der neuen Schleusen im Jahre 1942 betriebsfähig.

Zwischen 1951 und 1973 erfolgten im Bereich der Mühlendammschleuse weitere Arbeiten, die insbesondere den Abriß der noch vorhandenen alten Schleuse und des Wehres, die Beseitigung der zerstörten Waisenbrücke und den Ausbau des Märkischen Ufers mit Stahlspundbohlen umfaßten. 1968 wurde in diesem Bereich schließlich die neue Mühlendammbrücke fertiggestellt und so der Schiffahrt bessere Bedingungen geschaffen.

6.4. Die Berliner Wasserstraßen nach dem 2. Weltkrieg

Die Berliner Wasserstraßen waren durch den 2. Weltkrieg hart getroffen. 85 Brücken über die Wasserstraßen waren zerstört und 251 Schiffswracks lagen auf dem Grunde der Wasserstraßen. „An der Mühlendammschleuse hatten Bombenvolltreffer im Trennungsdamm zwischen den beiden Kammern einige Spundwandanker zerrissen, in der Nordkammer mehrere Spannriegel der in der Sohle liegenden Absteifungen der Kammerspundwände aus Stahlbeton zerstört und eine An-

Bild 6.39
Schleuse Woltersdorf im Winter 1985/86.
Foto: Knoll

zahl Spundbohlen zur Kammer hin ausgebaucht. Die Schäden wurden unter Wasserhaltung ausgebessert, wobei die Trockenlegung des ebenfalls durch Bomben beschädigten U-Bahn-Spreetunnels oberhalb der Schleuse mittels Umspundung und Grundwasserabsenkung ausgenutzt werden konnte. An der Schleuse Spandau hat die Standfestigkeit des Unterhauptes durch Bomben gelitten" (Jurisch). Auch die Wehre an der Mühlendammschleuse und in Charlottenburg waren stark beschädigt, ebenso große Teile der Ufer- und Kanalbefestigungen.

Insgesamt 37,60 km Wasserstraßen mußten gesperrt werden, doch unter Anspannung aller zur Verfügung stehenden Kräfte waren die Berliner Wasserstraßen bereits Ende 1946 wieder durchgehend befahrbar. An zahlreichen Brücken war aber der Schiffsverkehr nur auf einer Fahrwasserbreite von 12 m bei einer Tauchtiefe von 2 m möglich, ein Begegnen von Fahrzeugen hier also aus-

geschlossen. Die Tauchtiefe von 2 m konnte zwischen den Staustufen Mühlendamm und Charlottenburg anfangs nur durch das Halten eines ständigen Überstaus von 0,40 m in Charlottenburg erreicht werden.
Bis Anfang der 50er Jahre war die weitere Beseitigung der Brückentrümmer, die Hebung der Schiffswracks und vor allem die Munitionsbergung Hauptaufgabe des für alle ehemaligen Reichswasserstraßen zuständigen Wasserstraßenamtes Berlin (ab 1. Januar 1951 Wasserstraßenhauptamt Berlin). So wurden in Regie dieser Dienststelle zwischen 1946 und 1948 u. a. die Trümmer von 68 Brücken beseitigt und allein 1947 80 Schiffswracks geborgen. Umfangreiche Baggerungen schafften die Voraussetzung für die Gewährleistung der erforderlichen Tauchtiefe.
Die ab 1947 verstärkt einsetzenden Separationsbestrebungen der Westmächte führten Ende 1948 zur Teilung Berlins. Diese Teilung in zwei getrennte politische und wirtschaftliche Einheiten, von denen die eine seit dem 7. Oktober 1949 die Hauptstadt der DDR ist, hat nichts am Rechtsstatus der Wasserstraßen und damit der Zuständigkeit des Wasserstraßenhauptamtes Berlin für die ehemaligen Reichswasserstraßen im heutigen Berlin (West) geändert.
Nach 1950 konnten im Bereich der Spree-Oder-Wasserstraße und der Dahme-Wasserstraße bis Königs Wusterhausen folgende größere Baumaßnahmen ausgeführt werden, über die ausführliche Bauberichte leider fehlen und die deshalb nur stichpunktartig aufgelistet werden können:

1952 Fertigstellung des bereits 1938 begonnenen und im Kriege eingestellten Baues des Spreedurchstiches kurz oberhalb der Mündung der Spree in die Havel. Es erfolgte ein dreischiffiger Ausbau. Die 1,50 km lange neue Flußstrecke wurde am 3. Dezember 1953 dem Verkehr übergeben.

1953 Im Dezember 1953 begannen die Bauarbeiten am Charlottenburger Durchstich, der kurz oberhalb der Schleuse Charlottenburg abzweigt und direkt zum Westhafen führt (deshalb auch Westhafenkanal). Der 52,5 m breite und 3,50 m tiefe Kanal verkürzt den Weg zwischen der Schleuse Charlottenburg und dem Westhafen um 3 km. Die Verkehrsübergabe erfolgte am 15. August 1956.

1956 Ersatz des Trommelwehrs der Staustufe Charlottenburg durch eine Fischbauchklappe.

1959/61 Umfangreiche Rekonstruktionsarbeiten an den Schleusen Charlottenburg, deren wichtigstes Ergebnis die Verbreiterung der Schleusen auf 10 m war.

1964/65 Im Zusammenhang mit dem Neubau der Regattastrecke Grünau erfolgte ein Ausbau des gegenüberliegenden Ufers am Roseneck mittels Stahlbetonspundbohlen, um auch weiterhin der Berufsschiffahrt die ungehinderte Durchfahrt zu gestatten.

1966/67 Umgestaltung der Einmündung der Spree in die Havel. Durch Umbau und Verkürzung der zwischen beiden Flüssen liegenden Trennmole um 65 m wurden die Schiffahrtsverhältnisse erheblich verbessert.

Ab Mitte der 70er Jahre setzten verstärkte Ausbaumaßnahmen zwischen Rummelsburg und dem Hafen Königs Wusterhausen ein, deren Hauptziel es ist, den Verkehr mit großen Schubverbänden und auch die Nachtschiffahrt zu ermöglichen. Bisher wurden in diesem Zusammenhang größere Abgrabungen am Hasselwerder Ufer in Schöneweide sowie in Spindlersfeld, Uferausbauten und Leiteinrichtungen im Bereich der Langen Brücke und des Schlosses Köpenick sowie die Errichtung von zwei Koppelstellen in Rummelsburg und Spindlersfeld realisiert. Größere Abgrabungen im Bereich Wildau/Königs Wusterhausen, die Vorbereitung auf die Nachtschiffahrt und der Ausbau des Hafens Königs Wusterhausen zur besseren Versorgung der Hauptstadt insbesondere mit Kohle befinden sich noch in der Realisierungsphase.

6.5. Die Rüdersdorfer Gewässer

Obwohl bereits außerhalb des Berliner Stadtgebietes liegend, sollen die Rüdersdorfer Gewässer in diesem Abschnitt Erwähnung finden, da sie für die Versorgung Berlins mit Kalksteinen einst von eminenter Bedeutung waren und ihr volkswirtschaftlicher Stellenwert auch heute noch sehr groß ist. Dem wurde auch dadurch Rechnung getragen, daß sie nach 1945 den Hauptwasserstraßen zugeordnet wurden. Die Länge der Rüdersdorfer Gewässer beträgt heute 14,60 km.
Das Gefälle, das an der Staustufe Woltersdorf zusammengefaßt wird, beträgt 1,88 m. Durch die

nutzbaren Maße der Schleuse Woltersdorf ist als größtmögliches Einzelfahrzeug der Großplauermaß-Kahn vorgegeben.
Die Geschichte der Rüdersdorfer Gewässer ist unlösbar mit der des Rüdersdorfer Kalkbruchbetriebes verbunden. „Das Rüdersdorfer Kalksteinlager ist das einzige von Bedeutung in der Mark Brandenburg, welches zu Tage ausgeht. ... Außer den Rüdersdorfer sind, soweit bekannt, weiter keine Kalksteinbrüche in den Marken, Pommern und Preußen vorhanden, es versorgen daher dieselben einen großen Teil der Monarchie mit diesem unentbehrlichen Baumaterial, wozu ihre glückliche Lage an schiffbaren Gewässern viel zur Erleichterung beiträgt." (Berghaus)
Der Beginn der Kalksteingewinnung in Rüdersdorf muß vor dem Jahre 1375 gelegen haben, denn schon das damals erschienene Landbuch Kaiser Karls IV. erwähnt über Rüdersdorf, „daß die Mönche den Ertrag des Kalkberges nicht hätten zugeben wollen." Die Kalkbrüche und das Dorf Rüdersdorf gehörten zu dieser Zeit dem Kloster Zinna.
Etwa in das Jahr 1550 datiert die erste Anlage des Woltersdorfer Staues, der damals aus einem Wehr mit Schiffsdurchlaß bestand. Der Bau der ersten Kammerschleuse in Woltersdorf und die Schiffbarmachung des Kalkgrabens zwischen Flaken- und Kalksee fällt in das Jahr 1640, dem ersten Amtsjahr des Großen Kurfürsten.
Bis Ende des 19. Jahrhunderts fand der Abtransport der Kalksteine fast ausschließlich auf dem Wasserwege statt. Um das Jahr 1850 wurden teilweise bis zu 216 000 m^3 (1847) Kalksteine durch die Schleuse Woltersdorf transportiert, was bei den damals verkehrenden Fahrzeugen eine maximale jährliche Anzahl von 15 000 bis 16 000 Schiffen bedeutete.
Nach dem Jahre 1850 waren in den Rüdersdorfer Gewässern folgende größere Bauaktivitäten zu verzeichnen:

1865 Erweiterung der Kanäle zwischen den Seen.

1879/82 Verbesserung der Wasserstraße, insbesondere des Fahrwassers oberhalb Woltersdorf und im Dämeritz See, Vertiefung und Verbreiterung der Kanäle zwischen den Seen, Neubau der Woltersdorfer Schleuse.

1893 Bau eines zweiten Unterhauptes der Woltersdorfer Schleuse, wodurch die Kammerlänge auf 67 m gebracht wurde.

In den Jahren 1957 bis 1959 erfolgten gezielte Verbesserungen der Wasserstraßen, um den Verkehr mit Großplauermaß-Kähnen zum Rüdersdorfer Industriegebiet zu erleichtern. Durch Ausbaumaßnahmen, insbesondere Baggerungen und Uferausbau zwischen der Woltersdorfer Schleuse und dem Langerhanskanal konnte hier eine Tauchtiefe von 1,85 m garantiert werden. Der Schiffahrtstunnel in der Nähe des Rüdersdorfer Zementwerkes I wurde durch einen etwa 18 m tiefen Einschnitt ersetzt. Im Zuge der Baumaßnahmen mußten drei Brücken neu errichtet werden.
Bei Erkner mündet die Löcknitz in den zu den Rüdersdorfer Gewässern zählenden Flakensee. Die märkische Wasserstraßenverwaltung notiert für ihre Schiffbarmachung die Jahre 1873 bis 1875, obwohl Berghaus schon um 1850 aus der Löcknitz einen lebhaften Schiffsverkehr von „einigen hundert Fahrzeugen" im Jahr verzeichnet, die Holz aus dem Rüdersdorfer Forst abfuhren.
Kurz vor dem 1. Weltkrieg ließen Kies- und Sandgrubenbesitzer den Löcknitzkanal bauen, der die zahlreichen Windungen der Löcknitz ausschaltete. Die schiffbare Löcknitz ist 10,65 km lang und für den Finowmaß-Kahn passierbar.

7. Die Untere Havel-Wasserstraße

Insbesondere aus hydrologischen Gesichtspunkten teilt man die Havel in zwei Teile, die Obere und die Untere Havel. Trennpunkt zwischen Oberer und Unterer Havel ist die Spreemündung. Durch den Zufluß der Spree wird die Havel unterhalb Spandaus zu einem Fluß, der der Schiffahrt schon von altersher wesentlich bessere Bedingungen bot als die Obere Havel.

Bild 7.1 Die Untere Havel vor dem Bau des Plauer Kanals. *Zeichnung Autor*

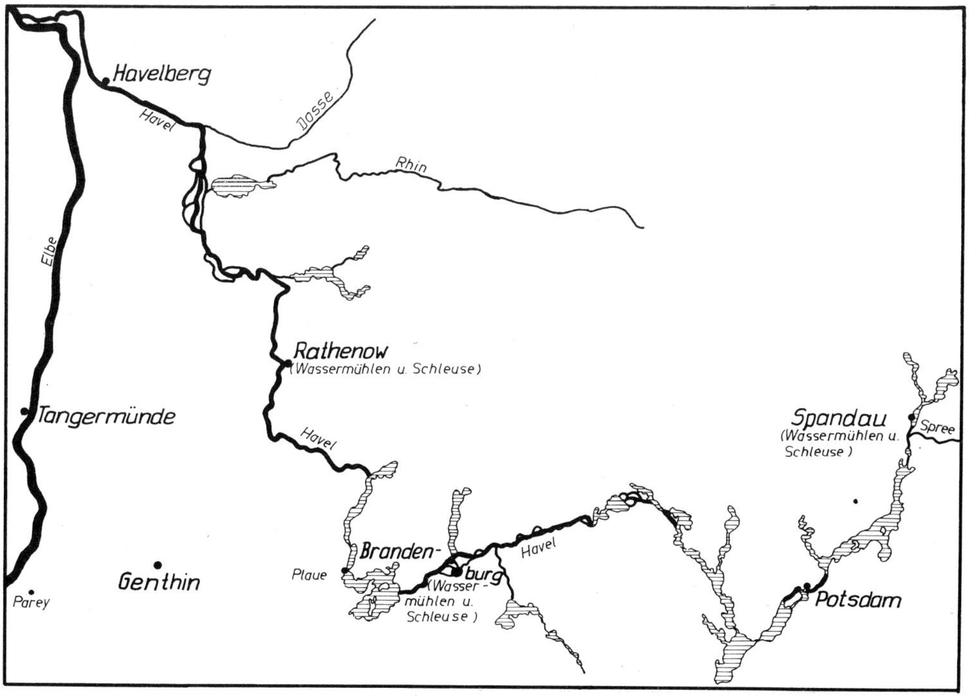

7.1. Die frühen Deich- und Schleusenbauten

Ziemlich genau ist uns die erste Beeinflussung des Flusses durch Mühlenstaue bekannt. So datiert die erste urkundliche Erwähnung des Mühlenstaues in Rathenow in das Jahr 1288 und die des Mühlenstaues Brandenburg in das Jahr 1309. Ebenfalls in das Jahr 1288 fällt die Erwähnung des Rathenower Stadtgrabens (fossatum ipsius civitatis), der, künstlich angelegt, nicht verbaut werden durfte und durch Stauschleusung befahrbar war. Dieser Graben taucht nach Klehmet spä-

Bild 7.2
Der Rathenower Stadtgraben im Jahre 1908.
Quelle: Klehmet

ter als „Flutrenne“ oder „Flutronne“ (1335 bis 1351), als „Schutgraben“ (1548), das ist der durch Schützen verschließbare Graben, und als „Stadtgrabe unnd Schiffart“ wieder auf.
In Brandenburg wird eine solche Flutrinne erstmals 1321 erwähnt. Wesentliche Verbesserungen für die Schiffahrt erfolgten in Rathenow und Brandenburg dann Mitte des 16. Jahrhunderts mit dem Bau der ersten Kammerschleusen in der Mark Brandenburg. Welche von beiden nun wirklich die älteste war, wird wohl nie ganz geklärt werden. Doch folgen wir in dieser Problematik den Ausführungen des Wasserbauinspektors Klehmet, dessen verdienstvolles Wirken auf diesem Gebiet hiermit eine Würdigung erfahren soll: „Von solchen Schleusen (gemeint sind die Kammerschleusen, d. A.) ist in der Mark aber erst in der Mitte des 16. Jahrhunderts die Rede. Im Jahr 1548 schließt nämlich Joachim II. mit der Stadt Rathenow einen Vertrag, nach dem dieser zur Verbauung des Schuttgrabens mit dem Viergebinden das bawlohn darstrecken soll.
Elf Jahre später heißt es, daß die ‚newe Schleuse den Mollen und gemeiner Schiffahrt zu Gutte‘ erbaut ist. Die Stadt verliert das bisher erhobene ‚Grabengeldt‘, teilt sich dafür mit dem Kurfürsten das Schleusengeld und darf ihren Graben, das ist die bisherige Schiffahrtsstraße, teilweise zuschütten. Weil der Bau den Mühlen zum Vorteil gereicht, soll der Rat, dem die Mühlen seit langem gehören, die Aufsicht über die Schleuse haben.
Bei Rathenow ist also die erste Kammerschleuse 1548 bis 1559 erbaut. Nach Berghaus wurde diese Schleuse außerhalb der Stadt angelegt und war eine Kesselschleuse. Der Teich bei der großen Arche oder Vorderarche, der 1908 zugeschüttet wurde, soll der Kessel der ehemaligen Schleuse gewesen sein. Heute ist nichts mehr davon zu erkennen. Das dieses aber gut möglich war, wird die Geschichte von Brandenburg lehren.
Dort wurde ebenfalls im Jahre 1548 eine ‚bestendige Wasserschleuse‘ zu erbauen begonnen. Der Kurfürst hatte wegen beider Bauwerke mit ‚meister Lutken aus Hamburgk‘ einen Vertrag abgeschlossen. Auch hier wurde ein bequemerer Ort für das neue Werk ausgewählt, der alte Stadtumwallungsgraben der Neustadt wurde erweitert und in seinem unteren Teile verlegt. Vor dem Steintor wurde in ihm die Schleuse errichtet. Es war auch hier eine Kesselschleuse und hat sich bis heute in ihrem alten Zustande erhalten (sie blieb bis 1926 bestehen, d. A.).
Auch die Bedingungen, unter denen sich die Stadt

Bild 7.3
Die Kesselschleuse Brandenburg im Jahre 1908.
Quelle: Klehmet

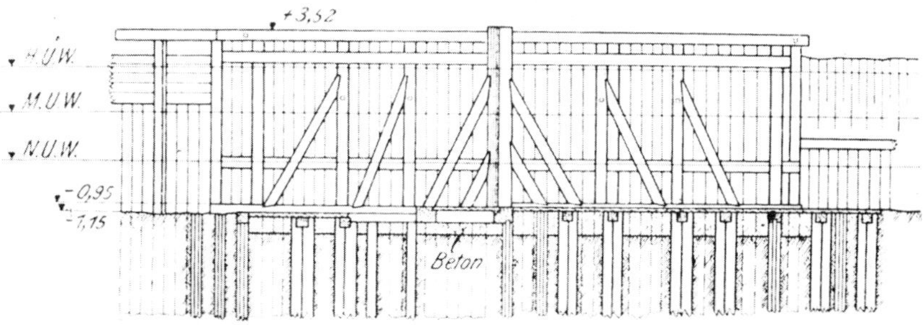

Bild 7.4
Längsschnitt durch die Kesselschleuse Brandenburg.
Quelle: Engelhard

am Bau beteiligte, waren genau die gleichen wie in Rathenow. Der Kurfürst lieferte das Holz, beide teilten sich die Schleusengelder. Auch die Kosten der Unterhaltung wurden geteilt, während auch dazu der Kurfürst das Holz aus seinen Wäldern zu liefern hatte. Die alten Archengräben wurden für die Schiffahrt gesperrt, blieben aber als Entwässerungsgräben offen. Die Unterhaltung der Archen blieb den Städten.

Bei diesen beiden Bauten war der Bürgermeister Johann Blankenfeld von Berlin, der auch bei der Verbesserung der Rüdersdorfer Gewässer ausschlaggebend war, der Vermittler zwischen dem Kurfürsten und der Stadt. In der Cölner Stadtschreiberchronik **heißt** es bei der Verzeichnung seines Todes: Er hat ‚in seinem Leben mit wunderseltsamen und vielfeltigen Gebeuden an Teichen, Graben, Schleusen und Anderm viel Wesens Getrieben.' Wir können ihn also als einen der ersten mit Namen bekannten Förderer der Märkischen Wasserstraßen ansehen."

Für nahezu drei Jahrhunderte waren dann die Arbeiten und Verbesserungen an den Stauanlagen in Brandenburg und Rathenow die einzigen verkehrswasserbaulichen Beeinflussungen im Gebiet der Unteren Havel.

Im Vergleich zu allen anderen Gebieten der Märkischen Wasserstraßen ist der Bereich der Unteren Havel der durch eigene, aber besonders durch Elb-Hochwässer gefährdedste. Bis ins 20. Jahrhundert hinein gab es immer wieder solche Hochwasserkatastrophen, die das Leben und den Lebensraum der Havelanwohner gefährdeten. So verzeichnen die Chroniken in den Jahren 1566 und 1595 den Bruch des rechtsseitigen Elbdeiches und infolgedessen die Überschwemmung des Haveltales durch das Stremmetal. Der Hochwasserstand erreichte in Rathenow ungefähr 6,28 bzw. 6,59 m am Pegel (nach Berghaus), und auf dem Marktplatz der Stadt konnte man mit Kähnen verkehren.

Um die Hochwassergefahren für das Havelgebiet bis Rathenow zu verringern, begann man schon sehr früh mit der Anlage von Hochwasserschutzdeichen. So erfolgte 1771/72 der Bau des an den alten Jerichower Elbdeich bei Sandau anschließenden Flügeldeiches zwischen Havel und Elbe. Damit wurde der Rückstaupunkt der Elbe um 8,2 km elbabwärts verlegt und die Rückstauhöhe des Wassers um 1,30 m vermindert. In den Jahren 1809 und 1832 bis 1836 erfolgte eine Verlängerung dieses Deiches um jeweils 1,5 km, wobei die letzte Verlängerung mit einer Verlegung der Havelmündung um 1,50 km stromab verbunden war. Mit diesen Maßnahmen erfolgte eine weitere Absenkung der Rückstauhöhe um 0,50 m auf 1,80 m. Trotz aller Deichbaumaßnahmen kam es immer wieder zu neuen Katastrophen, und in den Jahren 1845, 1850 und 1855 waren Brüche des Elb-Havel-Deiches und als Folge auch Brüche des Quitzöbelschen Elbdeiches mit verheerenden Überschwemmungen zu verzeichnen.

7.2. Die Wasserbauten von 1870 bis 1900

Wie schon erwähnt, waren bis in die siebziger Jahre des vorigen Jahrhunderts an der Unteren Havel nur geringe verkehrswasserbauliche Aktivitäten zu verzeichnen, sieht man einmal von der Verbesserung der Schiffahrtsverhältnisse zwischen Brandenburg und Rathenow ab, wo in den Jahren 1837 bis 1842 106 feste Fischwehre beseitigt wurden. Anfang der siebziger Jahre entstanden dann umfangreiche Konzepte, die ihre erste Umsetzung im Bau des Sacrow-Paretzer-Kanals (1874 bis 1876) erfuhren. Für den Bau dieses Kanals gab es vor allem folgende Gründe:

— die Ausschaltung der schwierigen Brückendurchfahrten in Potsdam und Werder;

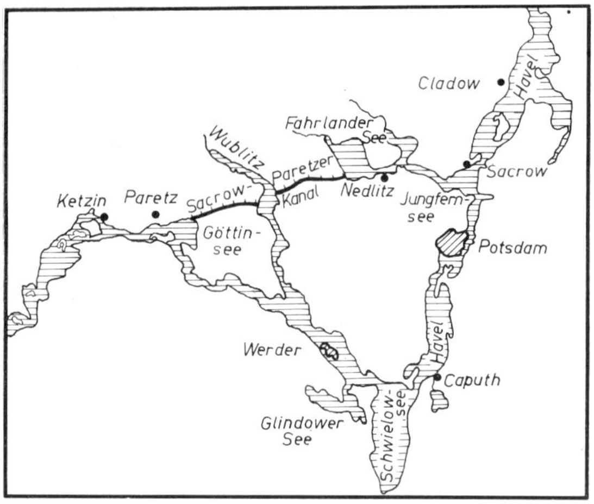

Bild 7.5 Lageplan des Sacrow-Paretzer Kanals, 1876. *Zeichnung Autor*

— die Verkürzung des Weges um 13,5 km;
— die Vermeidung der Fahrt über den Schwielowsee, der damals der Schiffahrt vor allem bei Weststurm gefährlich wurde.

Der Kanal beginnt im Jungfernsee oberhalb Potsdams und endet im Göttinsee bei Ketzin. Die gesamte Wasserstraße ist 17,0 km lang, wobei nur 7,0 km auf Kanalstrecken, die restlichen 10,0 km auf bereits vorhandene Seenstrecken entfallen.

Schon 1876 konnte die Schiffahrt direkt zwischen Sacrow und Paretz verkehren. Die eigentliche Havel um Potsdam und Werder wird seitdem unter dem Namen „Potsdamer Havel" geführt.

Neben dem Bau dieses Kanals setzte auch eine rege Flußbautätigkeit ein, deren Ziel es war, die in Niedrigwasserzeiten unzureichenden Fahrwassertiefen zu verbessern. Diese erste zusammenhängende Regulierung der Unteren Havel begann im Jahre 1875 und war im wesentlichen 1881 abgeschlossen.

An die erste Regulierung schloß sich bereits in den Jahren 1882 bis 1890 eine zweite Regulierung zwischen Plaue und der Havelmündung an. 1892 bis 1898 erfolgten zusätzliche Ergänzungen auf dieser Strecke, und in den Jahren 1897 bis 1902 wurde die Strecke von Rathenow bis zur Havelmündung durch Tieferlegung von Buhnen nachreguliert.

Bei der Regulierung wurden zahlreiche Buhnen,

Leit- und Deckwerke errichtet sowie mehrere Durchstiche zur Beseitigung allzu scharfer Flußkrümmen angelegt. Die Regulierungsbauwerke bestanden aus Faschinenpackwerk. Die dem Stromangriff ausgesetzten Böschungen waren mit Steinschüttung oder Pflaster befestigt, die Kronen mit Spreutlage abgedeckt. Bei den Nachregulierungen erfolgte ein Feinausbau, der im wesentlichen die Tieferlegung der Buhnen, das Abflachen der Buhnenköpfe und die Zurücklegung der Streichlinie um 2 mal 2,50 = 5,00 m als Ziel hatte. Das Ergebnis der Regulierungen war beträchtlich. So wurden im äußerst trockenen Sommer 1893 auf der Strecke von Rathenow bis zur Elbe bei einem Niedrigwasserstand von –0,08 m am Rathenower Unterpegel Fahrwassertiefen von 1,25 m gemessen, während im Jahre 1874 die Fahrzeuge bei einem Wasserstand von + 0,14 m am Rathenower Unterpegel nur Fahrwassertiefen von 0,67 m vorfanden. Damit waren durch die Regulierungen maximale Fortschritte erreicht und weitere Verbesserungen der Fahrwassertiefen in Niedrigwasserzeiten nur noch durch zusätzliche Staustufen möglich.

In den Jahren 1888 bis 1890 erfolgte eine Sohlenverbreiterung (auf 18 m) und Vertiefung des Sacrow-Paretzer-Kanals. Damit wären eigentlich alle Maßnahmen am Fluß selbst genannt. Doch grundlegende Veränderungen vollzogen sich auch an den beiden Staustufen.

Die Schleuse Brandenburg hatte zu Beginn des Betrachtungszeitraumes die Form einer Bassin- oder Kesselschleuse mit einer Kammerlänge von

Tabelle 7.1 Verkehr an den Schleusen Rathenow und Brandenburg, 1800 bis 1870

Jahr	Schleuse Rathenow Anzahl der Schiffe	Schleuse Brandenburg Anzahl der Schiffe
1800	1 905	4 217
1805[1])	1 266	5 344
1815[1])	1 364	4 411
1837	3 908	7 934
1844	4 705	11 163
1850[2])	3 265	8 061
1855	3 905	9 599
1860	4 361	13 087
1865	5 697	16 329
1870[1])	4 774	12 779

[1]) Krieg bzw. Kriegsfolge

[2]) Dezember 1846 Eröffnung der Berlin-Hamburger Eisenbahn

Bild 7.6 Die alte Vorstadtschleuse Brandenburg.
Quelle: Archiv WBU Eberswalde, Betriebsteil Brandenburg

69,00 m und einer mittleren Breite von 38,60 m bei Torweiten von 7,89 m am Obertor und 7,20 m am Untertor. Sie war vollkommen aus Holz errichtet. Das Schleusengefälle schwankte zwischen 0,13 m und 1,19 m. Die Schleuse Rathenow war schon eine in Massivbauweise errichtete Kammerschleuse von 73,40 m Länge und 8,16 m Breite bei Torweiten von je 7,58 m. Das Schleusengefälle schwankte zwischen 0,31 und 0,97 m.

Die Brandenburger Schleuse war um das Jahr 1870 an der Grenze ihrer Leistungsfähigkeit angekommen (s. Tabelle 7.1). Vor allem aber konnte sie den Plauermaß-Kahn (65,00 × 8,00 m) aufgrund ihrer zu geringen Torweiten nicht passieren lassen. Deshalb wurde in den Jahren 1881 bis 1883 in der Krakauer Vorstadt eine neue Schleuse gebaut. Sie hatte eine nutzbare Kammerlänge von 67,00 m, eine nutzbare Kammerbreite von 16,60 m und eine lichte Torweite von 8,40 m. Die Vorstadtschleuse hatte versetzte Häupter mit hölzernen Stemmtoren. Die Kammerwände waren in Klinkermauerwerk als Schwergewichtsmauer auf einer Pfahlgründung ausgeführt. Die Sohle war im Torbereich gepflastert und in der Kammer mit einer Steinschüttung versehen.

Nach Inbetriebnahme der Vorstadtschleuse fuhren die Schleppzüge mit großen Schiffen durch die Vorstadtschleuse, der übrige Schiffsverkehr durch

Tabelle 7.2 Verkehr an der Stadtschleuse Rathenow, 1884 bis 1900

Jahr	Anzahl der Schiffe	Ladung in t	Anzahl der Flöße
1884	5 934	—	2 404
1889	9 870	686 921	3 093
1893	11 027	944 505	3 669
1894	11 812	1 165 647	1 946
1895	12 267	1 266 468	1 316
1896	13 669	1 537 746	1 473
1897	14 623	1 620 403	1 508
1898	16 508	1 820 592	1 944
1899	15 986	2 037 491	1 768
1900	16 878	2 084 863	1 289

die Stadtschleuse. Ende des 19. Jahrhunderts beförderte die Brandenburger Vorstadtschleuse bereits die Hälfte aller Fahrzeuge.

Auch an der Schleuse Rathenow erhöhte sich der Durchgangsverkehr derart (s. Tabelle 7.2), daß es unumgänglich wurde, die Kapazität zu erhöhen. Schon der Schiffsdurchgang in den Jahren 1895 und 1896 hätte bei gleichmäßigem Verkehrsanfall über das ganze Jahr eine tägliche Betriebszeit der Rathenower Stadtschleuse von 18 Stunden erforderlich gemacht. Die Diskontinuität des Verkehrs jedoch führte in den Spitzenzeiten zu einem Betrieb rund um die Uhr, bei dem dennoch bis zu 120 Schiffe im Rang lagen und Wartezeiten bis zu drei Tagen nicht selten waren.

Diese auf die Dauer unzumutbaren Verhältnisse führten zur Errichtung des sogenannten „zweiten Schiffahrtsweges bei Rathenow". Dazu wurde westlich von Rathenow ein mit einer Schleuse versehener Durchstich gebaut, der in der Nähe der Steckelsdorfer Arche aus der Havel abzweigt und in Höhe der Barnewitzschen Ziegelei wieder in den Fluß mündet.

Die neue Schleuse war als Schleppzugschleuse konzipiert und weist eine nutzbare Länge von 220,00 m bei einer nutzbaren Breite von etwa 15,00 m (bei Mittelwasser) auf. Die Torweite beträgt 9,60 m. Die Schleuse ist in massiver Konstruktion auf einem unter Wasser geschütteten Betonbett erbaut. Für die Häupter wurde Klinkermauerwerk verwandt, während die geböschten Kammermauern aus Beton eine Klinkerverblendung erhielten.

Der Querschnitt des Durchstichs ist so angelegt, daß sich an die 26,00 m breite Sohle eine 1:3 geneigte, ungesicherte Böschung von 3 m Länge anschließt, hierauf folgt bis über Mittelwasser eine 1:1,5 geneigte Pflasterböschung, die eine Fußsicherung aus Holzpfählen erhielt. An die Pflasterböschung schließt sich eine bis in Höhe des Leinpfades reichende 1:2 geneigte und mit Rasen bedeckte Böschung. Die Ufer des Durchstiches wurden zum Schutz gegen Seitenwinde beiderseits mit Bäumen und Fichtenhecken bepflanzt.

Die Gesamtlänge des neuen Schiffahrtsweges betrug 1,1 km und er verkürzte damit den bisherigen Weg um etwa 2,3 km. Unter Berücksichtigung dieser Verkürzung, der bequemeren Fahrt im Durchstich und der Parameter der neuen Schleuse wurde für diese eine über vierfache Leistungsfähigkeit gegenüber der alten Stadtschleuse ermittelt.

Zum Bauablauf noch folgendes: Im Sommer 1898 wurde mit dem Bodenaushub für die Schleuse und einen Teil des Durchstichs begonnen und ebenfalls noch im selben Jahr die Unterwasserbetonschüttung für die Schleuse beendet. Bis zum Herbst 1899 konnten die Maurerarbeiten an der Schleuse und die Pflasterarbeiten an den Böschungen des Durchstichs zum Abschluß gebracht werden. Im Jahre 1900 erfolgte der Einbau der Schleusentore und Schützen einschließlich der dafür notwendigen Bewegungseinrichtungen. Die Arbeiten am Schleusendurchstich wurden soweit ab-

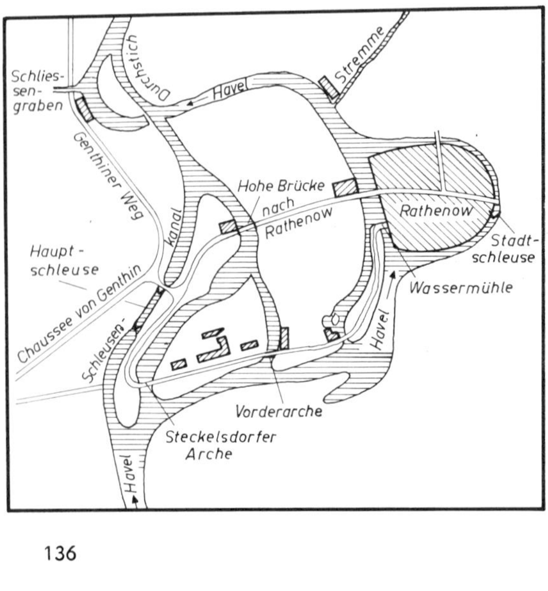

Bild 7.7 Der zweite Schiffahrtsweg bei Rathenow.
Quelle: Archiv WBU Eberswalde, Betriebsteil Brandenburg

geschlossen, daß noch im Jahre 1900 eine Aufnahme des Schiffsverkehrs möglich gewesen wäre. Die feierliche Eröffnung des neuen Schiffahrtsweges erfolgte aber erst am 13. April 1901. Die Gründe hierfür muten heute fast unglaublich an: im Laufe der Bauarbeiten hatte sich herausgestellt, daß die veranschlagte Bausumme von 770 000 Mark um 100 000 Mark zu hoch angesetzt worden war! Damit waren die Mittel vorhanden, eine an den Durchstich unterstrom anschließende schwierige Krümmung durch einen zweiten Durchstich zu beseitigen. Da die Arbeiten hierfür erst im Sommer 1900 beginnen konnten, kam die vorstehend erwähnte Verzögerung zustande.

Tabelle 7.3 Abflußverhältnisse im Mündungsgebiet der Havel vor dem Bau der Wehrgruppe Quitzöbel

	Abflußmenge der Elbe		Anteil der Havel
	oberhalb	unterhalb	
	der Havelmündung		
	m^3/s	m^3/s	Prozent
NW	100[1])	115[1])	+ 13
MNW[2])	190	225	+ 16
MW[2])	500	620	+ 19
MHW[2])	2 190	2 020	— 8
HW	4 500[3])	3 780[4])	— 16

[1]) 1904 und 1911
[2]) 1914 bis 1928
[3]) 1920
[4]) 1895

7.3. „Die Verbesserung der Vorflut- und Schiffahrtsverhältnisse auf der unteren Havel" nach dem Gesetz vom 4. August 1904

Die katastrophale Überschwemmung der Havel-Niederung im Jahre 1888 leitete eine Reihe von Aktivitäten ein, deren wichtigste ein Entwurf von Tolkmitt (1892) und die nachfolgende Erarbeitung einer Denkschrift im Jahre 1901 waren. In dieser „Denkschrift über die Verbesserung der Vorfluths- und Schiffahrtsverhältnisse in der unteren Havel", die als Grundlage des folgenden Gesetzes vom Jahre 1904 diente, werden die wasserwirtschaftlichen Eigenheiten der Unteren Havel wie folgt charakterisiert: „Die Havel durchfließt unterhalb Potsdams, von Stauwerken bei Brandenburg und Rathenow unterbrochen, bis Havelberg, 14 km oberhalb ihrer Mündung in die Elbe, ein weit ausgedehntes, flaches Niederungsgebiet von rund 125 000 ha Größe, das vielfach unter ungenügender Binnenentwässerung, besonders aber unter den bis in die Sommermonate andauernden hohen und in Ermangelung von Deichen weit ausufernden Wasserständen, unterhalb Rathenows auch unter dem Rückstau des Elbhochwassers zu leiden hat. Nur in besonders trockenen Jahren, wie z. B. 1893, treten die Wassermassen so frühzeitig in ihre Ufer zurück, daß volle und gute Ernten auf den Wiesen erzielt werden." Hierzu muß man noch folgendes ergänzen und erläutern:
Die Wasserführung der Unteren Havel ist, bedingt durch die zahlreichen und großen Retensionsflächen, ziemlich gleichmäßig und, je nach den Witterungsverhältnissen, im März/April am höchsten und im August/September am geringsten. Bei Höchstem Hochwasser führt die Havel (Pegel Rathenow) knapp 300 m^3/s und die Elbe (Pegel Tangermünde) etwa 4 500 m^3/s Wasser ab. Die Wasserstandsunterschiede zwischen Niedrigstem Niedrigwasser und Höchstem Hochwasser liegen im Bereich der Unteren Havel bei etwa 2 m und erreichen an der Elbe im Bereich der Havelmündung mehr als 6 m. Das Gefälle der Elbe bei Mittlerem Wasserstand beträgt oberhalb der Havelmündung etwa 17 und unterhalb 15 cm/km, das der Havel zwischen Havelort (Mündung) und Havelberg 4 bis 5 und zwischen Havelberg und Garz 3 bis 4 cm/km. Die Elbe weist also im Be-

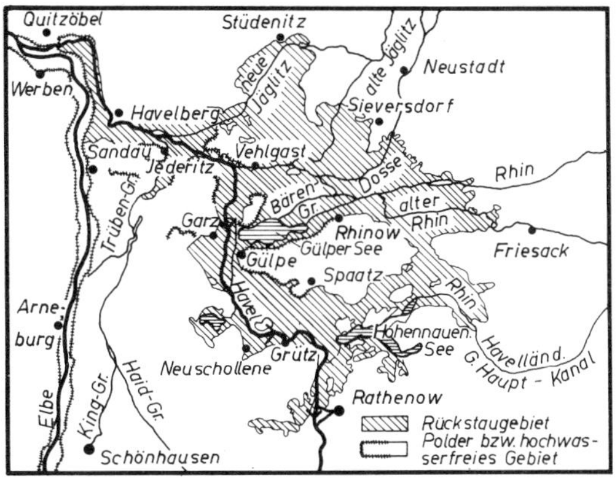

Bild 7.8 Das Überschwemmungsgebiet der Unteren Havel vor 1933. *Quelle: BT 1934*

reich der Havelmündung ein etwa drei- bis viermal so hohes Gefälle wie die Havel auf. Bedingt durch die vorstehend genannten Eigenheiten war das Gebiet der Unteren Havel bis in die jüngste Zeit ein riesiges Hochwasserrückhaltebecken der Elbe. Tabelle 7.3 soll das verdeutlichen helfen. Wenn man diese Tabelle richtig interpretiert, so ergibt sich, daß bei höheren Wasserführungen die Abflußmenge unterhalb der Havelmündung abnimmt, mithin also eine Einströmung des Elbwassers in die Niederung der Unteren Havel zu verzeichnen war. Das Wasserspiegelgefälle der Havel war in solchen Fällen bis in die Gegend von Grütz (etwa 50 km oberhalb der Mündung) rückläufig, während der Rückstau sich noch etwa 10 km weiter (bis Rathenow) auswirkte. Berechnungen ergaben, daß bei dem großen Hochwasser im April 1895 etwa 150 bis 200 Millionen m^3 Elbwasser in die Havelniederung eingeflossen sind, wodurch weitere 180 Millionen m^3 Havelwasser am Abfluß gehindert wurden. Das Gebiet der Unteren Havel stellte also bei diesem Hochwasser einen Speicher mit einem Inhalt von 300 bis 400 Millionen m^3 dar. (Zum Vergleich: Die Rappbodetalsperre faßt etwa 110 Millionen m^3). Weiterhin ermittelte man, daß die Hochwasserspitze der Elbe dadurch um etwa 11 Prozent (etwa 0,60 m) abgebaut wurde. Da in der Elbe in jedem Frühjahr und fast in jedem Sommer (oft sogar mehrmals) Hochwasserwellen auftreten, ist es verständlich, daß die landwirtschaftliche Nutzung des Gebietes der Unteren Havel großen Zufälligkeiten unterworfen war, noch dazu, da die Dauer der durch die Elbe hervorgerufenen Überschwemmungen durch die stets später im Mündungsgebiet eintreffende, zwar flache, aber langgestreckte Havelwelle verlängert wurde.

Noch um das Jahr 1930 hatte das von unmittelbaren Überschwemmungen betroffene Gebiet eine Größe von 34 000 ha. Bedenkt man, daß diese große landwirtschaftliche Nutzfläche manchmal jahrelang so gut wie nicht nutzbar war, so wird es verständlich, daß der Lösung dieser landeskulturellen Probleme die Priorität eingeräumt wurde.

7.3.1. Die Bauarbeiten zwischen Pritzerbe und Havelberg

Hauptziel der Baumaßnahmen, die durch das Gesetz von 1904 festgelegt wurden, war es, die Vorflutbedingungen in der Havel so zu verbessern, daß die uneingedeichten Havelwiesen bis spätestens zum 1. Juni eines jeden Jahres trokkenfallen sollten. Dieses Ziel versuchte man durch Querschnittserweiterungen und die Anlage von Durchstichen zu erreichen. Typisch für den Bereich zwischen Pritzerbe und Havelberg war ferner die Anlage sogenannter Fluthkanäle, die unter Benutzung von alten Flußarmen und Schlenken hergestellt wurden und Sohlenbreiten zwischen 20 und 30 m erhielten. Am oberen Ende konnten sie durch bewegliche Wehre geschlossen werden. Diese Wehre blieben solange geöffnet, bis die eigentliche Havel wieder im Stande war, ihre Abflüsse ohne Ausuferungen abzuführen.

Da die beschleunigte Wasserabführung in Trokkenzeiten nachteilige Auswirkungen sowohl auf die Landeskultur als auch auf die Schiffahrt gehabt hätte, wurden bei Bahnitz, Grütz und Garz Stauanlagen errichtet. Die Stauanlagen bestehen aus einem Nadelwehr in Flußmitte zum Halten des erforderlichen Wasserstandes und sich links oder rechts anschließenden Schützenwehren (Durchflußbreite 6,40 m) zur Feinregulierung des Wasserstandes sowie einer Kahnschleuse für kleinere Fahrzeuge. Die Fertigstellung der Wehre erfolgte in den Jahren 1911 (Grütz und Garz) und 1912 (Bahnitz).

Zur Überwindung der Wehre durch die Schiffahrt wurden in extra dafür angelegten Durchstichen Schleppzugschleusen errichtet. Diese Schleusen haben versetzte Häupter und eigenartige, kuhhornförmig ausgebildete Kammerwände. Kammer

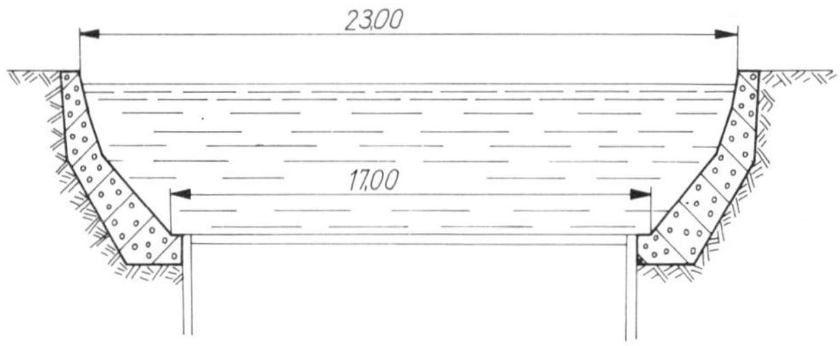

Bild 7.9
Querschnittsform der Schleusen Garz, Grütz und Bahnitz mit den kuhhornförmigen Wänden. *Zeichnung Autor*

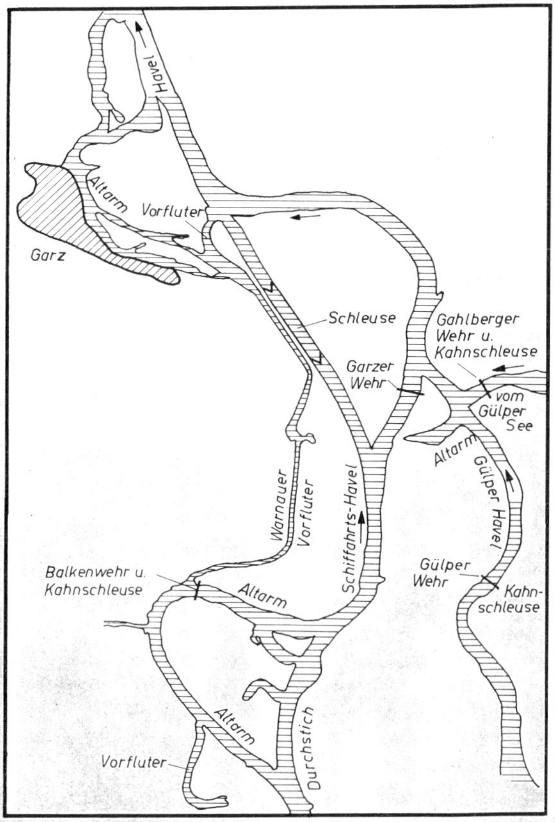

Bild 7.10 Staustufe Garz, Lageplan. *Quelle: BT 1933*

und Häupter wurden aus Stampfbeton mit Klinkerverkleidung hergestellt. Die Kammersohle besteht aus einer Steinschlagabdeckung. Als Schleusenverschlüsse wurden stählerne Stemmtore gewählt. Die Schleusenfüllung erfolgte über kurze Umläufe, in denen Rollkeilschützverschlüsse angeordnet wurden, und über Gleitschützen in den Toren. Alle drei Schleusen erhielten eine nutzbare Länge von etwa 215 m bei einer Kammerbreite von 23,00 m und einer Torweite von 10,00 m. Das zu überwindende Gefälle ist nur gering und hat sein Maximum in Garz mit knapp 1,40 m.
Die Schleuse Bahnitz wurde 1910, die in Grütz 1911 und die in Garz 1912 fertiggestellt.
Bei höheren Wasserständen wird an allen drei Stauanlagen die Nadelwehröffnung freigegeben, und die Schiffahrt verläuft wieder durch die Havel selbst.
Neben diesen Schleusen wurden zwischen Pritzerbe und Havelberg auch Begradigungen und Durchstiche der Havel an besonders ungünstigen, den Schiffsverkehr behindernden Stellen vorgesehen, und zwar insbesondere bei Alt-Schollene, in der Warnauer Havel bei Gülpe und gegenüber der Gahlberger Mühle. Im Havelberger Bereich wurden die Havelberger Zugbrücke umgebaut und einige Krümmungen abgeflacht.
Als Fazit aller Maßnahmen konnte zwischen Grütz und Pritzerbe das angestrebte Vorflutziel in etwa erreicht werden. Als Beweis sei der Unterpegel Rathenow angeführt, an dem für vergleichbare Wasserführungen im Mittel 0,30 bis maximal 0,70 m Wasserstandssenkungen zu verzeichnen waren. Traurig sah es aber weiterhin im Bereich Garz und Havelberg aus, da sich hier nach wie vor der Elbrückstau, vor allem in den Monaten März/April, einstellte. Während das Winterhochwasser kaum abgemindert wurde, beeinflußten die durchgeführten Maßnahmen das Sommerhochwasser sogar negativ. In den Sommern 1926 und 1927 wurden an den Pegeln Garz und Havelberg Rekordhöhen erreicht. Das Juni-/Julihochwasser des Jahres 1926 war so katastrophal, daß man am seit 1811 beobachteten Pegel Havelberg konstatieren mußte, noch nie ein Sommerhochwasser von ähnlicher Höhe und Dauer erlebt zu haben. In diesen beiden Jahren waren fast totale Ernteverluste zu verzeichnen. Hervorgerufen durch die langen Überschwemmungen kam es zusätzlich zu einer Leberegelseuche, die auch den Viehbestand dezimierte.
Bei der Schiffahrt waren verblüffende Analogien zu den landeskulturellen Auswirkungen der Baumaßnahmen zu erkennen. Während der Bereich zwischen Pritzerbe und Grütz ohne nennenswerte Schwierigkeiten befahren werden konnte, sah es unterhalb wesentlich schlechter aus. Insbesondere die letzten, ungestauten 32 km zwischen Garz und der Havelmündung waren in Niedrigwasserzeiten durch die gegenüber der Elbe unzureichenden Wassertiefen, die scharfen Krümmungen und die geringen Fahrwasserbreiten ein regelrechtes Schiffahrtshindernis. Aber auch bei Hochwasser war das Fahrwasser trotz Kennzeichnung so schwer erkennbar, daß sich viele Schiffe auf Buhnen und dem Vorland festfuhren. Besonders schlecht waren die Verhältnisse im Bereich der Havelmündung und in Havelberg.

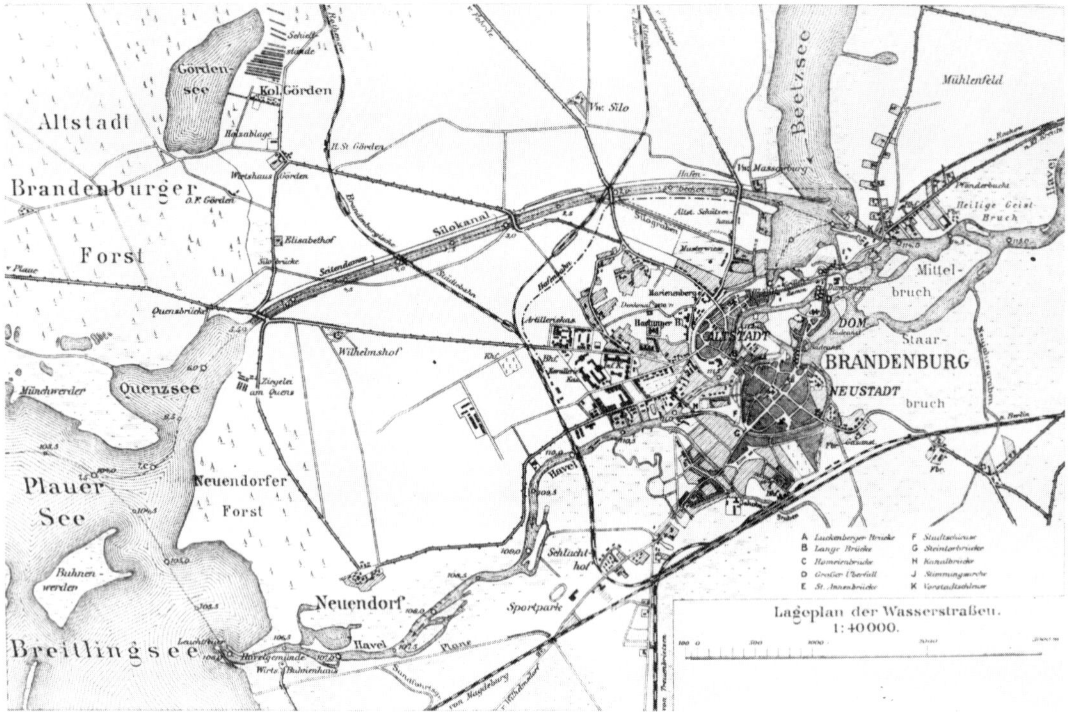

Bild 7.11 Die Wasserstraßen im Raum Brandenburg, 1914.
Quelle: ZfBau 1915

Über die Verbesserung aller genannten Unzulänglichkeiten wird später noch berichtet. Vorher müssen aber noch die baulichen Aktivitäten aufgrund des Gesetzes von 1904 im Gebiet der Stadt Brandenburg gewürdigt werden.

7.3.2. Die Bauarbeiten im Brandenburger Stadtgebiet

Der Stau in Brandenburg war durch das Regulativ vom 5. September 1832 und den Nachtrag vom 13. Dezember 1856 so geregelt, daß im Oberwasser für die Zeit vom 1. November bis 31. März + 2,20 m für die übrige Zeit + 1,99 m als Richtwerte am Pegel gelten sollten. Wurden diese Wasserstände im entsprechenden Zeitraum überschritten, mußten alle Freiarchen und Mühlengerinne so lange geöffnet bleiben, bis der geforderte Zustand wiederhergestellt war. Durch diese Maßnahmen sollten 5 700 ha Wiesenfläche oberhalb Brandenburgs einer optimalen Nutzung zugeführt werden.

Die Bedeutung, die man dieser Abflußregelung zumaß, kommt darin zum Ausdruck, daß man für die Bedienung der Freiarchen und die Überwachung der Müller einen eigenen Archenwärter einsetzte.

Trotzdem kam es immer häufiger zu Überschreitungen der Stauziele und in der Zeit des größten Abflusses (meist im April) waren Wasserstände von 2,60 bis 2,70 m am Pegel keine Seltenheit.

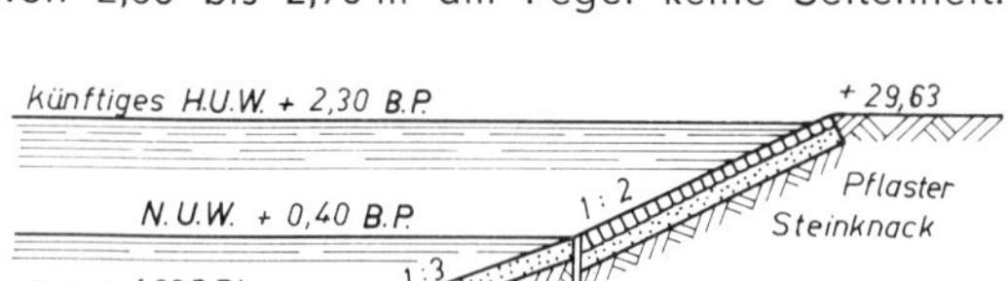

Bild 7.12 Querschnitt des Silokanals bei Brandenburg.
Quelle: ZfBau 1915

Im April 1888 wurde das bis heute gültige Höchste Hochwasser von + 2,81 m am Brandenburger Oberpegel beobachtet. Ursache für diese Mißstände waren die ungenügenden und im Laufe der Zeit auch schlechter gewordenen Abflußbedingungen im Brandenburger Stadtbereich, hervorgerufen durch das Zuschütten kleinerer Gerinne und vor allem durch Änderungen im Mühlenregime. Berechnungen ergaben, daß Anfang des 20. Jahrhunderts die vorhandenen Freiarchen und Mühlengerinne nur eine Leistungsfähigkeit von 140 bis 160 m^3/s anstelle der benötigten von 210 bis 220 m^3/s aufwiesen.
Hochwasserstände von 0,40 bis 0,60 m über dem normalen Winterstau sind für den mit den Verhältnissen an Elbe und Oder Vertrauten eine fast lächerliche Angelegenheit. Sie erhalten erst ihr Gewicht, wenn man weiß, welche Wassermengen sich hinter diesen Zahlen verbergen. So beträgt der Stauraum oberhalb Brandenburgs zwischen + 1,99 bis 2,20 m Pegelstand 20 Millionen m^3, zu denen bei weiterem Ansteigen auf + 2,60 m weitere 60 Millionen m^3 hinzukommen. Und auch darüber hinaus ist ein nochmaliges größeres Anwachsen zu verzeichnen. Erreichten also die Wasserstände am Pegel Höhen über + 2,40 m, so war es fast unmöglich, bis zum Beginn der Wachstumsperiode die Wiesen trocken zu bekommen, und nicht selten wurde der Sommerstau erst im Juli erreicht.
Für die Schiffahrt führten die erhöhten Wasserstände zu einer besseren Auslastung des Kahnraumes. Doch es gab in Brandenburg große Probleme, die wasserstandsunabhängig waren.

Bild 7.13
Die Brandenburger Schleusen um 1910.
Quelle: Archiv WBU Eberswalde, Betriebsteil Brandenburg

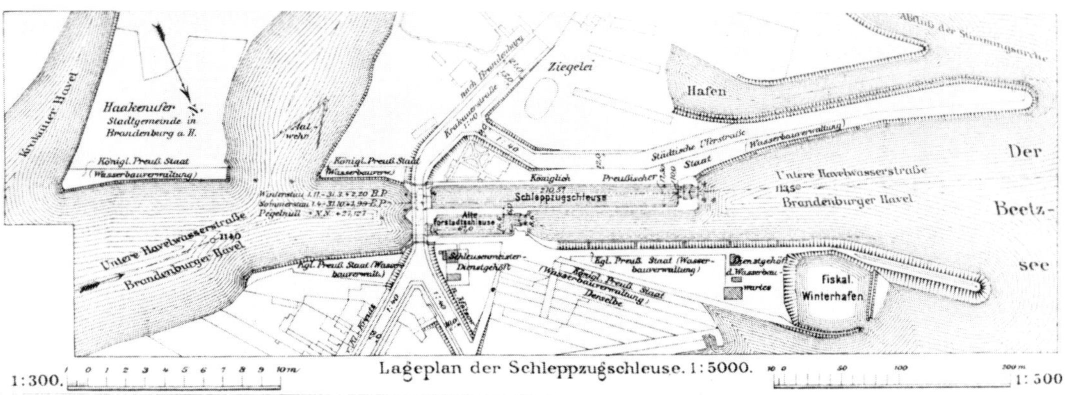

Bild 7.14
Die Schleppzugschleuse in Brandenburg.
Quelle: ZfBau 1915

„Beide Schiffahrtswege durch die Stadt Brandenburg waren nichts weniger als mustergültig. Für die Stadtschleuse bildete im Oberwasser der Stadtkanal mit seinen Krümmungen und Liegestellen, besonders aber infolge der beiden niedrigen Brücken, der Steintor- und der St. Annenbrücke, sowie dadurch eine sehr unbequeme Zufahrt, daß infolge jener Zustände auf ihm nur mit drei Anhängen gefahren werden darf, während sonst auf der unteren Havelwasserstraße überall sechs Anhänge zugelassen sind. Die Zufahrt zur Vorstadtschleuse führte im Unterwasser auf zwei km Länge durch die Ortslage der Stadt Brandenburg und erschwerte der Schiffahrt den Weg durch drei niedrige Brücken, durch starke Krümmungen und große Unübersichtlichkeit um so mehr, als die Brücken mit Rücksicht auf den städtischen Straßenverkehr nicht zu jeder Zeit geöffnet wurden." (Ostmann)

Als weitere Schwierigkeit muß noch hervorgehoben werden, daß an der Einmündung der Havel in den Plauer See, dem sogenannten Havelgemünde, infolge ungünstiger Witterungsbedingungen und permanenter Versandungserscheinungen häufig Havarien und Schiffahrtsstörungen zu verzeichnen waren.

Um der Probleme Herr zu werden, waren folgende Aufgaben zu lösen:

- Schaffung einer ausreichenden Abflußkapazität an der Staustufe Brandenburg
- gefahrlose Ableitung der Hochwässer im Unterwasserbereich der Staustufe
- Erhöhung der Schleusenkapazität, verbunden mit der Forderung, größere Schiffe als bisher (Plauermaß-Kahn) befördern zu können.

Diese Aufgaben konnten nahezu optimal gelöst werden: die Erhöhung der Abflußkapazität war nur im Bereich der sogenannten Stimmingsarche möglich, und für die schadlose Abführung des um 70 m^3/s erhöhten Hochwasserabflusses sollte durch die sogenannte Siloniederung der Silokanal geführt werden, den man zur gleichzeitigen Lösung der Schiffahrtsprobleme auch als Schiffahrtskanal konzipierte. Der Silokanal umgeht die Stadt im Norden und löste somit die innerstädtischen Schiffahrts- und Abflußprobleme. Mit dem Bau des Silokanals stand auch der Standort für die neue Schleuse fest, die als Schleppzugschleuse neben der alten Vorstadtschleuse konzipiert wurde.

Die Stimmingsarche

Die neue Stimmingsarche wurde als Massivbauwerk an der Stelle der vorher abgebrochenen, noch aus dem Jahre 1792 stammenden Freiarche errichtet. Die Durchflußöffnungen erhielten eine Weite von 2 × 10,00 m und waren durch einen 0,80 m dicken Zwischenpfeiler getrennt. Als Verschlußkörper dienten stählerne Segmentschützen. Zu- und Abflußkanal mußten für die erhöhten Abflußmengen z. T. beträchtlich vergrößert werden. Um den Grunderwerb klein zu halten, wurden die Uferbefestigungen steil angelegt. Neben Spundwänden kamen dabei auch Sonderkonstruktionen zur Anwendung.

Die an der Stimmingsarche vorhandene Straßenbrücke mußte ebenfalls neu errichtet werden. Während der Bauausführung wurde der Straßenverkehr über einen im Oberwasser geschütteten Fangedamm umgeleitet.

Stimmingsarche, Brücke und die westliche Uferbefestigung wurden 1909, das Sturzbett der Arche und die östliche Uferbefestigung 1910 ausgeführt.

Der Silokanal

Der Silokanal „zweigt gegenüber der neuen Stimmingsarche aus dem südlichen Teil des Beetzsees ab und zieht sich in sehr gestrecktem Lauf nördlich und westlich um Brandenburg nach der nördlichsten Bucht des Plauer Sees, dem Quenzsee hin". Mit dem Silokanal wurden der Schiffahrt nahezu optimale Bedingungen geschaffen: der Schiffahrtsweg wurde gegenüber der Stadtdurchfahrt um zwei Kilometer verkürzt, die gestreckte Linienführung mit nur zwei Krümmen von 3 000 m und 1 000 m Radius bei einer garantierten Tauchtiefe von 2,00 m bei Niedrigstem Niedrigwasser und einem Querschnittsverhältnis für den Plauermaß-Kahn von n = 5 gestattete auch bei niedrigsten Wasserständen die Begegnung von Schleppzügen, bestehend aus einem Dampfer und sechs Anhängen (Schleppzuglänge etwa 450 bis 500 m). Um der Hochwasserabführung Rechnung zu tragen, wurde der Kanal mit einem Sohlengefälle von 6 cm/km angelegt.

Aus Wirtschaftlichkeitsgründen wurde der größte Teil des Kanals (4,3 km) im Trockenbetrieb ausgehoben und der Aushub am nördlichen Ufer in einem Seitendamm aufgeschüttet. Insgesamt 700 000 m^3 wurden auf diese Art mit Trockenbaggern und Seitenförderern bewegt. Hierzu kamen noch 220 000 m^3, die in den Mündungsstrecken im Naßbaggerbetrieb gewonnen und anschließend verklappt oder verspült wurden. Die restlichen 180 000 m^3 der insgesamt 1,1 Millionen m^3 sind

nach vorheriger Förderung von Hand im Lokomotiv- und Pferdebetrieb in Rampen und Molen verfahren worden.
Die Gestaltung des Silokanaldammes und der Kanalufer sind ein Muster für naturverbundenes Bauen zu einer Zeit, als das Schlagwort Umweltschutz noch nicht in aller Munde war. „Zur besseren Einpassung in das Landschaftsbild hat dieser Damm einen unregelmäßigen, kanalseitig nur 2 bis 2,5 m, an der abgelegenen Seite 8 bis 9 m hohen Querschnitt erhalten, der an den Böschungen begrünt und auf der Oberfläche mit jungen zwei- bis fünfjährigen Bäumchen, und zwar je nach der Bodenbeschaffenheit mit Kiefern, Akazien, Birken, Fichten usf., sowie mit Strauch- und Buschwerk aller Art angeschont worden ist." Und: „An beiden Ufern sind 3 m vom Uferrande ab in Abständen von 8 m junge Alleebäume angepflanzt, und zwar je nach der Lage zur Stadt und der Bodenbeschaffenheit: Platanen, Rüstern, Eschen, Linden, Eichen, Spitzahorn, Ebereschen und kanadische Pappeln." (Ostmann).
Trotz aller Bemühungen der Wasserbauverwaltung war es nicht möglich, die kreuzenden Verkehrsträger Straße und Eisenbahn zu bewegen, gemeinsame Brückenbauwerke zu benutzen. So mußten sechs Brücken über den 5,2 km langen Kanal geführt werden.
Um den Binnenschiffsverkehr in Brandenburg nicht negativ zu beeinflussen, wurde am Silokanal ein Hafen errichtet, der bei der Eröffnung des Kanals dem Verkehr übergeben wurde. Er besteht aus einer 16,00 m tiefen Ausbuchtung von 450,00 m Länge und befindet sich am linken stadtseitigen Ufer. Bemerkenswert ist, daß zu seinem Bau u. a. Stahlbetonpfähle (400 × 400 mm) verwandt wurden, die vor Ort gefertigt, nach 2 bis 3 Tagen ausgeschalt und nach 28 Tagen gerammt wurden.

Mit dem Bau des Silokanals ist im August 1907 begonnen worden, und die Verkehrsübergabe fand am 19. November 1910 statt.

Die Schleppzugschleuse

Die Schleppzugschleuse wurde südlich der alten Vorstadtschleuse angeordnet, wobei die Oberhäupter beider Schleusen bündig gegeneinander abschließen. Da die Schleppzugschleuse gegenüber der Vorstadtschleuse eine etwa 150 m größere Nutzlänge aufwies (220 m zu 67 m) ragte die rechte Kammerwand um etwa 145 m ins Unterwasser der alten Schleuse und bildete so ein ideales Leitwerk für die ein- und ausfahrenden Schiffe. Die Breite der Schleppzugschleuse beträgt 17,50 m, so daß ein kompletter Schleppzug (Dampfer und sechs Großplauermaß-Kähne) in ihr Platz fand. Schleusenhäupter und -kammern wurden in Massivbauweise ausgeführt und zwar so, daß die Gründung zwischen Spundwänden in Schüttbeton erfolgte (Betonstärken je nach Auftriebsverhältnissen zwischen 1,50 und 2,20 m). Von der Schleusensohle bis in Höhe Niedrigwasser wurde die Kammer in Stampfbeton und darüber in Klinkermauerwerk ausgeführt. Die Häupter wurden durchweg in Stampfbeton ausgeführt und erhielten nur ab Niedrigwasser eine Klinkerverblendung und eine obere Abdeckung in Form einer Rollschicht aus Klinkermauerwerk.
Die Trockenlegung der Baugrube erfolgte mittels offener Wasserhaltung. Die Sicherung der Kammersohle wurde mit einer Steinschüttung vorgenommen, die in der Stärke, je nach Beanspruchung, zwischen 0,20 und 0,80 m differiert. Trotz geringer Nacharbeiten in den ersten sechs Monaten kann konstatiert werden, daß sich diese Art der Sohlensicherung bis heute bewährt hat!
Um den Sickerweg zur alten Schleuse und zum Unterwasser (Wasserstandsunterschied zwischen Ober- und Unterwasser maximal 1,60 m) zu verlängern, wurde entlang der ganzen rechten Kammerseite noch ein 6,00 m breiter und 0,50 m dikker Tonstreifen eingebracht.
Das Füllen und Entleeren der Schleuse erfolgt im Ober- und Unterwasser durch je zwei kurze Umläufe (Querschnitt 5,57 m^2) und 1,6 m^2 große Klappschütze in jedem Torflügel. Dadurch ergeben sich je nach Staudifferenz Füllwassermengen von 10 bis 15 m^3/s und damit maximale Füllzeiten der Schleuse von 7 bis 8 Minuten. Als Schleusenverschlüsse wurden stählerne Stemmtore mit gekrümmter Stauhaut verwendet.
Gleichzeitig mit der Schleuse mußte über die Oberhäupter beider Schleusen eine neue Brücke von 46,20 m Stützweite errichtet werden.
Zur Schaffung des oberen Vorhafens von 600 m Länge und 60 bis 100 m Breite mußten rund 100 000 m^3 Boden bewegt werden. Für den unteren Vorhafen wurde der südliche Teil des Beetzsees verwendet, der durch Molenschüttungen vom übrigen See abgetrennt wurde.
Nach Vorbereitungsarbeiten im Winter 1904/05 begann die eigentliche Bauausführung im August 1906, und am 30. Juni 1909 erfolgte die Verkehrsübergabe. Die gewachsene Leistungsfähigkeit der Brandenburger Schleuse bewährte sich bereits in

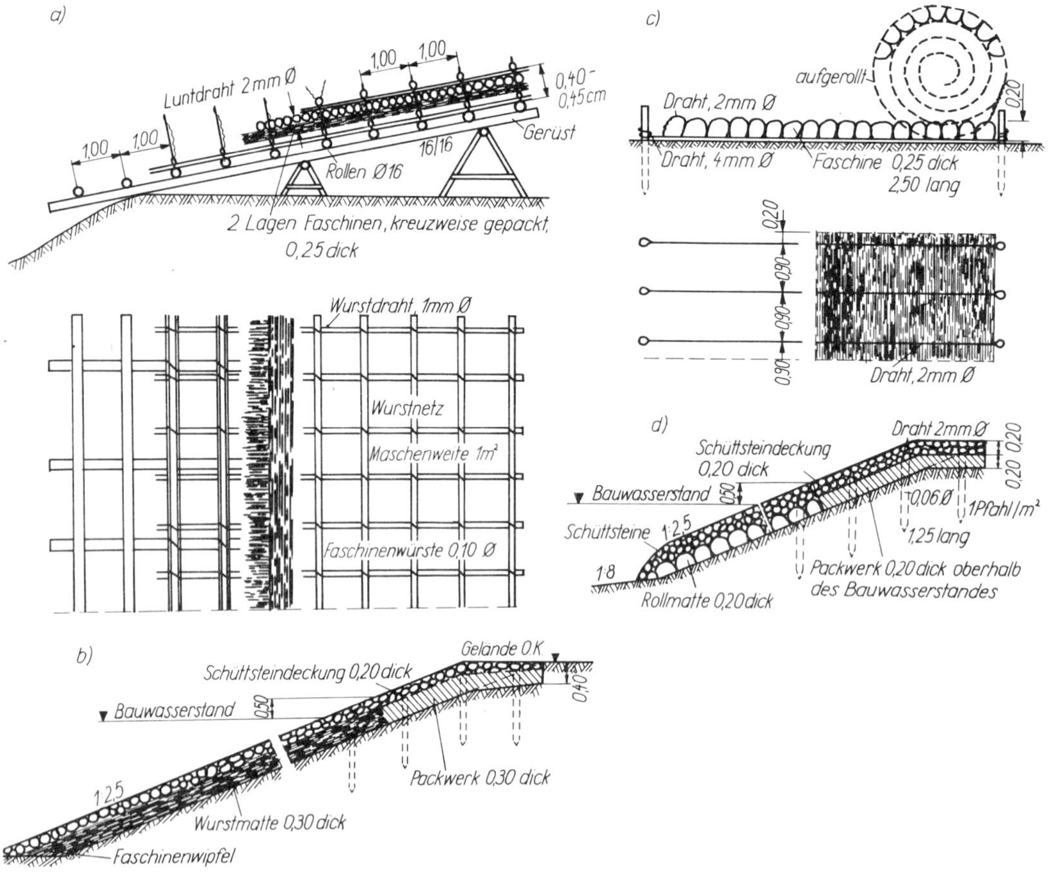

Bild 7.15 Typische Deckwerksbauweisen der Unteren Havel.
a) Wurstmatten; oben Schnitt, darunter Grundriß
b) Deckwerk mit Wurstmatte,
c) Rollmatten; oben Schnitt, darunter Grundriß,
d) Deckwerk mit Rollmatte
Quelle: ZBlatt 1937

den folgenden Jahren und insbesondere im Jahr 1912, als etwa 45 000 Schiffe, beladen mit 5,7 Millionen t Gütern, die Schleuse passierten.

7.4. Die Arbeiten im Mündungsgebiet der Havel

Ungelöst blieben bis Anfang der dreißiger Jahre die schiffahrtstechnischen und wasserwirtschaftlichen Probleme im Mündungsgebiet der Havel. Bis Garz unterlag die ungestaute Havel dem unmittelbaren Einfluß der Elbe, und selbst bis unterhalb Rathenow waren in Hochwasserzeiten schädigende Einflüsse des Stromes zu verspüren. Hauptziel der Arbeiten im Mündungsgebiet mußte es sein, die Havelmündung hochwassersicher abzuschließen und außerdem den Rückstaupunkt der Elbe weiter stromabwärts zu verlegen (um etwa 1,25 m bei Hochwasser). Verkehrstechnisch sollten mit der Stauregelung des unteren Havelabschnittes zwischen Havelberg und Garz konstante Tauchtiefen im Vergleich zu den angrenzenden Elb- und Havelstrecken erreicht werden. Desweiteren sollten durch die Vergrößerung des Flußquerschnittes bessere Abfluß- und Schiffahrtsverhältnisse geschaffen werden.

7.4.1. Die Vergrößerung des Flußquerschnittes

Die Baumaßnahmen begannen mit dem Havelausbau, der in den Jahren 1933 bis 1935 vonstatten ging. Auf einer etwa 30 km langen Strecke vom Havelwehr bei Garz bis zwei Kilometer oberhalb der Havelmündung, wurde der Fluß vertieft sowie in seiner Linienführung begradigt und um 2,1 km verkürzt. Die Sohlenvertiefung wurde von Garz bis Havelberg kontinuierlich auf 0,40 m gesteigert und erreichte an der Mündung eine Größe von 0,64 m. Durch diese Vertiefung und Verbreiterung erreichte der neue Querschnitt fast genau die doppelte Größe des alten und hatte bei einem durch Rückstau der Elbe unbeeinflußten mittleren Sommerhochwasser der Havel eine Durchflußfläche von 265 m^2 bei einer mittleren Wassertiefe von 2,65 m.

Durch die Sohlenvertiefungen und Profilverbreiterungen wurde ein Querschnitt angestrebt, der hydraulisch in der Lage sein sollte, ein mittleres Sommerhochwasser der Havel ohne Ausuferung abzuführen, vorausgesetzt, daß kein Rückstau aus der Elbe erfolgte. Bautechnisch machten die genannten Maßnahmen den Abbruch von etwa 3 km Buhnenkörpern und mehr als 6 km altem Deckwerk erforderlich. Insgesamt mußten etwa 3 Millionen m^3 Bodenmassen bewegt werden. Die alten Regulierungsbauwerke wurden durch Greifer beseitigt, während die Profilerweiterungen im wesentlichen durch Eimerkettenschwimmbagger mit Greiferunterstützung erfolgten. Die Aufgabe der Greifer bestand hierbei darin, den Böschungsschnitt ins Naßbaggerprofil zu setzen. Der Abtransport des Naßbaggergutes erfolgte in Spülschuten.

Wie problematisch es war, diese Arbeiten im Mündungsgebiet eines Flusses vorzunehmen, sollen die nachfolgenden Bemerkungen aus der Zeitschrift „Die Bautechnik" vom Jahre 1934 belegen. Sie sollen gleichzeitig zeigen, auf welch schmalem Grat wir uns mit solchen Regulierungsarbeiten bewegen und wie notwendig es ist, das Erreichte zu erhalten, um nicht wieder in den alten Zustand zurückzufallen:

„Die Erweiterung eines Flußschlauches im Flachland für die Abführung eines Hochwassers ist eine mit den anerkannten Flußbauregeln kaum vereinbare Maßnahme, die nur unter den besonderen Bedingungen der Unteren Havel mit ihren schwachen Gefällen und ihrer unbedeutenden Geschiebebewegung in Betracht gezogen werden konnte. Auch hier konnte sie nur vertreten werden, wenn die Bildung neuen Geschiebes durch Uferabbruch zuverlässig unterbunden wurde. Infolgedessen mußten alle neuen Ufer von vornherein deckwerkartig befestigt werden ... Der Schutz mußte dort besonders kräftig ausgestaltet werden, wo zu den Angriffen der Windwellen und

Bild 7.16 Die Wehrgruppe Quitzöbel im Jahre 1936.
Quelle: ZBlatt 1937

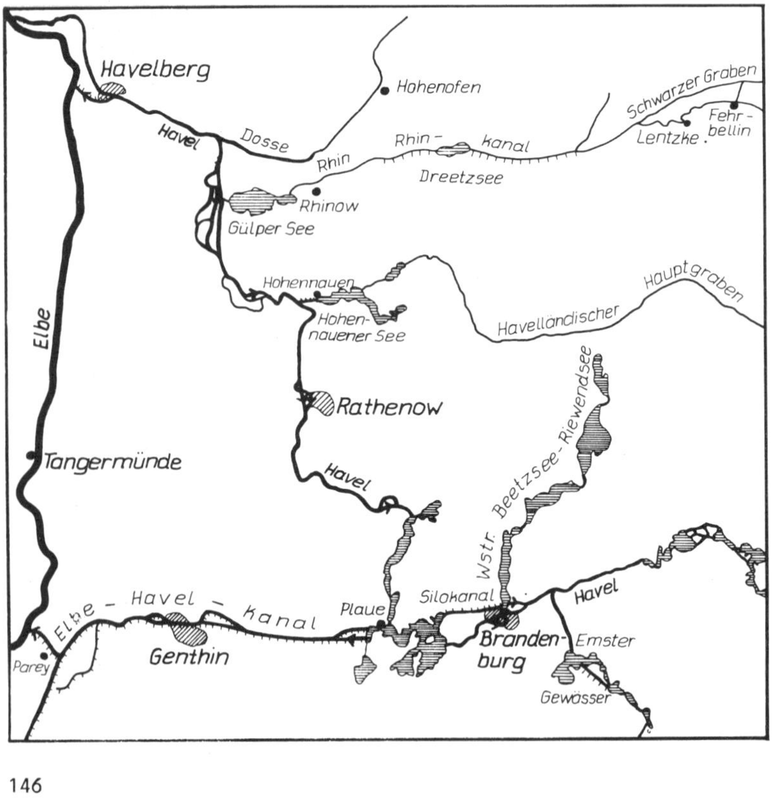

Bild 7.17
Schleuse Havelberg
im Jahre 1936.
Quelle: Larssenhand-buch 1938

Bild 7.18
Die Untere Havel
im Jahre 1940.
Zeichnung Autor

der Strömung die starken Beanspruchungen, durch die Schiffahrt treten, d. h. auf der Strecke zwischen dem Wehr Garz und der Abzweigung des Schleusenkanals bei Havelberg."
Insgesamt wurden in den drei Baujahren mehr als 200 000 m^2 Deckwerk errichtet, die alle einen Faschinenunterbau in Form von Wurst- oder Rollmatten bekamen.

7.4.2. Die Wehrgruppe Quitzöbel

Die Verlegung des Rückstaupunktes der Elbe bis nach Gnevsdorf und die damit notwendig werdende Regulierung der Wasserstände zwischen Garz und Havelberg im Sinne von Landeskultur und Binnenschiffahrt bedingte die Anlage eines Systems von vier Wehren. Dieses Wehrsystem besteht aus dem Haupt- und Nebenwehr Quitzöbel, dem Wehr Neuwerben und dem Wehr Gnevsdorf. Das Zusammenspiel dieser vier Wehre, insbesondere in Hochwasserzeiten, wird durch relativ komplizierte Bedienungsvorschriften geregelt, die hier im einzelnen nicht erörtert werden können.
Im Prinzip dienen

die Wehre Quitzöbel
- der Regelung des Havelabflusses zur Elbe über den Gnevsdorfer Vorfluter und
- der Stauregelung der Haltung Havelberg – Garz,

das Wehr Neuwerben
- der Regelung des direkten Havelabflusses zur Elbe (wobei ihm in Niedrigwasserzeiten die Funktion der Niedrigwasseranreicherung der Elbe zukommt) und damit ebenfalls der Stauregelung der Haltung Havelberg – Garz sowie
- der Hochwasserentlastung der Elbe durch Einlassen von Elbwasser in die Havelniederung (damit Kappung der Hochwasserspitzen der Elbe um maximal 0,60 m),

das Wehr Gnevsdorf
- der Regelung der Wasserstände im Gnevsdorfer Vorfluter.

  Der Bau der Quitzöbler Wehre erfolgte in den Jahren 1935 und 1936 (Inbetriebnahme 23. Juni 1936), während die Wehre Neuwerben und Gnevsdorf erst nach dem zweiten Weltkrieg gebaut werden konnten.

Konstruktiv sind alle vier Wehre ähnlich.
Das in einem Durchstich angelegte Hauptwehr Quitzöbel hat zwei Öffnungen von je 25 m lichter Weite, die durch 8,75 m hohe beiderseits belastbare Rollschütze verschlossen werden. Das Hauptwehr besitzt einen Fischpaß und hatte eine elektrisch betriebene Wollhandkrabbenfang und -vernichtungsanlage.

Bild 7.19
Linke Fischbauchklappe des Wehres Brandenburg im Montagezustand.
Foto: Autor

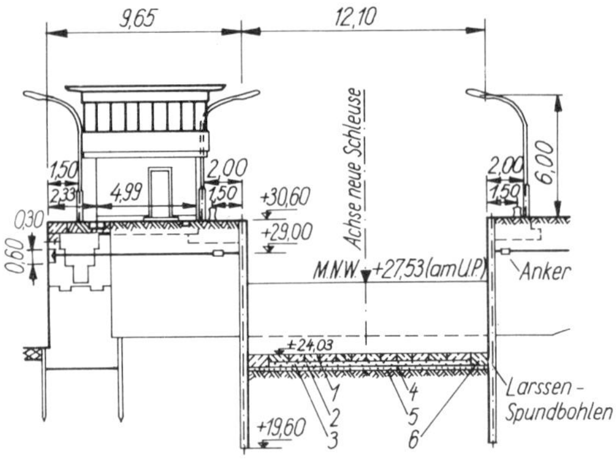

Bild 7.20 Querschnitt der neuen Schleuse Brandenburg. 1 durchbohrte Stahlbetonplatte, 2 Schotter, 3 Waschkies, 4 Filtergaze, 5 Sand, 6 Stahlbetonspannbalken 0,50 m hoch. *Quelle: BP u. BT 1971*

Das Nebenwehr Quitzöbel, im Havelaltarm angelegt, hat eine Öffnung von 25,00 m lichter Weite. Neben ihm befindet sich eine Kahnschleuse von 22,00 m nutzbarer Länge und 5,30 m Breite. Die Schleusenverschlüsse sind im Unterhaupt Stemmtore mit Torschützen, im Oberhaupt ein bis zum Kleinwasserstau abschließendes Betriebshubtor, das auch zum Füllen der Kammer verwendet wird, und ein bei Hochwasser sich darüber setzendes Sicherheitshubtor. Das Wehr Neuwerben besitzt drei Durchflußöffnungen von 12,00, 24,00 und 12,00 m Breite, während das Wehr Gnevsdorf zwei Öffnungen von 24,00 m Durchflußbreite aufweist. Neben dem Gnevsdorfer Wehr befindet sich eine Kahnschleuse mit den gleichen Abmessungen wie in Quitzöbel.

7.4.3. Die Schleuse Havelberg

Die Errichtung der Wehranlagen erforderte den Bau einer Schleppzugschleuse bei Havelberg, um den Gefälleunterschied zwischen Havel und Elbe zu überwinden. Die Schleuse wurde in einem etwa 2,50 km langen Schiffahrtskanal erbaut, der die in einem Durchstich verlegte Havel unterhalb der Langen Brücke in Havelberg mit der Elbe bei Dommühlenholz (Elb-Kilometer 422,8) verbindet. Sie besitzt versetzte Häupter aus Stahlbeton und Kammerwände aus Stahlspundbohlen. Die Sohle besteht aus einer filterartig aufgebauten Abdekkung zwischen Stahlbetonspannriegeln, die die Wände gegeneinander absteifen. Die nutzbare Länge der Schleuse beträgt 225,00 m bei einer Breite von 20,00 m und einer Torweite von 12,00 m. Der maximale Schleusenhub beträgt 5,35 m. Nach dreijähriger Bauzeit wurden Schleuse und Schleusenkanal am 4. Mai 1936 in Betrieb genommen.

7.5. Die Rekonstruktion der Staustufe Brandenburg

Auch die Untere Havel-Wasserstraße war im 2. Weltkrieg von schweren Kriegsschäden betroffen, die sich insbesondere auf die Brandenburger Niederhavel, den Silokanal, den Sacrow-Paretzer-Kanal und die Potsdamer Havel konzentrierten. Als wichtigste Aufgabe war zuerst die Räumung der Wasserstraße von Brückentrümmern und Schiffswracks zu bewältigen. So waren in den Hauptwasserstraßen von 29 Brücken 23 und in den Nebenwasserstraßen von 24 Brücken 21 zerstört. Zunächst wurden die Brückendurchfahrten behelfsmäßig einschiffig wieder hergestellt. Da bis auf die Stadtschleusen Brandenburg und Rathenow alle übrigen Schleusen und Wehre trotz Schäden betriebsfähig waren, konnte die durchgehende Schiffahrt bereits 1946 auf dieser Wasserstraße wieder aufgenommen werden. Die planmäßige Räumung wurde 1950 abgeschlossen.
An den Uferbefestigungen waren, bedingt durch die Kriegsjahre mit relativ starkem Schiffsverkehr und minimaler Bautätigkeit, starke Schäden entstanden. Bis 1960 wurden trotz überwiegend manueller Tätigkeit jährlich etwa 6 000 bis 10 000 m² Uferdeckwerke (Neigung 1:2,5; 0,30 m Steinschüttung auf einer Rollmattenfilterschicht) instandgesetzt. Nach 1960 wurde zur Erhöhung der Standfestigkeit der Deckwerke die Neigung auf 1:3 verändert und die Konstruktion der heute üblichen (im allgemeinen 0,40 m Steinschüttung auf textiler Filterschicht) angeglichen.
Eine wichtige Maßnahme zwischen 1956 und 1960 war auch die Elektrifizierung der Schleusen. Bis auf die Schleuse Havelberg hatte bis dahin keine Schleuse elektrische Antriebe. Besonders schwierig war es, die zum Teil sehr abgelegenen Schleusen mit Kraftstrom zu versorgen. Außerdem mußten überall Transformatorenstationen errichtet werden.
Einen breiten Raum nehmen bei der Erhaltung der Unteren Havel-Wasserstraße auch die jährlich durchzuführenden Fahrwasserbaggerungen zur Erhaltung und Verbesserung der Tauchtiefe sowie

der Verbau von größeren Kolken an den Wehren ein.
Zur Verbesserung der Linienführung der Wasserstraße wurden nach 1960 insbesondere die Durchstichverbreiterungen Roskow und Weseram sowie die Begradigung des Dammgrabens Ketzin durchgeführt.
Die wichtigste Baumaßnahme an der Unteren Havel-Wasserstraße nach dem Kriege war die Rekonstruktion der Staustufe Brandenburg zwischen 1963 und 1973. Diese Rekonstruktion gliederte sich in vier Teilobjekte, und zwar in
- den Ausbau des oberen Zuflußgrabens zum Wehr,
- den Wehrneubau,
- den Schleusenneubau und
- die Verbreiterung des Silokanals.

7.5.1. Der Ausbau des oberen Zuflußgrabens zum Wehr

Diese Baumaßnahme, durchgeführt in den Jahren 1963 bis 1965, war eine vorbereitende Maßnahme für den Wehrneubau in Brandenburg. Die erhöhte Abflußkapazität des Wehres erforderte auch einen größeren Querschnitt des Zuflußgrabens, der auf 240 m^2 erweitert wurde. Die Verbreiterung des Profils erfolgte auf dem rechten Ufer und betrug stellenweise bis zu 40 m. Das abgebaggerte Ufer wurde mit einer Steinschüttung befestigt und erhielt im oberen Bereich eine Weidenspreutlage, die inzwischen sehr gut ausgetrieben hat. Vor dem Wehr wurde auch die Sohle mit einer Steinschüttung befestigt.

7.5.2. Der Wehrneubau

Die Gründe für den Wehrneubau in den Jahren 1963 bis 1966 waren
- die Konzentration des Abflusses und damit eine bessere Stauregelung an der Staustufe Brandenburg,
- die Baufälligkeit der zahlreichen kleinen Wehranlagen,
- geplante Eindeichungen im oberen Bereich und die dadurch entstandene Notwendigkeit, größere Hochwasserspitzen schadlos abführen zu können.

Das neue Wehr ist an Stelle der alten Stimmingsarche errichtet worden. Die Bauarbeiten wurden besonders dadurch erschwert, daß bis zur Inbetriebnahme der Anlage der Abfluß durch das alte Wehr gewährleistet sein mußte.
Die hydraulischen Grundlagen für die Ausbildung des Wehres sind durch Versuche in der Forschungsanstalt für Schiffahrt, Wasser- und Grundbau Berlin erarbeitet worden. Das Wehr wurde für eine Abflußleistung von 242 m^3/s konzipiert.

Bild 7.21
Einweihung der Schleuse Brandenburg am 30. Oktober 1970.
Quelle: Archiv WBU Eberswalde, Betriebsteil Brandenburg

Die Wehranlage besteht aus zwei Öffnungen von je 16,00 m lichter Weite. Als Wehrverschlüsse dienen zwei Fischbauchklappen, die einseitig mit Zahnstangen angetrieben werden. Die Antriebsmaschinen befinden sich in einem Wehrmaschinenhaus auf dem Mittelpfeiler.

Die Stauhöhe des Wehres beträgt 2,75 m. Der Abflußgraben ist durch verankerte Spundwände eingefaßt, an die sich im oberen Bereich eine Pflastersicherung anschließt. Die Sohle ist zum Teil mit Sinkstücken bzw. Steinschüttung befestigt. Mit dem Wehr war auch ein Brückenneubau verbunden.

7.5.3. Der Schleusenneubau

Die Gründe für den Ersatz der alten Vorstadtschleuse Brandenburg waren

- unzureichende Parameter des bestehenden, fast 90 Jahre alten Bauwerks und, dadurch bedingt,
- unzureichende Leistungsfähigkeit der am höchsten frequentierten Schleusenanlage der DDR sowie
- wachsende Schadensanfälligkeit der alten Bausubstanz.

Die alte Schleuse wurde durch eine einfach verankerte Spundwandschleuse mit massiven Häuptern von 170,00 m nutzbarer Länge und 12,00 m Breite ersetzt. Die Stahlspundwände wurden in der Sohle durch Spannrahmen aus Stahlbeton gegeneinander abgesteift. Die filtermäßig aufgebaute Schleusensohle schließt mit einer 0,30 m dicken durchbohrten Betonsohle ab. Als Schleusenverschlüsse dienen ölhydraulisch betriebene Stemmtore. Die Schleusenfüllung bzw. -entleerung erfolgt durch paarweise in jedem Torflügel angeordnete Segmentschütze.

Für die Bedienung der gesamten Schleusenanlage wurde auf dem Mitteldamm zwischen der neuen Schleuse und der Schleppzugschleuse ein zentraler Steuerstand errichtet. Sechs Fernsehkameras überwachen die Fernbedienung der Schleusen.

Der unterläufige Mitteldamm mußte zur Sicherung mit Zementinjektionen bis 1,50 m unter Gründungssohle gedichtet werden. Besondere Probleme gab es bei der Verankerung der mitteldammseitigen Kammerwand. Der Mitteldamm wurde mit einem Salzgitterbohrgerät H 60 horizontal durchbohrt, die Anker eingefädelt und mit versenkten runden Ankerplatten im Mauerwerk befestigt. Schwierigkeiten bestanden insbesondere darin, daß alle Arbeiten nachts ausgeführt werden mußten, um den Betrieb in der Schleppzugschleuse nicht zu behindern. Die Betonbaustelle zur Fertigung der 5 500 m³ Beton für die beiden Häupter arbeitete mit einem Kühlsystem, daß ein höheres Temperaturgefälle als 15 K verhinderte und war für Wintertemperaturen bis —20 °C gerüstet.

Da die volle Aufrechterhaltung des Betriebes an der Staustufe Brandenburg gewährleistet bleiben mußte, erstreckte sich die Bauzeit über drei Jahre. Die neue Schleuse konnte am 30. Oktober 1970 dem Verkehr übergeben werden.

In Verbindung mit dem Schleusenneubau wurden auch die Vorhäfen der gesamten Schleusenanlage erweitert und verändert. So wurden neue Einfahrtsleitwerke aus verankerten Stahlspundwänden errichtet und die Molen im unteren Vorhafen verlängert. Zur Verlängerung der Molen mußten 150 000 m³ Boden antransportiert und der Damm bis zu 14 m in den Moorboden eingesprengt werden. Die durch die Sprengung aufgeworfenen 120 000 m³ Moor- und Schlickmassen wurden gebaggert, abtransportiert und verspült. Zur Böschungsbefestigung wurden 13 000 t Steinmaterial, kombiniert mit ingenieurbiologischen Maßnahmen, eingebaut.

7.5.4. Die Verbreiterung des Silokanals

Hauptgründe für die Verbreiterung des Silokanals, die in den Jahren 1970 bis 1973 erfolgte, waren

- die Umverteilung des Abflusses durch den Wehrneubau und
- der dreischiffige Ausbau, um den Schiffsverkehr, der durch die zahlreichen Umschlagseinrichtungen stark behindert war, reibungsloser zu gestalten.

Die Verbreiterung erfolgte am rechten Ufer und betrug 6,50 m. Diese Ausbaustufe war schon bei der Erstanlage des Silokanals bedacht worden, so daß keine Veränderungen an den Brücken notwendig wurden! Wegen der Verbreiterung mußte der hier vorhandene Wall abgetragen werden. Die dabei gewonnenen 200 000 m³ wurden für andere Baumaßnahmen verwendet. Um die Einbindung des Kanals in die Landschaft wieder herzustellen, wurden Grünflächen und Windschutzpflanzungen angelegt. Die Befestigung der Böschung erfolgte oberhalb des Bauwasserstandes mit Betonplatten auf Splittfilter, die eine Fußsicherung aus Betonplatten erhielten. An diese Fußsicherung schließt sich eine 0,40 m dicke Steinschüttung an.

8. Der Plauer Kanal und der Ihlekanal (Elbe-Havel-Kanal)

Da die Untere Havel von Plaue bis zur Mündung bei Havelberg über 50 km nahezu parallel zur Elbe verläuft, tauchten schon frühzeitig Überlegungen auf, der Schiffahrt zwischen Berlin und Magdeburg bzw. weiter elbeaufwärts Richtung Sachsen und Böhmen eine kürzere Verbindung zu schaffen, als es die natürliche zuließ.
In ihrer ältesten Anlage zweigte diese Wasserstraße bei Plaue aus der Unteren Havel ab, um unter Benutzung eines künstlich angelegten Durchstichs von 15,0 km Länge die Flußgebiete der Stremme und Ihle zu erreichen, die in dem in der Trasse liegenden Teil schiffbar gemacht wurden. Nach Durchstechen eines etwa 5 km langen, flachen Landrückens wurde die Elbe in einem Altarm bei Parey erreicht. Plauer Kanal und Ihlekanal lagen nur an ihrem äußersten östlichen Ende bei Plaue in der Mark Brandenburg, wurden aber, zumindest seit Ende des 19. Jahrhunderts, in der Kategorie der Märkischen Wasserstraßen geführt.
Diese Verbindungen zwischen Elbe und Havel waren bzw. sind reine Abstiegskanäle von der Elbe zur Havel. Deshalb stellte auch ihre Wasserversorgung durch Zuspeisung von Elbwasser bis in die jüngste Zeit normalerweise kein Problem dar.

8.1. Der Bau des Plauer Kanals

Wie schon früher erwähnt, sind Friedrich II. durch den Minister Görne im Jahre 1740 die beiden Projekte zum Bau des Finow- und des „Plauenschen" Kanals unterbreitet worden. Nach Beendigung des ersten Schlesischen Krieges wurden diese Vorschläge wieder aufgegriffen und im Jahr 1743 mit dem Bau beider Kanäle begonnen. Der Hauptbeweggrund für den Bau des Plauer Kanals war die Verkürzung des Weges zwischen Berlin und Magdeburg um etwa 150 km (nach Berghaus, 1850) und damit insbesondere zu den Salzlagerstätten bei Schönebeck, die ja einen großen Teil ihrer Förderung in Richtung Osten expedierten. Ein zweiter wirtschaftlicher Vorteil dieser Wasserstraße war die Erschließung des westlich und südlich von Genthin gelegenen Fiener Bruches, dessen große Torflagerstätten durch den Kanalbau einer umfassenden Verwertung zugeführt werden konnten. Dieses Fiener Bruch war noch bis Mitte des vorigen Jahrhunderts durch einen „Finroder Schiffahrtskanal" erschlossen, der von Genthin etwa 7 km ins Bruch hineinführte (bis Finrode) und mit einer Schleuse und einer Fangschleuse bestückt war. Heute ist von diesem Kanal kaum noch etwas bekannt.
Doch zurück zum Plauer Kanal. Der von dem Baumeister Rieß ausgearbeitete Entwurf sah zwischen Parey und Plaue einen etwa 32,6 km langen Kanal (8 655 Ruthen nach v. d. Hagen) vor, der den Abstieg zur Havel mittels dreier Schleusen bei Parey, Chade (Kade) und Plaue bewerkstelligte. Das mittlere Gefälle betrug etwa 5,20 m. Die Schleuse in Parey mußte aber bei Elbhochwässern einem Wasserspiegelunterschied von über 7,00 m standhalten, weshalb sie schon in der Erstanlage massiv errichtet wurde, im Gegensatz zu den beiden anderen, die aus Holz gebaut waren. Die Schleusen erhielten nutzbare Längen zwischen 44,00 und 49,00 m und lichte Tor- und Kammerweiten von generell 8,16 m.
Für die Ausbildung des Kanalprofils waren Querschnittsabmessungen und Krümmungsradien nicht vorgeschrieben. Der Unternehmer, ein französischer Ingenieur namens Mahistre, dem die Ausführung mit Vertrag vom 1. Juni 1743 „in Generalentreprise" übertragen wurde, erhielt nur die Auflage, „daß der Kanal so breit zu machen sei, daß sich zwei Schiffe sollten weichen können", wobei selbst die Größe dieser Schiffe nicht fest-

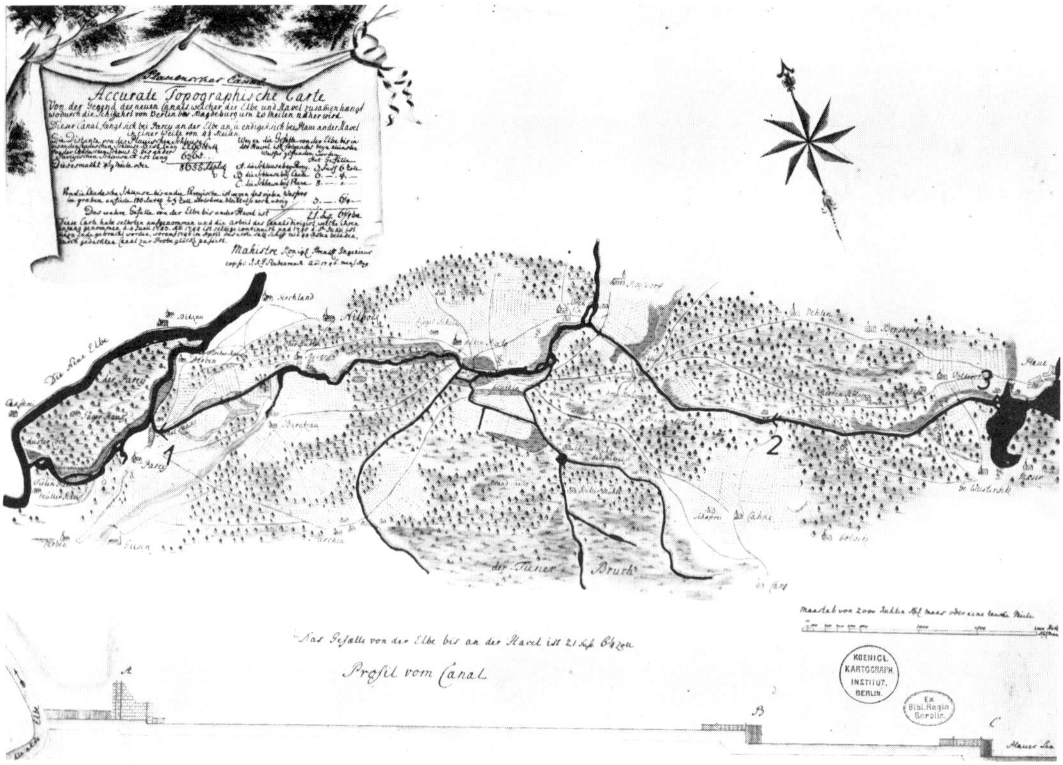

Bild 8.1 Die älteste Karte des „Plauenschen Canals" von Mahistre aus dem Jahre 1746.
1 Parey, 2 Kade, 3 Plaue.
Repro Staatsbibliothek Berlin (West)

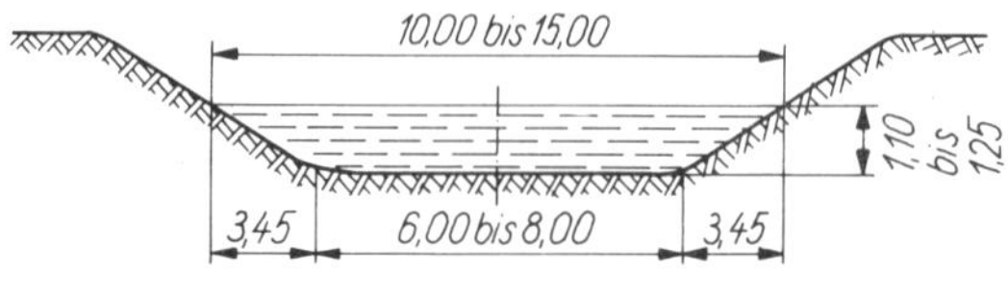

Bild 8.2 Querschnitt des Plauer Kanals, 1745.
Zeichnung Autor

Bild 8.3 Kanalquerschnitt 1866 bis 1883.
Quelle: ZfBau 1930

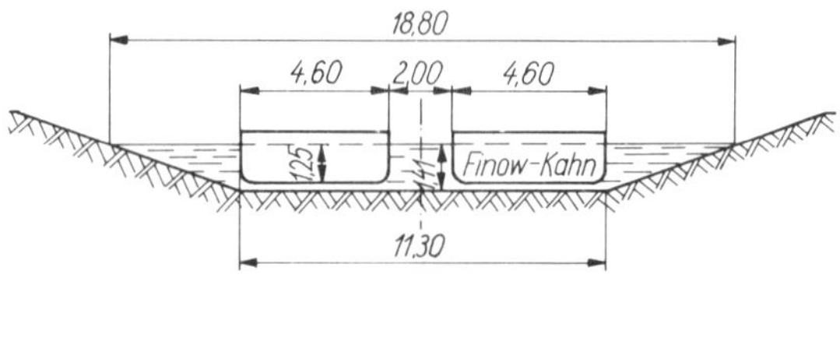

gelegt war. Dem Stand der Technik jener Zeit entsprechend wurden die Erdarbeiten ausschließlich im Handbetrieb ohne jegliche Wasserhaltung ausgeführt. Das Ergebnis war ein Profil, daß am Boden 22' (6,90 m) und in Höhe des Wasserspiegels 26' (8,16 m) breit war, nur in Ausweichstellen wurden 40' bis 50' (12,55 bis 15,69 m) Wasserspiegelbreite erreicht (nach übereinstimmenden Feststellungen von v. d. Hagen und Berghaus). Die mittlere Tiefe betrug $3^1/_2$ bis 4' (1,10 bis 1,26 m) und nur in Fluß- und Seenstrecken konnten 5' bis 6' (1,57 bis 1,88 m) Wassertiefe erreicht werden (nach Ostmann).
Die Kanalböschungen waren nur ingenieurbiolo-

gisch gesichert, d. h. über Wasser mit Rasen und in bzw. geringfügig unterhalb der Wasserspiegellinie mit Schilf, Rohr etc. Zur Beseitigung von Abbrüchen dienten Flechtzäune bzw. Faschinenwürste. Der Kanal wurde anfangs von acht Brükken gekreuzt, die alle als Zugbrücken mit doppelten Klappen aus Holz errichtet waren und von Brückenwärtern bedient wurden.

Der Kanal einschließlich aller Nebenanlagen wurde im Laufe des Jahres 1745 fertiggestellt. Das war für die damalige Zeit eine ganz enorme Leistung, die aber, und hier bieten sich Parallelen zu den anderen Wasserstraßen an, mit schonungsloser Gewalt erzwungen wurde. So mußten die benachbarten Städte und Gemeinden Arbeitskräfte gegen Bezahlung zur Verfügung stellen, die, wahrscheinlich aufgrund der erzwungenen schweren körperlichen Arbeit, in Massen wieder entliefen, so daß schließlich die Gerichtsbehörden des jerichowschen Kreises (Genthin und Burg) Anweisung erhielten, das Entlaufen zu verhindern. Abgenommen wurde der fertige Kanal durch die Probefahrt eines Salzschiffes von 39,30 m Gesamtlänge (einschl. Steuer) und 6,60 m Breite, das mit 44 Lasten Salz beladen war und dabei etwa 1,25 m tief ging. Dieses Schiff fuhr sich an zahlreichen Stellen fest und konnte nur durch Treidel-Kolonnen von 8 bis 10 Mann unter gleichzeitiger Freiwasserabgabe an den nächsten Schleusen wieder flottgemacht werden. Die Entschuldigung des Unternehmers für diese Unzulänglichkeiten lautete: „Vor solche großen Schiffe sei der Kanal nicht gebaut worden". Trotzdem wurde er gezwungen, die flachen Stellen durch Nacharbeiten zu beseitigen. So belief sich schließlich die Endabrechnungssumme auf 153 500 Taler und lag damit ganz erheblich über der anfangs veranschlagten von 88 000 Talern.

Trotz der wesentlichen Verkürzung des Weges zwischen Magdeburg und Berlin war der Kanal bei den Schiffern im Anfang nicht beliebt, da ihnen die Salzverwaltung in Schönebeck entsprechend der Zeitersparnis für jede Reise 2 Taler, 2 Groschen und 8 Pfennige abzog.

Die große Bedeutung einer solchen Wasserstraße für die damalige Zeit dokumentierte sich in dem hohen Verwaltungsaufwand. So wurde die Aufsicht über den Kanal einem in Genthin ansässigen Wasserbauinspektor übertragen, dem

- ein Kanalzollrendant in Parey, der gleichzeitig die Aufsicht über die dortige Schleuse hatte,
- zwei besondere Schleusenmeister zu Kade und Plaue,
- ein in Derben wohnender Kanalaufseher und
- acht Brückenwärter unterstanden.

Zu den Obliegenheiten des Kanalaufsehers gehörte es u. a. den gesamten Kanal monatlich mindestens zweimal zu begehen (!), dabei die acht Brückenwärter zu überwachen und sein Hauptaugenmerk dem Zustand der Kanalufer und den Anpflanzungen am Kanal zu widmen. Mit unnachsichtiger Strenge wurden Gesetzübertretungen geahndet. „So wurden Schiffer und Benutzer der Anlagen ebenso rücksichtslos mit hohen Geldstrafen belegt, wenn sie sich bei der Durchfahrt durch den Kanal, die Schleusen und Brücken, beim Aus- und Einladen oder bei der Überfahrt über die Brücken unachtsam zeigten, wie die Anlieger und deren Beauftragte, wenn sie ihre Grundstücke weiter als bis 1 Ruthe an die Kanalanlagen heran beackerten, ihr Vieh auf die Kanaldämme oder gar durch den Kanal laufen oder ihre Schafe an anderen Stellen als den eigens dazu für jede Gemeinde hergestellten und ausgepflasterten Schafwäschen waschen ließen; Strafen von 2 bis 5 Talern waren keine Seltenheit, ja vereinzelt wurden solche von 10 Talern verhängt". (Ostmann).

Neben der Strafe mußte auch noch der verursachte Schaden ersetzt werden und die Eintreibung dieser Strafgelder wurde so rigoros vorgenommen, daß z. B. der Schiffer nicht eher durch die nächste Schleuse gelassen wurde, bis er seine Schuld bezahlt hatte.

8.2. Der Plauer Kanal bis Mitte des 19. Jahrhunderts

Während anfangs der Kanal nur dem Verkehrsanliegen diente, wurden durch spätere Festlegungen auch seine wasserwirtschaftlichen Funktionen geregelt. So sah die am 13. November 1787 erlassene Grabenschauordnung für das Gebiet der Stremme zwischen Plauer Kanal und Havel vor, daß

- das dem Kanal zulaufende Wasser in erster Linie dem Schleusenbetrieb dienen sollte,
- das für den Schleusenbetrieb nicht erforderliche Wasser entweder Mühlen an der Stremme oder durch die Schützen der Schleusen Kade und Plaue dem Plauer See zugeführt werden sollte,
- bei Hochwasser und zur Zeit, in der in der Stremme Räumungsarbeiten ausgeführt wurden (das war Anfang April und Anfang Oktober jeden Jahres), der Kanal für die schadlose Wasserabführung herangezogen werden mußte.

Bild 8.4 Baustellenfoto von der Schleuse Parey aus dem Jahre 1891. *Quelle: Archiv WBU Magdeburg*

Ab Anfang des 19. Jahrhunderts wurden für den Kanal jährlich 15 000 Taler Unterhaltungskosten (das waren etwa zehn Prozent der Anlagekosten!) bereitgestellt. Sie wurden zum größten Teil für die Beseitigung der ständig auftretenden Sandablagerungen, insbesondere in den Schleusenbereichen und an den Einmündungen der Ihle und des Mühlengrabens bei Genthin, verwendet. Besonders kritisch wirkten sich die alljährlichen Versandungen in der alten Elbe bei Parey aus. Durch eine Abdämmung der alten Elbe oberhalb der Einmündung des Kanales, die im Jahre 1819 erfolgte, konnte das Problem auch nicht gelöst werden, da die Versandungserscheinungen nur weiter nach unterhalb verschoben wurden.

Das Kanalprofil blieb bis Mitte des 19. Jahrhunderts im wesentlichen unverändert. Schon 1781 mußte in Plaue eine neue, ebenfalls hölzerne Schleuse erbaut werden, und im Zusammenhang mit diesem Bau wurde hier die Kanalmündung begradigt. 1793/94 wurde die Schleuse in Kade und 1820/21 schon wieder die in Plaue durch Neubauten ersetzt. Nach Ostmann handelte es sich hier schon um Massivbauten, dem widerspricht aber die Darstellung von Berghaus, der im Jahre 1850 noch beide als aus Holz bestehend erwähnt. Die alte massive Schleuse in Parey hatte fast 100 Jahre Bestand und wurde erst 1839/41 durch einen Neubau ersetzt.

Über die Frequentierung des Kanals ist aus dem Jahre 1824 ein Bericht des Bauinspektors Kaufmann in Genthin bekannt, in dem es heißt, „daß bei einer kurzen Schiffahrtssperre in Parey auf der Strecke Parey—Seedorf 33 Kähne, von Seedorf bis Genthin 61 und die übrigen im Genthiner See lagen, und daß zu diesen Fahrzeugen 500 Schiffsleute gehörten; rechnet man auf jedes Schiff drei Mann Besatzung, so müssen in jener Zeit 170 Fahrzeuge allein zwischen Genthin und Parey, also auf rd. 12 km Kanallänge im Rang gelegen haben" (Ostmann).

Die Inbetriebnahme der Potsdam-Magdeburger Eisenbahn im Jahre 1846 führte zu einer Verödung des Plauer Kanals, da die Bahn die meisten Güter billiger und schneller als die Schifffahrt transportieren konnte. Um weiter konkurrenzfähig zu bleiben, mußte die Wasserstraße in ihren Abmessungen vergrößert und dem Einsatz von Dampfschleppern zugängig gemacht werden.

8.3. Die Erweiterung des Plauer Kanals

Durch Vergrößerung des wasserführenden Querschnitts auf 21,20 m^2 bei einer konstanten Wasserspiegelbreite von 18,80 m wurde der Kanal für die Schiffahrt wieder attraktiver gemacht, denn nun konnten Finowschiffe, die bei 1,25 m Tauchtiefe etwa 150 t Ladung trugen, jederzeit gefahrlos aneinander vorbeifahren. 600 bis 800 Arbeiter waren bei diesen Bauarbeiten eingesetzt. Der Tageslohn für die zehnstündige Arbeitsschicht betrug einen halben Taler.
Unter anderem kam bei den Erdarbeiten ein Dampfbagger zum Einsatz, der bei einer Leistung von 8 bis 10 PS 25 m^3 Boden stündlich bewegte. Der bei diesem Baggerprozeß gewonnene Boden wurde nicht in Prähme sondern in Karren gebaggert, die auf einem schwimmenden, hinter dem Bagger hergeführten Gerüst standen. Diese Technologie wurde notwendig, da der Kanal im Baggerbereich so flach war, daß Prähme nicht mehr schwimmen konnten. Man hatte nämlich aus Gründen eines raschen Baufortschritts und von Kosteneinsparungen den Kanal vom 1. November 1862 bis 30. April 1863 vollständig still- und damit so gut wie trockengelegt. Diese Maßnahme war infolge des geringen Schiffsverkehrs verkehrsökonomisch zu vertreten, und auch in der Zeit von 1864 bis 1866 wurde die Schiffahrt soweit eingeengt, daß die Schiffe nur morgens, während der Mittagspause und abends an den Baggerstellen vorüberfahren durften.

8.4. Der Bau des Ihlekanals

In den Jahren 1865 bis 1872 wurde mit dem Bau des Ihlekanals eine weitere Wasserstraße zwischen Plauer See und Magdeburg geschaffen. Die Gründe für die Anlage dieses Kanals waren
- der von der Stadt Burg dringend geäußerte Wunsch, an das Wasserstraßennetz angeschlossen zu werden,
- die Schwierigkeiten an der Einmündung des Plauer Kanals in die Elbe (starke Versandungen, geringe Tauchtiefen, der zu weit unterhalb liegende Rückstaupunkt der Elbe bei Niedrigwasserständen), zu deren Vermeidung eine neue Schleuse in Parey notwendig geworden wäre,
- die Ausschaltung von 30 km Bergfahrt auf der Elbe im Berlin-Magdeburg-Verkehr.

Der Kanal zweigte bei Seedorf aus dem Plauer Kanal ab, verlief bis Burg im Tal der Ihle und mündete bei Niegripp in eine Einbuchtung der Stromelbe. Er erhielt den gleichen Querschnitt wie der kurz zuvor erweiterte Plauer Kanal.
Der Ihlekanal war mit den drei Schleusen Niegripp, Ihleburg und Bergzow versehen. Die Schleusen Ihleburg und Bergzow hatten eine nutzbare Kammerlänge von 47,00 m und eine Kammerbreite von 8,00 m. Das Schleusengefälle betrug in Bergzow 2,70 m und in Ihleburg 2,50 m. Das Schleusengefälle in Niegripp wurde durch die wechselnden Wasserstände bestimmt. Um bei

Bild 8.5 Namensschild und „Geburtsurkunde" der Schleuse Parey. *Quelle: Archiv WBU Magdeburg*

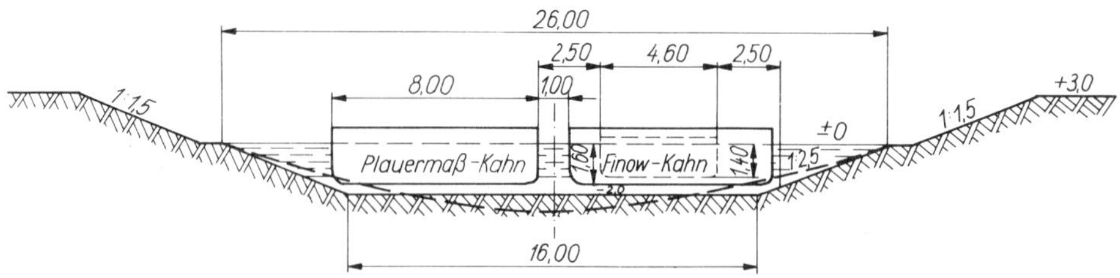

Bild 8.6 Profil des Plauer Kanals und des Ihlekanals 1883 bis 1914. Die gestrichelte Linie zeigt die Profilumbildung infolge Überbeanspruchung durch die Schiffahrt. *Quelle: ZfBau 1930*

hohen Elbwasserständen möglichst viele Schiffe zu schleusen und den schützenden Kanal erreichen zu lassen, war die Schleuse Niegripp als Kuppelschleuse mit drei Häuptern und damit mit zwei hintereinanderliegenden Kammern ausgebildet. Jede Kammer hatte eine Nutzlänge von 47,00 m, die Nutzlänge der gesamten Schleusenanlage betrug 98,50 m, die Kammerbreite analog den beiden anderen Schleusen 8,00 m. Zur Abführung des überschüssigen Ihlewassers wurden in Bergzow und Ihleburg Freiarchen errichtet. Für den Fall einer Wasserklemme in Niedrigwasserzeiten war die Schleuse Niegripp mit Kanälen (1,41 m hoch, 0,72 m breit) in beiden Kammerwänden versehen, die an den Stirnseiten der Schleuse durch Schütze verschlossen waren.

Von Interesse dürfte auch noch sein, daß der Bau des Ihlekanals ab 1866 von Ludwig Hagen, dem Sohn des Altmeisters des deutschen Wasserbaues Gotthilf Hagen, geleitet wurde.

8.5. Die zweite Erweiterung des Plauer Kanals und die Erweiterung des Ihlekanals

Infolge der Inbetriebnahme des Ihlekanals verdoppelte sich von 1872 bis 1882 der Güterverkehr zwischen Plauer See und der Elbe. Die Strecke Seedorf—Parey des Plauer Kanals, der sogenannte Schmale Graben, verödete ziemlich und diente nur noch dem örtlichen Verkehr.

Die allgemeine Vergrößerung der Schiffsabmessungen und das immer häufigere Auftreten von Plauermaß-Kähnen zwischen Elbe und Oder führten in den Jahren 1883 bis 1891 zur Erweiterung des Plauer Kanals und des Ihlekanals, die im wesentlichen

- in der Verbreiterung und Vertiefung des Kanalquerschnitts,
- in einer Vergrößerung der Schleusenanlagen und
- in der Erweiterung eines Teiles der über den Plauer Kanal führenden Brücken bestand.

Um nicht beide Uferböschungen neu befestigen zu müssen, wurde die Verbreiterung des Kanalquerschnitts im wesentlichen nur einseitig vorgenom-

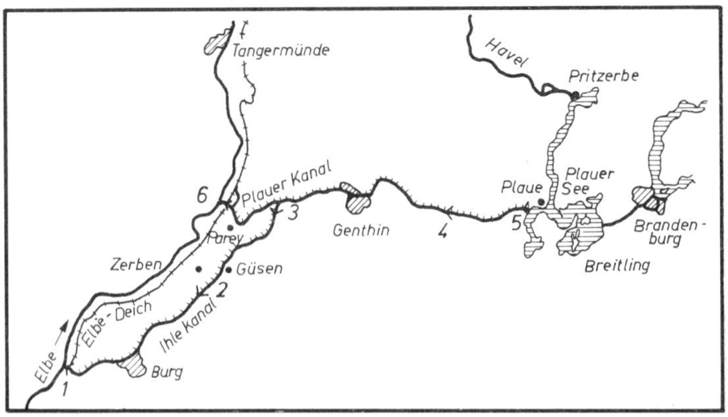

Bild 8.7
Plauer Kanal und Ihlekanal Ende des 19. Jahrhunderts.
1 Schleuse Niegripp
2 Schleuse Ihleburg
3 Schleuse Bergzow
4 Schleuse Kade
5 Schleuse Plaue
6 Schleuse Parey
Zeichnung Autor

men. Die Befestigung zur damaligen Zeit bestand in einem schwachen Steinbewurf, der durch Schilf-, Rohr- und Binsenpflanzungen ergänzt wurde. Unglaublich muten uns heute die damals verbrauchten Steinmengen an: für 60,0 km neues Kanalufer wurden 6 000 m^3 Schüttsteine, im Durchschnitt also 0,1 m^3 pro laufenden m Böschung, verbaut. Zum Vergleich sei hier angeführt, daß die Sicherung desselben Ufers nach heutigen Ausbaumaßstäben das zwanzigfache und die Sicherung eines modernen Kanals mit 3,50 m Wassertiefe und 1:3 geneigten Böschungen ungefähr das fünfzigfache an Schüttsteinen erfordert!

In Kade (1883/84) und Plaue (1884/86) wurden neben den bestehenden Schleusen neue Anlagen von 67,00 m nutzbarer Länge und 8,60 m Breite errichtet. In Ihleburg wurde das Ober- und in Bergzow das Unterhaupt um 20,00 m verlegt und die Schleusen damit ebenfalls auf 67,00 m Nutzlänge gebracht. Das geschah in den Jahren 1885 und 1886 und war mit einer neunmonatigen Sperrung des Ihlekanals verbunden. Da die Schleusen in Bergzow, Ihleburg und Niegripp 8,00 m breit waren, konnten den Kanal nur Schiffe bis zu 7,50 m Breite passieren.

Die Mittel, die man durch die Vermeidung von Schleusenneubauten am Ihlekanal eingespart hatte, kamen baulichen Aktivitäten im Pareyer Bereich zugute. Hervorgerufen durch die Verlegung des Hochwasserdeiches um 2,0 km elbabwärts machte sich eine ebensolche Verlegung der Schleuse Parey notwendig. Die neue Schleuse, die mit der heute noch bestehenden identisch ist, wurde, ähnlich wie in Niegripp, als Kuppelschleuse mit drei Häuptern ausgeführt. Die einzelnen Kammern erhielten eine Nutzlänge von 67,00 m und eine Breite von 8,60 m. Die gesamte nutzbare Länge der Anlage betrug 139,00 m.

Da die Plattformen beider Kammern unterschiedlich hoch liegen, ist eine Benutzung der elbabgewandten Kammer nur bei Elbwasserständen bis zu 1,00 m über Mittelwasser möglich, während die Benutzung der äußeren Kammer bis zum mittleren Hochwasser erfolgen kann.

Die Verlegung der Schleuse machte es möglich, ihren Außenkanal auf 700 m zu verkürzen und den Rückstaupunkt für den Plauer Kanal um 3,5 km stromauf zu verlegen. Damit wurde die Haltung Parey-Kade nicht mehr von den Niedrigwasserständen der Elbe beeinflußt. Der Schmale Graben zwischen Parey und Seedorf wurde dem Profil der übrigen Strecke angepaßt.

Tabelle 8.1 Verkehr an den Schleusen Parey und Niegripp, 1883 bis 1912

Jahr	Schleuse Parey Ladung in t	Schleuse Niegripp Ladung in t
1883	88 000	859 000
1895	516 000	284 000
1905	1 134 000	377 000
1912	1 624 000	417 000

Nach Abschluß aller Arbeiten im Jahre 1893 veränderte sich der Verkehrsfluß auf beiden Kanälen. Die von der Elbe kommende Schiffahrt benutzte jetzt fast ausschließlich den Weg über Parey, da sie hier mit dem Strom schwimmen konnte und 25 km an zu bezahlender Schleppfahrt auf dem Kanal sparte. Weitere Gründe, auch für die in Richtung Elbe fahrenden Schiffe, den Weg über Parey zu nehmen, waren die größere zulässige Breite von 8,00 m und die Einsparung der Abgaben für zwei Schleusen. So benutzten den Ihlekanal jetzt nur noch die Anlieger und elbwärts fahrende Schiffe, die die 30 km Bergfahrt auf der Elbe einsparen wollten. Die Auswirkungen zeigt Tabelle 8.1.

8.6. Der Entwurf von 1912

Im Jahre 1912 war ein Maximum des Verkehrs erreicht. Gleichzeitig war man an der Leistungsgrenze der Kanäle angekommen. Der Übergang vom Finowmaßkahn zu Odermaß- und Plauermaß-Kähnen sowie vom Stak- und Treidelbetrieb zum Schleppbetrieb führte zu einer Überbeanspruchung des Kanalprofils, die sich in starken Böschungsbeschädigungen und Profilumbildungen äußerte. Durch die großen Profilumbildungen kam es zum immer häufigeren Festwerden von Fahrzeugen, die nur mit großer Mühe und unter weiteren Profilbeschädigungen flott gemacht werden konnten.

Neben dem zu kleinen Profil wurden auch die Mittelpfeiler der Brücken als äußerst störend empfunden. Das verkehrswidrige Verhalten zahlreicher Schiffsführer, die an den Brücken nicht die vorgeschriebene, sondern die ihnen bequemste Durchfahrt benutzten, vergrößerte diese Schwierigkeiten noch. Vor der anderen Öffnung bildeten sich nämlich Sandablagerungen, die bei Benutzung beider Durchfahrten, die sich ja bei Begeg-

nungen nicht umgehen ließen, dem Schleppzug in der schlechteren Öffnung zum Verhängnis wurden.
Der starke Ortsverkehr im Kanal bildete ein weiteres Verkehrshindernis, da viele Güter an Stellen umgeschlagen wurden, an denen keine Querschnittserweiterungen vorhanden waren. Dadurch geriet der Durchgangsverkehr oft ins Stocken. Für die heutigen Bestrebungen, neue Zugangsstellen zur Wasserstraße zu erschließen, dürfte interessant sein, daß im Jahre 1910 im Bereich des Plauer und des Ihlekanals etwa 550 000 t Güter umgeschlagen wurden, davon 250 000 t in 29 Privathäfen und Liegestellen.
Die immer häufiger werdenden Klagen über den Zustand des Kanals führten schließlich zur Ausarbeitung eines Entwurfs vom 20. Juni 1912, der am 9. August 1912 durch das zuständige Ministerium genehmigt wurde. Der Entwurf sah vor,

„— daß der Querschnitt auf die Abmessungen des Ems-Weser-Kanals unter Anordnung einer reichlich breiten Uferbefestigung erweitert werde,
— daß die Krümmungen durch Abgrabungen und Durchstiche auf mindestens 500 m Radius bei entsprechender Verbreiterung (5,00 m bei 500 m, 2,00 m bei 1 000 m Radius) abgeflacht werden,
— daß sämtliche Brückenbauwerke durch solche aus einer Öffnung von 40 m Lichtweite bei 4,35 m lichter Durchfahrtshöhe in der Mitte und 4,20 m an den Seiten über Normalpeil ersetzt werden,
— daß eine neue Schleuse bei Plaue mit 67 × 10 m nutzbaren Abmessungen erbaut und die Schleusenanlage bei Kade gründlich instand gesetzt werde. Ferner soll der Unterhafen der Schleuse Plaue wesentlich vergrößert werden, da dort umfangreiche Liegeplätze nötig sind, wenn Schiffe bei Nacht, Sturm oder Nebel den Plauer See nicht durchfahren können."

Da der Ihlekanal nur etwa zwanzig Prozent des Verkehrs des Plauer Kanals aufwies, wurde von seiner Erweiterung Abstand genommen.
Die Verbreiterung sollte im wesentlichen auf der Südseite vor sich gehen, während die Nordseite nur eine stärkere Steinsicherung erhalten sollte. Ferner waren neben vielen kleinen auch drei größere Durchstiche (zwei in der Nähe der Derbener Brücke und einer bei Altenplathow) vorgesehen. Neben einer Verbesserung der Linienführung sollten die dabei zurückbleibenden Altarme als Winterliegeplätze für die Kähne der am Kanal beheimateten Schiffer dienen. Um das Jahr 1910 waren am Plauer Kanal etwa 400 Schiffer ansässig.
Der Entwurf sah weiterhin vor, auf etwa 11 km (Kilometer 20,8 bis 21,2 und Kilometer 23,7 bis 34,2) Ton- bzw. Lehmdichtungen einzubringen und durch den Ausbau von Seitengräben durchsickerndes Wasser von den angrenzenden Ländereien fernzuhalten.
Auf weitere Einzelheiten soll hier nicht eingegangen werden, da das Projekt durch den 1914 ausbrechenden Weltkrieg zum Scheitern kam. Man versuchte zwar noch die drei großen Durchstiche mit Hilfe von etwa 800 russischen Kriegsgefangenen zu realisieren, doch diese wurden nach und nach zu Arbeiten in der Landwirtschaft abgezogen, so daß die Bauarbeiten allmählich zum Erliegen kamen. Ab dem 14. Juli 1916 ruhten dann bis zum Kriegsende sämtliche Arbeiten.

8.7. Plauer Kanal und Ihlekanal zwischen den beiden Weltkriegen

Nach der Beendigung des 1. Weltkrieges lebte auch die Bautätigkeit am Plauer Kanal und am Ihlekanal wieder auf. Allerdings unter anderen Vorgaben als der Entwurf von 1912 vorsah. Die Vorstellungen zur Vollendung des Mittellandkanals, der die von Süd nach Nord fließenden deutschen Ströme und Flüsse miteinander verbinden sollte, hatten konkrete Formen angenommen und wurden am 4. Dezember 1920 zum Gesetz erhoben. Für diese Vollendung des Mittellandkanals wurde eine Summe von 435,04 Millionen Mark vorgesehen. Interessant dürfte sein, welche Wasserstraßen bzw. Wasserbauobjekte im Sinne dieses Gesetzes und daraufhin abgeschlossener Verträge (u. a. vom 24. Juli 1926) zum Mittellandkanal rechneten. Das waren:

1. Der Weser-Elbe-Kanal und zwar
   a) der Hauptkanal von Hannover (Misburg) über Oebisfelde bis Burg
   b) der Zweigkanal nach Hildesheim
   c) der Zweigkanal nach Braunschweig
   d) der Elbabstieg bei Rothensee
   e) der Kanal zum Hafen Rothensee
   f) die Elbeverbindung bei Niegripp
   g) sonstige Nebenanlagen, die in den Entwürfen zu a—f enthalten sind.
2. Der Anschluß nach Leipzig und zwar
   a) die Elberegulierung von der Saalemündung bis Prester

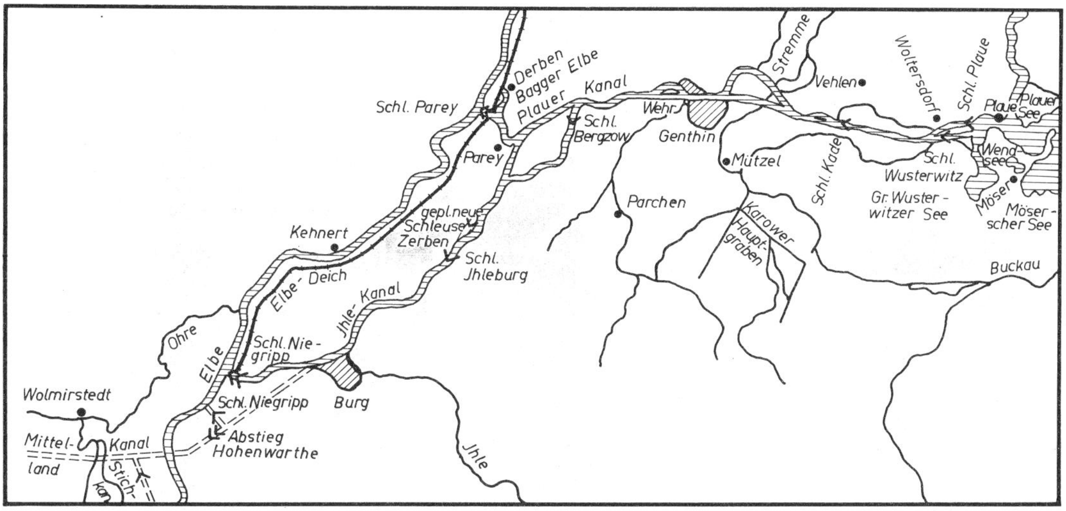

Bild 8.8 Lageplan des Elbe-Havel-Kanals im Jahre 1930.
Quelle: ZfBau 1930

b) der Umgehungskanal bei Magdeburg (Prester—Herrenkrug)
c) die Elberegulierung von Herrenkrug bis Niegripp
d) die Beteiligung an den Saaletalsperren
e) die Kanalisierung (besser Stauregelung) der Saale von der Mündung bis Bernburg
f) die Kanalisierung der Saale von Bernburg bis Kreypau
g) der Elster-Saale-Kanal

3. Der Anschluß von Bernburg nach Staßfurt-Leopoldshall
4. Der Ausbau des Plauer Kanals und des Ihlekanals
5. Der Ausbau des Oder-Spree-Kanals.

Für den Ausbau des Plauer Kanals und des Ihlekanals war eine Summe von 25,24 Millionen Mark vorgesehen. Verkehrsprognosen dieser Jahre ließen einen Gütertransport von zukünftig 5 Millionen t erwarten und es wurde weiterhin davon ausgegangen, daß solche Gütermengen nur mit einem hohen Anteil von größeren Schiffen zu bewältigen sind. Als Bemessungsgrundlage für den künftigen Kanalquerschnitt wurde deshalb ein Kanalschiff von 80,00 × 9,00 × 2,00 m bzw. ein Flußschiff von 80,00 × 10,50 × 1,60 m gewählt. Das Querschnittsverhältnis von n = 5 war nach damaligen Erkenntnissen großzügig bemessen, hat sich aber unter den heutigen Schiffahrtsanforderungen als zu klein erwiesen (besser n = 7 oder größer). Auch die nur 1,00 m unter den Was-

Bild 8.9 Längsschnitt des Elbe-Havel-Kanals.
Quelle: ZfBau 1930

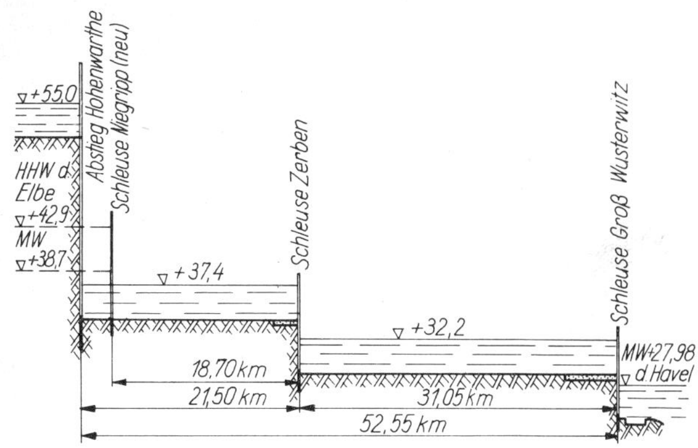

Bild 8.10
Schleuse Wusterwitz, 1930.
Blick vom Unterwasser.
Quelle: ZfBau 1930

Bild 8.11
Schleuse Zerben, 1936.
Quelle: BT 1937

serspiegel reichende Steinschüttung und das Fehlen eines wirksamen Filters sind bei den heutigen Beanspruchungen nicht mehr ausreichend. Bereits damals erkannte man, daß die projektierte Böschungsneigung von 1:2,5 aus Gründen der Standsicherheit der Uferbefestigung bei der Bauausführung möglichst noch flacher zu gestalten ist.

Durch die Forderung, bei der Linienführung des Kanals einen Krümmungsradius von 1 000 m möglichst nicht zu unterschreiten, kam es zur Anlage zahlreicher Durchstiche, deren größte der 2,5 km lange bei Parey, der 4,6 km lange östlich von Genthin sowie der Großwusterwitzer mit einer Länge von 2,7 km waren. Die zahlreichen Durchstiche führten zu einer Verkürzung der Wasserstraße von 52,0 km auf 47,5 km. Die Altarme wurden als Winterliegestellen sowie zur Errichtung von Umschlagstellen genutzt.

Die Verbesserung der Linienführung beider Kanäle bedingte auch die Verlegung einzelner Schleusen, und so lag der Gedanke nahe, die bisherigen vier Staustufen Ihleburg, Bergzow, Kade und Plaue zu zwei Staustufen zusammenzufassen.

Da im Zuge des Ausbaues des Mittellandkanals für das 80-m-Schiff die alten Schleusen ohnehin hätten erweitert werden müssen, konnten durch die Reduzierung auf zwei Staustufen Bau-, Betriebs- und Unterhaltungskosten eingespart und der Schiffahrt die Wartezeiten an zwei Schleusen erspart werden. Die Untersuchungen ergaben, daß sich das Gefälle der Schleusen Ihleburg und Bergzow an einer Staustufe bei Zerben und das der Schleusen Kade und Plaue an einer Staustufe bei Großwusterwitz (heute Wusterwitz) zusammenfassen ließ. Die sich dadurch ergebenden Kanalhaltungen Niegripp (Hohenwarthe)—Zerben und Zerben—Großwusterwitz erhielten zum einen die Stauordinate des Oberwassers der Schleuse Ihleburg und zum anderen die Stauordinate des Oberwassers der Schleuse Kade. Die Auswirkungen der daraus für gewisse Kanalstrecken resultierenden Stauerhöhungen bzw. -senkungen wurden durch Dichtungen (im Falle der Stauerhöhung) sowie Bewässerungsanlagen (im Falle der Stausenkung) eliminiert. Die Schleusen Zerben und Wusterwitz wurden als Schleppzugschleusen mit einer nutzbaren Länge von 225,00 m und einer Breite von 12,00 m ausgebildet.

Die Häupter, Kammerwände und Kammersohle der Schleuse Zerben bestehen aus Stahlbeton, wobei die Sohle teilweise auch gepflastert ist. Als Verschlußeinrichtung dient im Oberhaupt ein Klapp- und im Unterhaupt ein Stemmtor. Die maximale Hubhöhe beträgt 5,82 m, die minimale 3,76 m.

Die Häupter und Kammerwände der Schleuse Wusterwitz bestehen aus Stahlbeton mit Klinkerverblendung, die Sohle aus Stahlbeton. Die Verschlußeinrichtungen sind analog der Schleuse Zerben ausgebildet (Klapptor im Oberhaupt, Stemmtor im Unterhaupt). Die maximale Hubhöhe beträgt 5,09 m, die minimale 2,65 m (bei Hochwasser der Havel!). Neben beiden Schleusen wurden Freiarchen zur Abführung überschüssigen Oberflächenwassers, insbesondere des Zuflusses der Ihle, angelegt. Das letzte, zur Havel entwässernde Wehr wurde in die alte Schleuse Plaue eingebaut. Zur Überwindung von Wasserklemmen in Trockenzeiten wurden neben den Schleusen Pumpenhäuser mit Pumpensätzen zu je $2 \times 2{,}4\ m^3/s$ Förderleistung errichtet, die eine Speisung der Haltungen von der Havel her ermöglichen sollten. Neben beiden Schleusenanlagen wurden die Plätze für die Errichtung zweiter Schleusenbauwerke freigehalten.

Der Ausbau des Plauer Kanals und des Ihlekanals zog sich mit kurzen Unterbrechungen bis 1938 hin. Bereits vor Verabschiedung des Gesetzes vom 4. Dezember 1920 waren Teilarbeiten an den Durchstichen wieder aufgenommen worden, da durch die Beendigung des ersten Weltkrieges demobilisierte Soldaten und entlassene Arbeiter aus der Kriegsindustrie das schon vorhandene Arbeitslosenheer immens vergrößerten und durch diese Arbeiten neue Arbeitsplätze geschaffen werden sollten. So enthielt z. B. die Vereinbarung zwischen dem Deutschen Reich und den am Kanalbau beteiligten Ländern vom 28. März 1921 den Passus: „Die Bauten sollen möglichst benutzt werden, Erwerbslose zu beschäftigen".

Wegen der schleppenden Bauausführung fällt es nicht leicht, Ecktermine für die einzelnen Bauarbeiten anzugeben. Die Statistik sagt aus, daß im Jahre 1930

- der Plauer Kanal zwischen Schleuse Parey und Schleuse Kade fertiggestellt war,
- zwischen Schleuse Kade und Schleuse Wusterwitz Aushub, Dichtungen und Uferbefestigungen beendet und die Freiarchen im Bau waren,
- der Ihlekanal vom Anschluß des Mittellandkanals (westlich Burg) bis zur Schleuse Ihleburg auf den vorgeschriebenen Querschnitt erweitert war und
- die Schleuse Groß-Wusterwitz im Juli 1930 in Betrieb ging (Baubeginn 1927).

Ende 1934 wurde mit dem Bau der Schleuse Zerben begonnen, die Inbetriebnahme erfolgte 1938.

Bis auf kleinere Restarbeiten waren die Maßnahmen zum „Ausbau des Ihle- und Plauer Kanals für den Verkehr mit großen Fahrzeugen" 1938 abgeschlossen.

8.8. Der Elbe-Havel-Kanal

Der Name Elbe-Havel-Kanal, mit dem heute die Wasserstraße zwischen der Elbe bei Niegripp und der Havel bei Plaue bezeichnet wird, hat sich seit der Inangriffnahme der Arbeiten am Mittellandkanal Anfang der zwanziger Jahre dieses Jahrhunderts eingebürgert. Die Kilometrierung der Wasserstraße entspricht der des Mittellandkanals, die von Bergeshövede (BRD) bis zum Plauer See durchgeht. Das westliche Ende des Elbe-Havel-Kanals von der Einmündung des Kanals in die Elbe bis zum Ihlekanal bei Burg verdankt seine heutige Gestalt den leider nicht zu Ende geführten Vorstellungen und Projekten zum Ausbau des Mit-

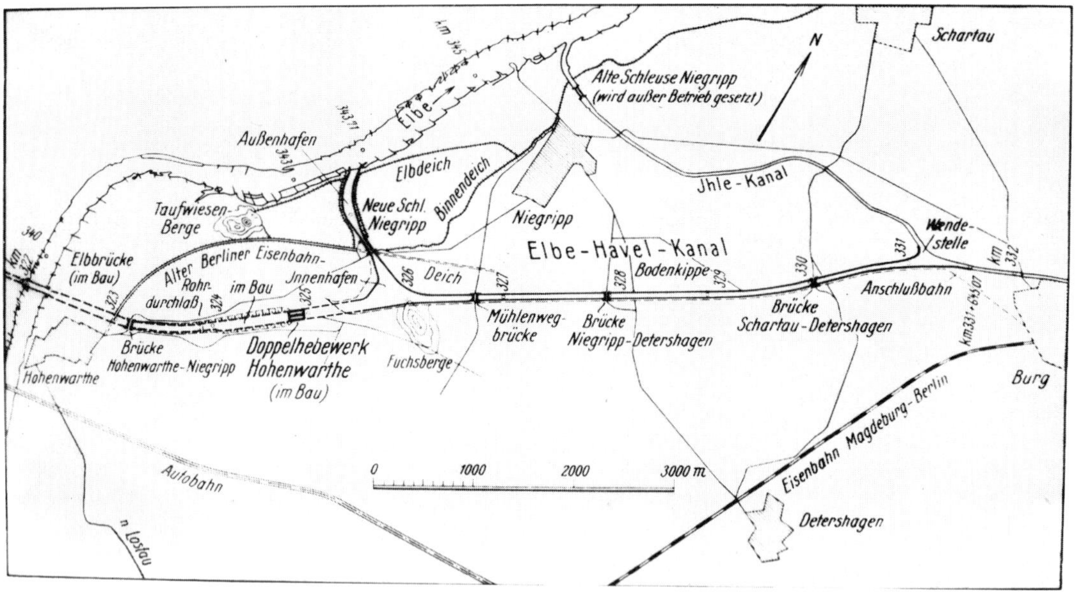

Bild 8.12 Das westliche Ende des Elbe-Havel-Kanals. Lageplan. *Quelle: BT 1939*

Bild 8.13 Regelquerschnitt des Elbe-Havel-Kanals. *Quelle: ZfBau 1930*

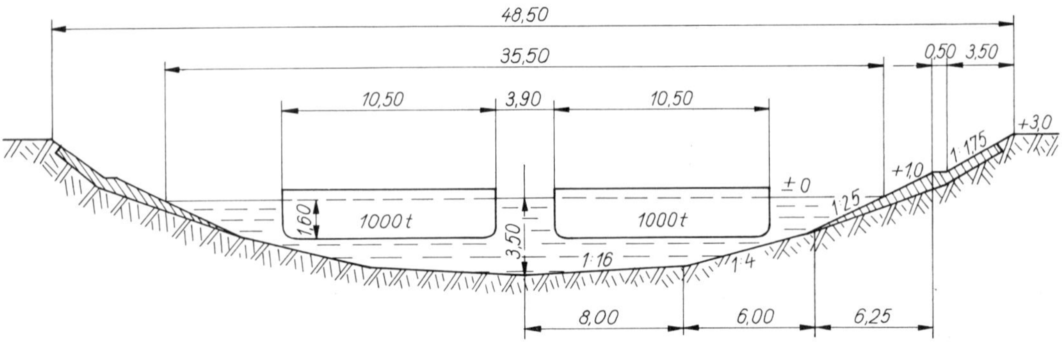

tellandkanals in diesem Bereich. Nicht fertiggestellt wurden die Kanalstrecke im unmittelbaren Bereich des Doppelhebewerkes Hohenwarthe, das Hebewerk selbst sowie auch die Entlastungsanlage und die Kanalbrücke über die Elbe. Diese Objekte werden aber schon dem Mittellandkanal zugerechnet.

Die Bauarbeiten am westlichen Ende des Elbe-Havel-Kanals bestanden im wesentlichen aus Erdarbeiten zur Herstellung des Kanalprofils und zur Anlage des Vorhafens der Schleuse Niegripp sowie im Bau der Schleuse Niegripp selbst.

Die Erdarbeiten waren in zwei Lose aufgeteilt. Das Los I umfaßte den Aushub von Kanal-Kilometer 325,645 bis zur Einmündung in den Ihlekanal (Kilometer 331,645) einschließlich Binnenhafen Schleuse Niegripp und Schüttungen des südlichen Kanaldammes zwischen Kanalbrücke

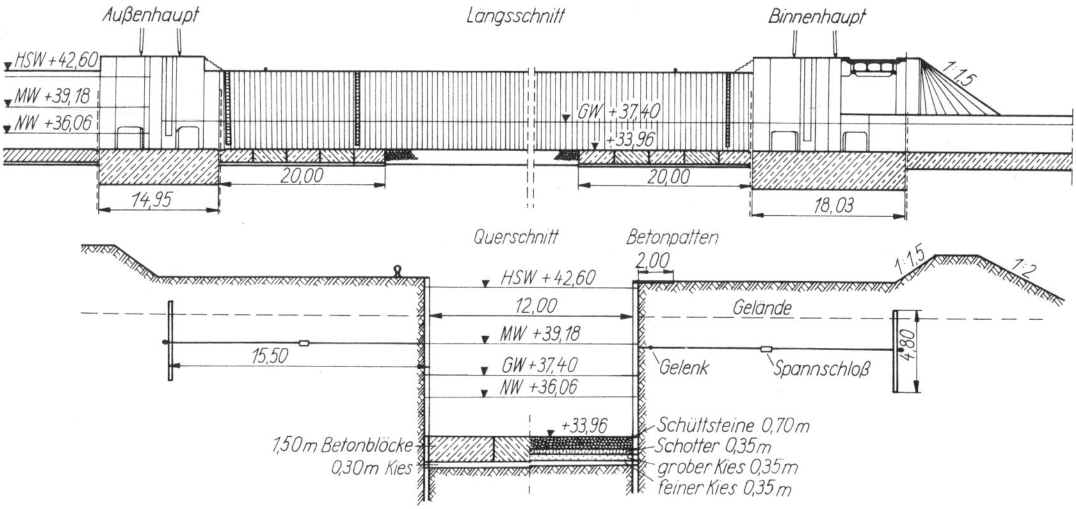

Bild 8.14 Längs- und Querschnitt der Schleuse Niegripp.
Quelle: BT 1939

und Doppelhebewerk Hohenwarthe. Im Baulos II wurden der Aushub des Außenhafens der Schleuse Niegripp und die Schüttung des nördlichen Kanaldammes zwischen Kanalbrücke und Hebewerk Hohenwarthe zusammengefaßt. Die Erdarbeiten begannen im April 1936 und waren bis auf kleine Restarbeiten im Herbst 1937 abgeschlossen. In dieser Zeit wurden im Baulos I 2,89 Millionen m^3 und im Baulos II 615 000 m^3 Erdmassen bewegt.

Die Schleuse Niegripp erhielt eine nutzbare Länge von 165,00 m und eine Breite von 12,00 m. Das Gefälle schwankt, je nach Elbwasserstand, zwi-

Bild 8.15 Kanaleinschnitt am Fuchsberg.
Quelle: BT 1939

Bild 8.16
Baggerarbeiten im Außenhafen der Schleuse Niegripp.
Quelle: BT 1939

Bild 8.17
Uferabbruch am Elbe-Havel-Kanal.
Foto: Autor

schen 5,20 m und —1,34 m. Sie wurde deshalb auch mit beidseitig kehrenden Hubtoren ausgerüstet, die eine zusätzliche Dichtung aus seitlich angeordneten Federblechen erhielten. Die Häupter wurden massiv in Stahlbeton ausgebildet, wobei die Sohle, die eine Dicke von 4,00 m erhielt, unter Wasser im Kontraktorverfahren betoniert wurde. Die Bewehrung der Sohle erfolgte mittels stählerner Fachwerkträger, die, längs- und querverbunden, an Flaschenzügen als Ganzes im Wasser versenkt wurden. Nach Sohlfertigstellung wurde die Baugrube leergepumpt und die aufgehenden Teile im Trockenen errichtet.

Die Kammerwände bestehen aus verankerten Stahlspundwänden, während die Kammersohle als umgekehrter Filter (drei Lagen aus Kies, Schotter, Bruchsteinen; Gesamthöhe 1,70 m) ausgebildet ist.

Der Verzicht auf größere Grundwasserabsenkungen bei diesem Schleusenbau erfolgte vor allem in Hinblick auf die Vermeidung landeskultureller Schäden.

Zur Schleuse Niegripp gehört auch ein Pumpwerk, dessen Einlauf mit Pumpenhaus an der nördlichen Böschung des Außenhafens liegt. Durch zwei Pumpensätze von je 1,5 m^3/s Leistung kann über eine 500 m lange Druckrohrleitung aus Schleuderbetonmuffenrohren (lichte Weite 1,40 m) die Wasserversorgung der Haltung Niegripp — Zerben sichergestellt werden.

Die Bauzeit der Schleuse Niegripp betrug zweieinhalb Jahre (Baubeginn 1936, Bauende 1938). Nach Beginn des 2. Weltkrieges wurden die Arbeiten zur Vollendung des Mittellandkanals und damit auch des Elbe-Havel-Kanals eingestellt und bis heute nicht wieder aufgenommen.
Bei Kriegsende waren von den 25 über den Kanal führenden Brücken 13 zerstört, die aber in den

Bild 8.18
Die Schleuse Niegripp heute. Blick von der Kanalseite.
Foto Faist

Bild 8.19
Schleuse Parey. Montage des Hubschwenktores.
Foto: Friedebold

meisten Fällen kurz darauf von der Sowjetarmee durch Notbrücken ersetzt wurden. Da die Schleusen nur relativ geringe Schäden zeigten, konnte die Schiffahrt bereits zwischen Juni und August 1945 wieder aufgenommen werden.
Nach dem langwierigen Prozeß der Kriegsschadensbeseitigungen an der Wasserstraße konnten ab Ende der fünfziger Jahre planmäßige Instandhaltungsmaßnahmen mit dem Hauptziel der Gewährleistung sicherer Fahrwasserverhältnisse und der Verbesserung der Tauchtiefen einsetzen. Dieser Instandhaltungsprozeß wurde und wird empfindlich gestört durch die ständige Zunahme des Verkehrs, insbesondere durch die wachsende Größe und Maschinenstärke der Fahrzeuge. Der Elbe-Havel-Kanal ist nach der Unteren Havel-Wasserstraße im Raum Brandenburg die am höchsten frequentierte Wasserstraße der DDR! Der nach heutigen Erkenntnissen für die auf ihm verkehrende Schiffahrt unterbemessene Kanal reagiert dementsprechend in Form von zahlreichen und z. T. großen Uferabbrüchen.
Um die Substanz des Kanals auch weiterhin uneingeschränkt der Schiffahrt zu erhalten, wurden ab 1973 umfangreiche Baumaßnahmen vorbereitet, an deren Realisierung sich in den Jahren 1979 bis 1981 auch die BRD finanziell beteiligte, da deren Fahrzeuge an der Verursachung der genannten Schäden maßgeblich mitbeteiligt sind. Ziel dieser Erhaltungsmaßnahmen ist es, die Uferabbrüche auf beiden Seiten des Kanals zu beseitigen und die vorgeschriebene Sollsohle zu garantieren. Sie verbessern aber nicht das Querschnittsverhältnis der Wasserstraße. Zu solchen Verbesserungen kam es bisher nur im Raum Seedorf—Genthin, wo durch die Abflachung zu enger und zu kleiner Krümmen (Radien zwischen 800 und 1 000 m) Querschnittsflächen von 160 bis 170 m^2 (bisher 70 bis 80 m^2) entstanden, die der Schiffahrt optimale Verhältnisse bieten. Während der größte Teil dieser Ausbaustrecken durch 1:3 geneigte Schrägufer begrenzt wird, die mit Steinschüttungen bis zur Sohle abgedeckt sind, wurden auch knapp 2 km Uferstrecke durch Stahlspundwände senkrecht eingefaßt.
Durch ständige planmäßig vorbeugende Instandhaltung gelang es, die hydrotechnischen Anlagen und insbesondere die Schleusen in einem guten Bau- und Betriebszustand zu erhalten. So wurden z. B. 1956 bis 1958 die Schützen aller Schleusen grundüberholt und später zum großen Teil erneuert, wobei z. T. die Rollkeilschützen durch Zylinderschützen ersetzt wurden. Auch die elektrotechnischen Anlagen wurden einer eingehenden Rekonstruktion unterzogen. Die Untertore der Schleusen Zerben und Wusterwitz erhielten Stoßschutzeinrichtungen, um der ständig wachsenden Havariegefahr durch Schiffe begegnen zu können.
Einzig die Schleuse Parey bietet von ihrem Bauzustand her (sie ist immerhin bald 100 Jahre alt) Probleme, die in den kommenden Jahren eine Rekonstruktion bzw. einen Ersatz notwendig machen. Zur Sicherung des Betriebes und insbesondere auch zur Gewährleistung des Hochwasserschutzes (die Schleuse Parey ist mit ihrem Außenhaupt in den Elbdeich eingebunden) wurde das baufällige Obertor bereits durch ein erstmals in der DDR angewandtes Hubschwenktor ersetzt.

9. Die Nebenwasserstraßen der Mark Brandenburg

Es soll hier nur ein kurzer Überblick über die Entwicklung der wichtigsten Nebenwasserstraßen im Bereich der Mark Brandenburg gegeben werden. Viele dieser Wasserstraßen haben eine umfangreiche Geschichte, deren Darstellung den vorgegebenen Rahmen sprengen würde. Einige der heute als Nebenwasserstraßen geltenden Wasserläufe sind schon in den vorhergehenden Kapiteln dargestellt worden, da sie einst als Hauptwasserstraßen im Zuge der Ost-West-Verbindungen fungierten (wie z. B. Finowkanal, Oranienburger Havel, Malzer Kanal etc.).

9.1. Die Obere Havel-Wasserstraße von Liebenwalde bis Fürstenberg

Auf der Havel befanden sich zwischen Liebenwalde und Fürstenberg seit alten Zeiten zwei Stauanlagen, und zwar in Bredereiche und Zehdenick. Für Bredereiche wird ein Bau der Schleuse um 1740 erwähnt. Die Erstanlage der Zehdenicker Schleuse ist nicht nachzuweisen, dürfte aber vor der Bredereicher gelegen haben. Bekannt ist hingegen die erste Erwähnung einer Wassermühle in Zehdenick, die ins Jahr 1281 datiert ist.

Bis zur Mitte des 19. Jahrhunderts tat sich an der Havel nicht viel. 1866 bis 1869 wurde sie zwischen Stolpsee (unterhalb Fürstenberg) und Zehdenick reguliert und begradigt. Es entstanden die Zaaren-, Regow- und Grenzschleuse. Durch Tieferlegung des Unterdrempels der Bredereicher Schleuse (Neubau 1883/84) konnte die Grenzschleuse bereits 1894 wieder beseitigt werden. Die Fürstenberger Schleuse, die ja zu Mecklenburg gehörte, entstand im Rahmen des Baues der Müritz-Havel-Wasserstraße zwischen 1831 und 1836.

Im Jahre 1921 wurde ein zusätzlicher Stau in Schorfheide angelegt. Nach 1945 wurden zwischen Zehdenick und Fürstenberg folgende Schleusen durch Neubauten ersetzt: Schleuse Bredereiche 1952 (erster Schleusenneubau in der DDR), Schleuse Zaaren 1963 und Schleuse Regow 1966. Der Bereich der Oberen Havel zwischen Liebenwalde und Zehdenick wurde im Verlauf der Jahrhunderte großen Veränderungen unterworfen. Zur Fahrt zwischen Zehdenick und Malz ist bis 1827 ausschließlich die Schnelle Havel benutzt worden, da der obere Teil der Faulen Havel bis dahin nur das Speisewasser für den Finowkanal lieferte (s. a. Abschnitt 4.5). Durch den Bau der Voßschleuse wurde der Finowkanal dann von Zehdenick aus direkt erreichbar.

Um 1870 genügte die zwischen Liebenwalde und Zehdenick in vielen Windungen mit stark wechselnder Breite und zum Teil unzureichender Tiefe fließende Havel den Anforderungen der Binnenschiffahrt nicht mehr. Immerhin wurde die Schnelle Havel damals von jährlich etwa 2 800 Binnenschiffen (bis Finowmaß) und fast ebenso vielen Holzflößen passiert. Zur Verbesserung der Schiffahrtsverhältnisse wurde deshalb östlich der Havel ein bei Bischofswerder aus dem alten Teil des Voßkanals abzweigender Seitenkanal gebaut, der unterhalb Zehdenick wieder die Havel erreichte. Als wichtigste Bauwerke sind im Zusammenhang mit dem Bau des Kanals die Schleusen (mit Freiarchen) Krewelin und Bischofswerder sowie die Bauhofsarche Zehdenick zur Abführung des Havelwassers in die Schnelle Havel und eine Freiarche bei Höpen, die der Hochwasserabführung des Döllnfließes diente, errichtet worden. Die überflüssig gewordene Voßschleuse und die hier vorhandenen drei Freiarchen wurden abgerissen.

Für die Errichtung dieser Anlagen einschließlich des 14 km langen Kanals ist die erstaunlich kurze Bauzeit von 2½ Jahren (Frühjahr 1880 bis Herbst

Bild 9.1
Schleuse Bredereiche, erster Schleusenneubau in der DDR (1952). Blick vom Oberwasser in die Schleusenkammer.
Sammlung Autor

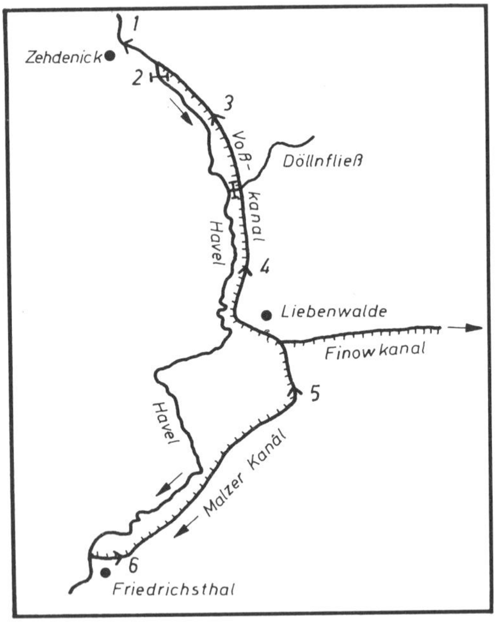

Bild 9.2 Voßkanal 1882.
1 Schleuse Zehdenick, 2 Bauhofsarche, 3 Schleuse Krewelin, 4 Schleuse Bischofswerder, 5 Schleuse Liebenwalde, 6 Wehr und Schleuse Malz. *Zeichnung Autor*

1882) benötigt worden. Der Name Voßkanal, den früher nur ein kleiner Kanalteil oberhalb Liebenwalde trug, wurde auf die gesamte Wasserstraße zwischen der Schleuse Zehdenick und der Vereinigung von Malzer Kanal und Finowkanal ausgedehnt.

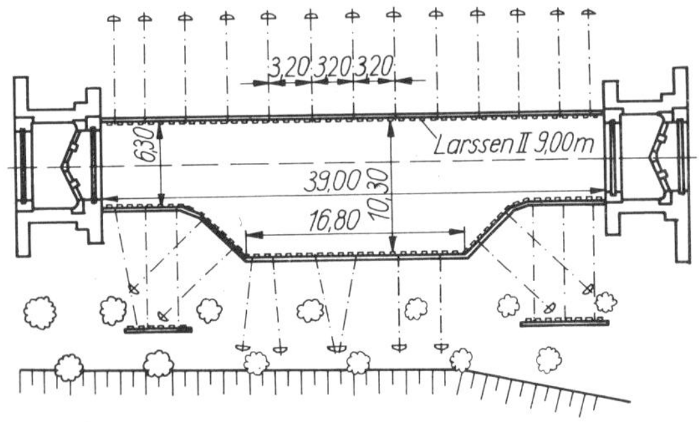

Bild 9.3 Grundriß der Schleusen Krewelin und Bischofswerder. Die Ausbuchtung in der Spundwand diente der Aufnahme eines Schleppers, die teilweise Schräglegung der Spundwandanker der Erhaltung des alten Baumbestandes.
Quelle: Larssenhandbuch 1938

Bild 9.4
Ausbau des Voßkanals in den Jahren 1969/70: Arbeiten unterhalb der Schleuse Krewelin. Im Hintergrund das Überschwemmungsgebiet der Schnellen Havel.
Foto: Autor

Bild 9.5
Neubau der Schleuse Liebenwalde 1974/75: innerhalb der zukünftigen neuen Kammer sind noch Teile der Gründung der alten Schleuse sichtbar.
Foto: Autor

Wie wichtig diese Wasserstraße für die Entwicklung Berlins war, möge folgende Zahl verdeutlichen: Um das Jahr 1914 wurden jährlich etwa 1,75 Millionen t Ziegelsteine, die der Erweiterung Berlins dienten, auf dem Wasserwege dorthin transportiert.
In den dreißiger Jahren unseres Jahrhunderts wurden im Interesse der Schiffahrt Querschnittsvergrößerungen im Voßkanal und Teilneubauten der Schleusen Krewelin und Bischofswerder ausgeführt. In den Jahren 1969 und 1970 erfolgte im Interesse der Landwirtschaft eine Neuordnung der Abflußverhältnisse der Havel unterhalb Zehdenick. Um die Schnelle Havel von langandauernden Hochwässern zu entlasten, wird der Abfluß der Havel, bis auf geringe Spülwassermengen durch die Bauhofsarche Zehdenick, durch den Voßkanal geleitet. In diesem Zusammenhang wurden folgende Maßnahmen veranlaßt:

- Neubau der Wehre Bischofswerder und Liebenwalde,
- Erhöhung der Schleuse Bischofswerder und der anschließenden Kanaldämme einschließlich Uferbefestigung,
- Neubau der Wegebrücke in Krewelin,
- Abriß der Schleuse Krewelin,
- Erweiterungsbaggerungen in der Haltung Liebenwalde—Bischofswerder sowie Angleichungen an der Schleuse Krewelin.

Durch den Wegfall der Schleuse Krewelin treten Zeiteinsparungen für die Schiffahrt von etwa 20 bis 30 Minuten auf.
In den Jahren 1974/75 wurde die Schleuse Liebenwalde in den nutzbaren Maßen 50,00 × 10,60 m in Stahlspundwandbauweise neu errichtet.
Nach Verwirklichung des geplanten Schleusenneubaues in Bischofswerder (nutzbare Maße 85,00 × 10,60 m) wird es Anfang der 90er Jahre möglich sein, die Ziegeleien und das geplante Gasbetonwerk oberhalb Zehdenick mit Schubeinheiten der Hauptwasserstraßen (8,20 m breit) zu erreichen. Zur Zeit ist die Obere Havel-Wasserstraße bis Kilometer 22,0 für Großfinowmaß-Fahrzeuge bis 1,60 m Tauchtiefe und ab Kilometer 22,0 bis Fürstenberg für Großfinowmaß-Fahrzeuge bis 1,40 m Tauchtiefe zugelassen. Auf der Strecke bis zum Kilometer 22,0 gilt die Obere Havel-Wasserstraße laut Binnenwasserstraßenverkehrsordnung der DDR auch als Hauptwasserstraße.

9.2. Die Ruppiner Gewässer und die Fehrbelliner Wasserstraße

Die Ruppiner Gewässer und die Fehrbelliner Wasserstraße wurden 1787/88 durch den Bau des Ruppiner Kanals vom Kremmer See bis Oranienburg an die Obere Havel angeschlossen. Im Ruppiner Kanal wurden die Schleusen Hohenbruch, Thiergartenschleuse und Friedenthal errichtet. Die Schiffbarmachung des Rhin erfolgte ebenfalls in dieser Zeit durch Anlage der Schleusen Alt-Friesack und Alt-Ruppin. Veranlassung zum Bau der Wasserstraße war zum einen die Abfuhr des Linumer Torfs und zum anderen der notwendige Baustofftransport in die 1787 abgebrannte Stadt Neuruppin.
Nach einem mißglückten Versuch im Jahre 1865 wurde 1900 der Lindower Rhin zwischen Zippelsförde und Lindow schiffbar gemacht. Zwischen 1911 und 1927 erfolgten Rekonstruktionen sämtlicher Schleusen und eine Erweiterung des Ruppiner Kanals.
1956/57 war eine erneute Rekonstruktion der Schleuse Altruppin notwendig. Rekonstruktionen der übrigen Schleusen und die Reaktivierung der zur Zeit nicht befahrenen Wasserstraße für die Schiffahrt sind geplant.
Das untere Ende des Ruppiner Kanals wurde durch den Bau des Oranienburger Kanals (1832 bis 1837) gekreuzt und damit die Schleuse Friedenthal abgetrennt. Sie diente dann nur noch der Verbindung zwischen Oranienburger Kanal und Oranienburger Havel und wurde 1959 außer Betrieb genommen.
Die Fehrbelliner Wasserstraße war, aus der Ruppiner Wasserstraße abzweigend, schon seit alter Zeit im Zuge des Rhins zur Unteren Havel hin flößbar. Entscheidende Verbesserungen im Interesse der Schiffahrt erfolgten 1852 durch den Bau der Hakenberger Schleuse und 1866 durch den Bau des Fehrbelliner Kanals. Beide Bauten gingen auf die Initiative des Torfgräbereibesitzers Gentz zurück, dem Fontane in seinen „Wanderungen durch die Mark Brandenburg" ein Denkmal gesetzt hat.
Eine Rekonstruktion der Schleuse Hakenberg erfolgte 1928/29.

9.3. Die Wentowgewässer

Die Wentowgewässer zweigen bei Kilometer 24,95 in Richtung Westen aus der Oberen Havel-

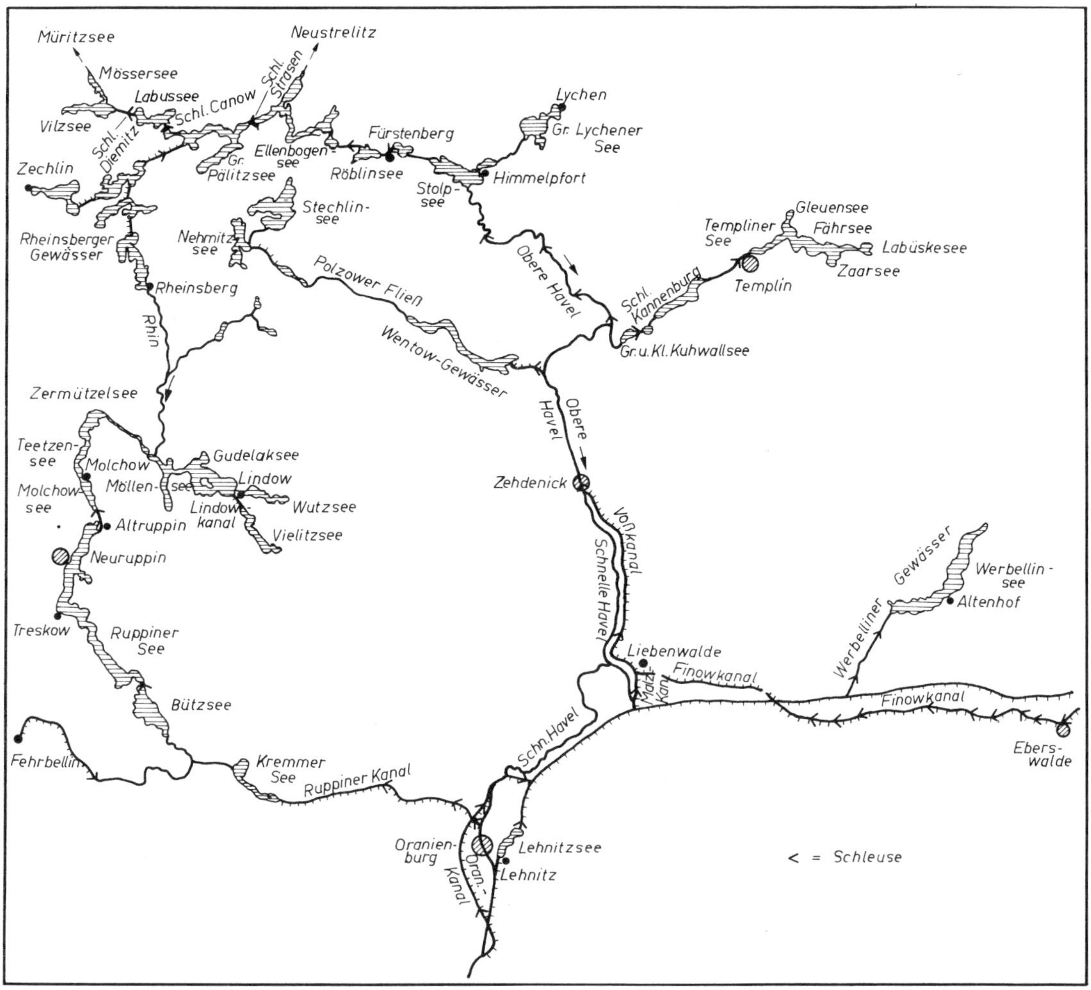

Bild 9.6 Wasserstraßen im Gebiet der Oberen Havel, Stand 1985. *Zeichnung Autor*

Wasserstraße ab und sind seit alters her über das Tornowfließ flößbar. Dieses Fließ stellte gleichzeitig die Grenze zwischen Preußen und Mecklenburg dar und mündete im Mecklenburgischen. Preußen sah sich deswegen veranlaßt, eine eigene Verbindung zu schaffen. So wurde 1732 auf ausschließlich preußischem Gebiet der Wentowkanal gegraben und mit einer Floßschleuse versehen. Diese Floßschleuse wurde 1820 durch die Schleuse Marienthal ersetzt. 1912 erfolgte ein Neubau der Anlage, und 1931 bis 1933 eine Rekonstruktion derselben.

9.4. Die Templiner Gewässer

Die bei Kilometer 32,15 aus der Oberen Havel links abzweigenden Templiner Gewässer wurden im Jahre 1745 „zur Erleichterung und Förderung der Produkten-Abfuhr des uckermärkischen Getreidebaus" schiffbar gemacht. Die 35,5 km lange

Wasserstraße hatte fünf Schleusenanlagen: oberhalb des Melitzsees, in Ahlimbsmühle, die Ahrensnest'sche Schleuse, die Templiner Schleuse und die Ziegeleischleuse. Die Schleuse Kannenburg wurde etwa 50 Jahre später noch zusätzlich errichtet.
Ab 1812 trat dann eine rückläufige Entwicklung ein. Bis 1821 sind die Schleusen in Ahlimbsmühle und oberhalb des Melitzsees eingegangen, etwa 50 Jahre später auch die Ahrensnest'sche Schleuse. In den Jahren 1894 bis 1896 wurde die Ziegeleischleuse beseitigt und die Schleuse Templin neu gebaut. 1906 erfolgte auch ein Neubau der Schleuse Kannenburg.
Im Jahr 1974 mußte die Schleuse Templin im Zuge notwendiger Sicherungs- und Umbaumaßnahmen auf eine nutzbare Länge von 25 m verkürzt werden. Der Bereich oberhalb der Schleuse ist seither für Frachtschiffe nicht mehr zugängig.

9.5. Die Lychener Gewässer

Bei Kilometer 55,00 links aus der Oberen Havel-Wasserstraße abzweigend, sind sie, nach kartenmäßigen Darstellungen, schon im 17. Jahrhundert schiffbar gewesen. Der Vorläufer der im Jahre 1976 rekonstruierten Schleuse Himmelpfort stammte aus dem Jahre 1907.

9.6. Die Rheinsberger Gewässer

Die Schiffbarmachung der Rheinsberger einschließlich der Zechliner Gewässer erfolgte in den Jahren 1876 bis 1881. Zu dieser Schiffbarmachung gehörte der Bau der Schleuse Wolfsbruch im selben Zeitraum. Die Rheinsberger Gewässer mündeten im Mecklenburgischen in die Müritz-Havel-Wasserstraße. Im Jahre 1887 mußte deshalb zwischen Mecklenburg und Preußen der Rezeß von Neu-Strelitz geschlossen werden, der die Abgabe von Speisewasser für die Schleuse Wolfsbruch aus der Mecklenburger Havel regelte. 1968 wurde die Schleuse Wolfsbruch in Stahlspundwandbauweise neu errichtet.

9.7. Die Werbelliner Gewässer

Bereits 1608 wurde der Werbellinsee über den Nettelgraben zur Speisung des Finowkanals angezapft und erfuhr dadurch im Laufe der Jahrhunderte nicht unerhebliche Absenkungen. Die Schiffbarmachung erfolgte 1765 mit der Anlage der Rosenbruch'schen (heute Schleuse Rosenbeck) und der Holländischen Papiermühlen-Schleuse (heute Schleuse Eichhorst). Neubauten dieser Schleusen erfolgten in den Jahren 1840 (Eichhorst) und 1890 (Rosenbeck), notwendige Rekonstruktionen beider Schleusen dann in den Jahren 1965 (Eichhorst) und 1969 (Rosenbeck).
Beim Bau des Großschiffahrtsweges Berlin—Stettin wurde der Werbellinkanal durch den Großschiffahrtsweg gekreuzt. Das untere Ende des Werbellinkanals zwischen Finowkanal und Oder-Havel-Kanal ist heute nicht mehr passierbar, so daß die Werbelliner Gewässer nur noch in den Oder-Havel-Kanal münden.

9.8. Die Obere Spree-Wasserstraße

Mit dem Speisekanal Neuhaus aus der Spree-Oder-Wasserstraße abzweigend, führt die Obere Spree-Wasserstraße über Beeskow bis Leibsch.
Als erste wasserbauliche Maßnahme ist ein Mühlenstau in Beeskow im Jahre 1385 erwähnt, wobei anzunehmen ist, daß auch hier bald eine Stauschleuse errichtet und in der Mitte des 17. Jahrhunderts durch eine Kammerschleuse abgelöst wurde. Die Errichtung eines zweiten Staues mit Kammerschleuse erfolgte im Jahre 1750 in Kossenblatt.
Im Jahre 1822 wurde der Stau in Beeskow aufgehoben und die Schleuse damit überflüssig. 1887 ist die Schleuse Kossenblatt neu gebaut worden.
Insbesonders wasserwirtschaftliche Aspekte führten in den Jahren 1906 bis 1912 zu Verbesserungen in der Oberen Spree-Wasserstraße, von denen wir nur die für die Schiffahrt wichtigen nennen wollen:

- Errichtung von sechs Staustufen in Alt-Schadow, Kossenblatt, Trebatsch, Beeskow, am Wergensee und in Drahendorf mit sechs neuen Wehren und drei neuen Schiffsschleusen in Alt-Schadow, Trebatsch und Beeskow (die Schleuse in Kossenblatt war noch in gutem Zustand, und zwischen Wergensee und Drahendorf wurde auf Schleusen verzichtet, da die Schiffahrt den Weg über Speisekanal Neuhaus und Spree-Oder-Wasserstraße nahm);
- Verbesserung des Flußlaufes durch 40 Durchstiche und 15 größere Abgrabungen, die zu ei-

Bild 9.7 Schleuse Kossenblatt in der Oberen Spree-Wasserstraße im Jahre 1979. *Foto Autor*

ner Verkürzung des Flußabschnittes um 16,6 km (19 Prozent) führten.

Mit den genannten Ausbaumaßnahmen wurde eine Fahrwassertiefe von mindestens 1,10 m (1,00 m Tauchtiefe) oberhalb des Schwielochsees und von mindestens 1,65 m (1,40 m Tauchtiefe) unterhalb des Schwielochsees angestrebt. Die Fahrwasserbreite wurde für Großfinowmaß-Fahrzeuge bei Niedrigwasser auf 12,00 m festgelegt. Aus dem wasserwirtschaftlichen Ausbauteil soll die Anlage des Dahmeumflutkanals nicht unerwähnt bleiben, der die von der Oberen Spree zu erwartenden Hochwasserwellen über Leibsch und Märkisch-Buchholz zur Dahme ableitet. Sein Abführvermögen war auf 20 m^3/s konzipiert.
Im Jahre 1973 wurde die Schleuse Beeskow durch einen Neubau ersetzt.
Seit 1977 ist die Obere Spree-Wasserstraße durch eine zu tief liegende Brücke bei Neubrück für die Schiffahrt gesperrt. Eine Änderung dieses Zustandes wird angestrebt.

9.9. Die Dahme-Wasserstraße

Als Dahme-Wasserstraße bezeichnet man den von der Spree-Oder-Wasserstraße bei Schmöckwitz abzweigenden und bis zum Streganzer See verlaufenden Teil der Dahme. Ihr Unterlauf zwischen Schmöckwitz und Köpenick ist seit 1890 Bestandteil der Spree-Oder-Wasserstraße.
Die erste Erwähnung eines Mühlenstaues in der Dahme fällt in das Jahr 1478. Es handelt sich hierbei um die Neue Mühle bei Königs Wusterhausen. Die erste hölzerne Schiffsschleuse wird hier 1739 erwähnt. Ähnlich alt könnte der zweite Stau in Prieros sein. Berghaus verzeichnet hier schon einen Neubau der Kammerschleuse aus dem Jahre 1808. 1812 wird ein Neubau der Schleuse Neue Mühle in Massivbauweise erwähnt. Diese Schleuse hat nicht lange existiert, denn 1868/69 erfolgte der nächste Neubau, der sich

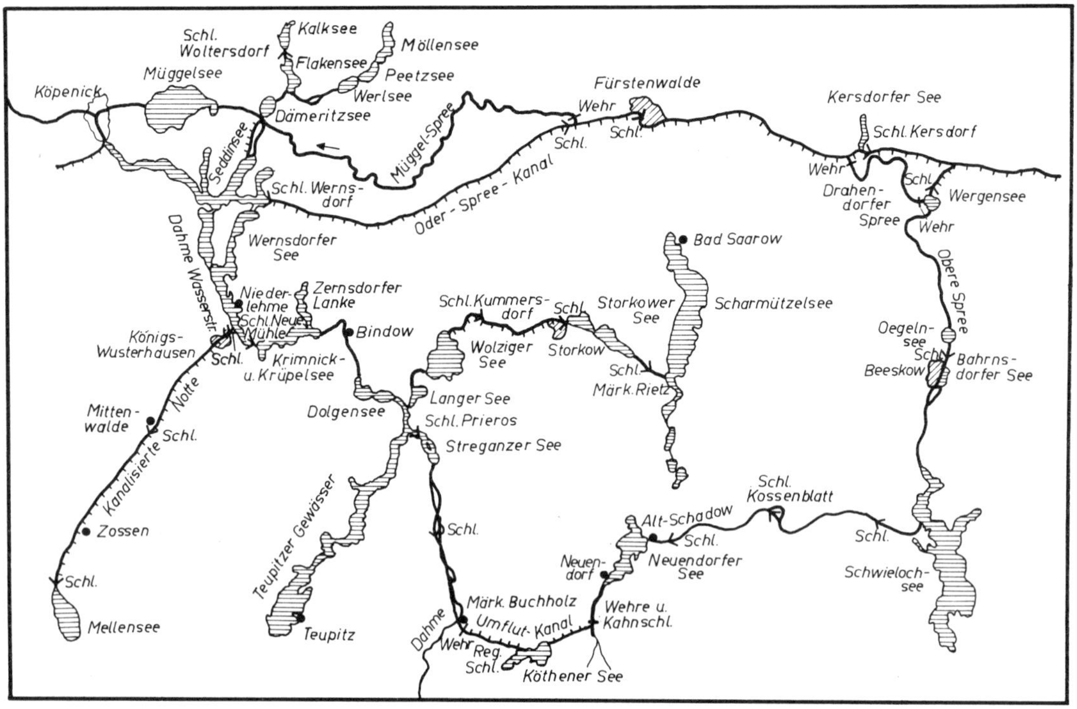

Bild 9.8 Die Wasserstraßen südöstlich Berlins.
Zeichnung Autor

bis heute gehalten hat. Damit ist die Schleuse Neue Mühle eines der ältesten Schleusenbauwerke der DDR.

1879 erfolgte ein massiver Neubau der Schleuse Prieros, der ebenfalls bis heute überdauert hat.

Obwohl im Zuge des Ausbaues der Oberen Spree und der damit verbundenen Anlage des Dahmeumflutkanals bei der Hermsdorfer Mühle ein Stau mit einer Finowmaß-Schleuse angelegt wurde, ist der Anschluß von Märkisch-Buchholz an das Binnenwasserstraßennetz der DDR bis heute nicht erfolgt.

9.10. Die Notte

Etwa einen Kilometer unterhalb der Schleuse Neue Mühle aus der Dahme-Wasserstraße abzweigend, war das Notteließ die erste längere, von Menschenhand schiffbar gemachte Wasserstraße der Mark. Sein erster Ausbau (mit hoher Wahrscheinlichkeit ohne Schleusen) wird in das Jahr 1568, die Regierungszeit des Kurfürsten Joachim II., datiert. Der Ausbau reichte damals bis Sperenberg und diente vor allem der Abfuhr des Gipses aus dem dortigen Gipsbruch, dem einzigen abbauwürdigen der Kurmark.

Im Dreißigjährigen Krieg verfallen, wurde die Notte unter dem Großen Kurfürsten wieder schiffbar gemacht (aber nur noch bis zum Mellensee). Für das Jahr 1818 wird ein Neubau der heute noch bestehenden Schleusen in Mellen, Mittenwalde und Königs Wusterhausen verzeichnet. 1856 bis 1864 erfolgten umfangreiche Verbesserungen durch den dortigen Meliorationsverband. Neubauten der Schleusen erfolgten um 1960 in Mittenwalde und 1983/84 in Königs Wusterhausen. Leider trifft für den Nottekanal ähnliches zu wie für die Obere Spree-Wasserstraße: wegen einer zu flach liegenden Brücke in Königs Wusterhausen ist er für die Frachtschiffahrt nicht mehr zugänglich.

9.11. Die Storkower Gewässer

Die Storkower Gewässer zweigen bei Prieros aus der Dahme ab. 1732 erfolgte die erste Anlage eines Storkower Flößerkanals in etwas anderer Linienführung als der des dann im Verlauf der heutigen Trasse im Jahre 1746 errichteten Storkower Kanals. Dieser war mit drei Schleusen (Wendisch-Rietz, Storkow und Kummersdorf) bestückt. Neubauten der Schleusen erfolgten in Wendisch-Rietz (heute Märkisch-Rietz) 1807, in Storkow 1825 bis 1828 und in Kummersdorf 1810.

Nach 1850 verzeichnet die Märkische Wasserstraßenverwaltung noch folgende größere bauliche Aktivitäten in den Storkower Gewässern:

- Bau der Kummersdorfer Schleuse 1862,
- Regulierung, Verbreiterung und Vertiefung des Storkower Kanals zwischen dem Scharmützelsee und dem Storkower See sowie zwischen diesem und dem Wolziger See; Umbau der Schleusen Wendisch-Rietz und Storkow 1863 bis 1865
- Verbreiterung des Storkower Kanals 1892 bis 1897,
- Neubau eines Freigerinnes in Storkow 1902.

9.12. Die Emster Gewässer

Die Emster Gewässer zweigen oberhalb von Brandenburg links aus der Unteren Havel-Wasserstraße ab.

Ihre heutige Gestalt erhielten sie in den Jahren 1866 bis 1872, als eine Genossenschaft von Lehniner Ziegeleibesitzern den Ausbau veranlaßte. Aber schon Berghaus registrierte bereits um 1850, einen regen Schiffsverkehr, der vor allem Ziegel und Holz abtransportierte. Die Emster Gewässer werden heute durch Frachtschiffe nicht mehr befahren.

9.13. Die Wasserstraße Beetzsee – Riewendsee

Die Wasserstraße beginnt bei Brandenburg und besteht aus einer Kette von vier langgestreckten, miteinander verbundenen Einzelseen. Der erste Ausbau erfolgte in den Jahren 1883 bis 1885. Zwischen 1899 und 1901 folgte eine Verbreiterung für das Plauermaß-Schiff.

9.14. Die Dosse

Die Dosse war um das Jahr 1850 vom Dorf Dosse an flößbar und von Hohenofen, etwa 18,0 km von der Havel entfernt, für kleinere Fahrzeuge zu jeder Jahreszeit schiffbar.

Der Schiffahrtsführer von 1940 nennt sie noch auf 8,4 km Länge, bis Rübehorst, in beschränktem Umfang schiffbar.

Heute findet kein Schiffsverkehr mehr auf ihr statt.

10. Der Havelkanal

Anfang der fünfziger Jahre unseres Jahrhunderts erfolgte eine Erweiterung des märkischen Wasserstraßennetzes durch die Anlage des Havelkanals. Der Bau wurde mit Ministerratsbeschluß vom 19. April 1951 verfügt.
Folgende Gründe waren für den Bau ausschlaggebend:
- die weite Umgehung des Berliner Stadtgebietes,
- die Verkürzung des Weges zwischen Elbe und Oder um 9 km,
- die Herstellung einer für 1 000-t-Schiffe passierbaren Verbindung (die Schleuse Spandau läßt nur einen Verkehr mit Großplauermaß-Schiffen zu),
- die Verbesserung der Entwässerung angrenzender landwirtschaftlicher Flächen.

10.1. Die Linienführung und Trassierung

Der 34,9 km lange Kanal zweigt bei Niederneuendorf in westlicher Richtung aus der Havel ab. Nach 11,3 km Länge trifft er dann auf den alten Niederneuendorfer Kanal, um weitere 3,6 km später in Richtung Süden abzuschwenken, wo er bei Kilometer 16,4 das Bett des Brieselanger Entwässerungskanals benutzt und bei Kilometer 20,5 in den alten Kanal Paretz-Nauen einmündet, dessen Bett er etwa 7 km lang benutzt. Südlich

Bild 10.1
Arbeiten im „trockenen" Kanalprofil, 1952.
Foto: Wesselowski

Buchow-Karpzow quert die Trasse in einem tiefen Einschnitt den Paarener Berg. Dieser Verlauf wurde gewählt, um das Wublitzseegebiet zu umgehen, in dem Moor bis zu 18 m Tiefe ansteht. Die hier zu bauenden Kanaldämme hätten zur Gewährleistung ihrer Standfestigkeit den Antransport von etwa 250 000 m^3 rolligem Material erfordert.
Bei Kilometer 5,9 liegt als einzige Schleuse die Schleuse Schönwalde. Wasserwirtschaftlich wäre es günstiger gewesen, drei Staustufen zu errichten, was aber für die Schiffahrt unzumutbar war. Durch die Wahl nur einer Schleuse werden sowohl im Ober- als auch im Unterwasser die jeweiligen Havelwasserstände wirksam, so daß eine weitgehende beidseitige Einfassung des Kanals mit hochwasserfreien Kanaldämmen erforderlich wurde. Hinter den Dämmen wurden zur Entwässerung der Ländereien neue Abzugsgräben und Schöpfwerke errichtet.

10.2. Der Kanalquerschnitt

Der Kanal wurde in zwei Ausbaustufen konzipiert, von denen vorerst nur die erste verwirklicht wurde. Sie sah den zweischiffigen Ausbau für das Groß-plauermaß-Schiff vor. Bei einer Wasserspiegelbreite von 34,29 m und einer Wassertiefe von 3,00 m ergab sich ein Querschnitt von etwa 68 m^2. Damit ist für ein 1,75 m tief eintauchendes Groß-plauermaß-Schiff ein n-Verhältnis von 4,7 vorhanden, was nach heutigen Maßstäben nicht mehr ausreicht.
Zur Vorbereitung der zweiten Ausbaustufe, die den zweischiffigen Verkehr von 1 000-t-Schiffen vorsieht, wurden schon sieben Ausweichstellen (einschließlich der beiden Schleusenvorhäfen) errichtet, die bei einer Länge von 500 m eine Wasserspiegelbreite von 37,00 m aufweisen. Die Wassertiefe in der zweiten Ausbaustufe war auf 3,50 m veranschlagt. Die kleinsten Krümmungsradien des Kanals betragen 1 000 m. Bei Radien zwischen 1 000 und 2 000 m sind entsprechende Verbreiterungen ausgeführt worden.
Die nach heutigen Maßstäben unzureichende Böschungsbefestigung reicht nicht bis zur Sohle und besteht aus einer 0,20 m dicken Steinschüttung (Korngröße 150 bis 250 mm) auf einer 0,10 m dikken Schotterschicht (Korngröße 30 bis 80 mm).
Die für die Erweiterung vorgesehenen Ufer wurden nur provisorisch mit einer schwächeren Trümmerschuttschicht gesichert.

Bild 10.2
Moorsprengungen im Gebiet der Wublitz.
Foto: Wesselowski

Bild 10.3
Ein fertiggestelltes Kanalstück.
Foto: Wesselowski

10.3. Die Schleuse Schönwalde

Die Schleuse Schönwalde weist bei einer nutzbaren Länge von 85,00 m eine Breite von 12,00 m auf und überwindet ein maximales Gefälle von 2,25 m. Sie besitzt massive Schleusenhäupter. Ihre Kammerwände bestehen aus einfach verankerten Stahlspundbohlen, auf die Schwergewichtsmauern aufgesetzt wurden. Die Sohle der Häupter und der Kammer liegen auf gleicher Höhe. Der Drempelabfall findet also vor dem Obertor statt. Diese vom üblichen abweichende Konstruktion wurde gewählt, um oben und unten gleiche Torkonstruktionen zu ermöglichen und nur ein Torflügelpaar in Reserve halten zu müssen. Die Stemmtore erhielten in jedem Flügel zwei mit Segmentschützen verschließbare Öffnungen.
Zur Erleichterung des Schiffahrtsbetriebes wurde auf der Nordseite der Schleusenhäupter zum Verholen eine Spillanlage mit elektrischem Antrieb installiert.

10.4. Der Ablauf der Bauarbeiten

Die Arbeiten erfolgten in zwei voneinander getrennten Abschnitten, dem Süd- und dem Nordabschnitt. Der Bau begann im Mai 1951. Im südlichen Abschnitt von Paretz bis Brieselang wurden die Erdarbeiten mit Geräten der Wasserstraßenverwaltung im Eigenbetrieb durchgeführt, während die Arbeiten des Nordabschnitts einschließlich der am Kanal auszuführenden Kunstbauten überwiegend volkseigenen Betrieben übertragen waren.
Im Südabschnitt des Kanals war der Baufortschritt in den ersten Monaten nur gering, weil die Baustellen, die Reparaturwerkstätten und die Nachtbeleuchtung erst eingerichtet werden mußten und ein Teil der vorgesehenen Bagger und Spüler der Überholung bedurften. Hinzu kam Mangel an Bedienungspersonal für die Großgeräte. Nachdem die anfänglichen Schwierigkeiten überwunden waren, nahmen die Bauarbeiten einen raschen Fortgang. Es wurde in drei Losen gearbeitet, in denen bei zweischichtigem Betrieb insgesamt 1 500 Arbeiter beschäftigt waren. 16 Schwimmbagger standen im Einsatz, und sieben Spüler förderten den gewonnenen Boden auf die Spülflächen.

Nach einer Bauzeit von 13 Monaten konnte der Kanal am 28. Juni 1952 dem Verkehr übergeben werden. Unter den enormen Erschwernissen, wie

- keine Vorbereitungszeit, damit auch keine Baugrunduntersuchungen,
- „gleitende" Projektierung,
- mangelhaftes Material (daraus resultierten z. B. die Kammerwandkonstruktion der Schleuse

Bild 10.4
Schleuse und Kanal kurz vor der Einweihung.
Foto: Wesselowski

Schönwalde sowie die Brückenkonstruktionen mit Mittelpfeiler),

— veraltete, stark reparaturbedürftige und störanfällige Maschinen und Geräte sowie unerfahrenes Bedienungspersonal

war das eine großartige Leistung. Insgesamt wurden in dieser Zeit eine Schleuse, ein Wehr, fünf Schöpfwerke, zwei Düker, ein Einlaßbauwerk, zehn Brücken, ein Schleusenmeisterdienst- und ein Strommeistergehöft errichtet. 49 km Deiche sind aufgeschüttet und 60 km Gräben ausgehoben worden. Die Erdbewegungen betrugen 5,56 Millionen m^3, wovon 2,13 Millionen m^3 im Naß- und 3,43 Millionen m^3 im Trockenbetrieb gefördert wurden. Für die Ufersicherung wurden 230 000 m^3 Steine verbraucht. Bei den notwendigen Moorsprengungen sind 50 t Sprengstoff eingesetzt worden.

Etwa 60 ha sind wieder begrünt und 40 000 Bäume neu gepflanzt worden.

11. Die Entwicklung Berlins und die Entwicklung der Märkischen Wasserstraßen

In diesem Kapitel soll abschließend versucht werden, die Wechselwirkung zwischen dem Wachstum Berlins und der Entwicklung der Märkischen Wasserstraßen darzustellen.

11.1. Von der Stadtgründung bis zum Ende des Dreißigjährigen Krieges

Beeinflußt durch Kriege, Seuchen und Stadtbrände ist Berlins Bevölkerung von den Anfängen über eine Blütezeit um 1590 mit etwa 12 000 Einwohnern am Ende des Dreißigjährigen Krieges auf unter 6 000 Seelen gesunken.
Die verkehrswasserbaulichen Aktivitäten beschränkten sich in dieser Zeit auf die Umgehung der Mühlenstaue, anfangs durch Flutrinnen, später durch Kammerschleusen. Der sich auf Havel und Spree sowie Teile der Dahme und den Unterlauf der Finow beschränkenden Schiffahrt stehen etwa 520 km Wasserstraßen zur Verfügung, die 1568 durch die Schiffbarmachung des Nottefließes um etwa 30 km verlängert werden. Nottefließ und erster Finowkanal, von 1605 bis 1620 zur Verbindung von Havel und Oder gebaut, verfallen im Dreißigjährigen Krieg. Eine Verbindung von der Spree zur Oder, die schon 1558 versucht wurde, kommt nicht zustande.
Die Schiffe überschreiten kaum eine Tragfähigkeit von 20 t. Über die transportierten Güter liegen zwei Nachweise vor, und zwar eine Zollrolle aus dem Jahre 1397 und die ältesten Berliner Kämmereirechnungen aus der Zeit von 1504 bis 1508. Die Zollrolle führt auf:

aus Polen: Holz, Getreide, Fell, Häute aller Art und Wachs; von Stettin über die Oder und dann von Oderberg über Land: gesalzene und geräucherte Heringe;
aus Hamburg über Elbe und Havel: flandrische Tuche, Heringe, Stockfisch, Pfeffer, Ingwer, Safran, Feigen und Reis;
nach Hamburg und Lübeck (über die Stecknitzfahrt, die älteste künstliche deutsche Wasserstraße): Getreide, Holz, Hopfen und märkischer Wein!

In den Kämmereirechnungen sind verzeichnet: Kalk aus Rüdersdorf, Ziegelerde aus Glindow. Hinzu kamen für die Berliner Bevölkerung insbesondere über die Dahme Brennholz und über das Nottefließ Gips aus Sperenberg.

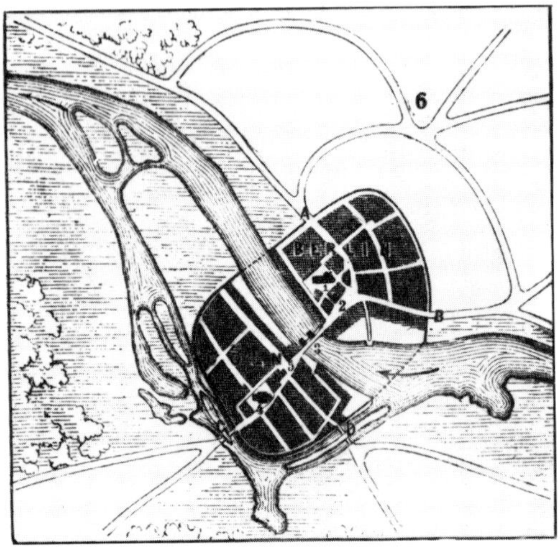

Bild 11.1 Berlin und Cöln Mitte des 13. Jahrhunderts.
Quelle: Berlin und seine Bauten, 1877

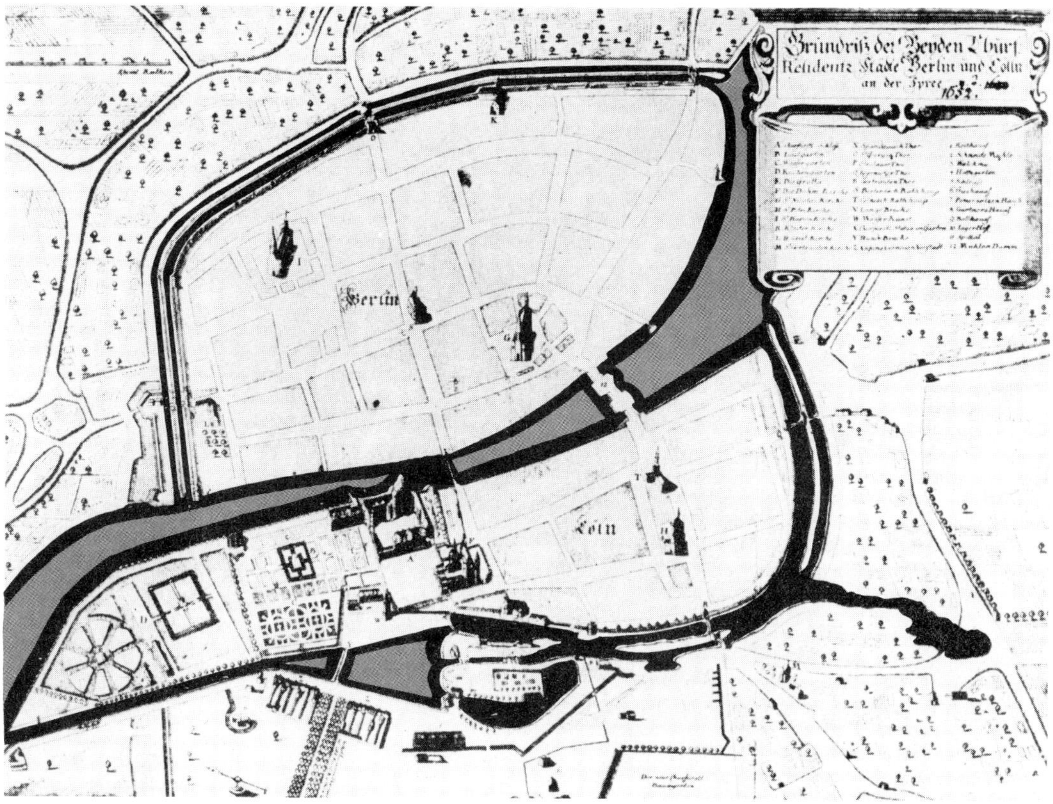

Bild 11.2 Der älteste erhaltene Stadtplan von Berlin (Memhard 1652) mit dem Mühlen-Damm in Bildmitte.
Quelle: ZBlatt 1941

11.2. Von der Mitte des 17. Jahrhunderts bis Ende des 18. Jahrhunderts

Die Berliner Bevölkerung wächst kontinuierlich von etwa 6 500 Einwohnern im Jahre 1661 über 20 000 im Jahre 1688, 61 000 im Jahre 1712 (damit wird Berlin schon zu einer der größten Städte des Deutschen Reiches), 90 000 im Jahre 1740 auf 183 960 (davon 45 754 Mann Garnison einschließlich Frauen und Kinder) im Jahre 1797. Das stetige Wachstum wird nur einmal, und zwar zum Ende des Siebenjährigen Krieges, unterbrochen. Verkehrswasserbaulich folgen in dieser Zeit die größten Aktivitäten.

1668 wird der Friedrich-Wilhelms-Kanal fertiggestellt und 1669 in Betrieb genommen.

1745 wird der neu angelegte Plauer Kanal und
1746 der wiederhergestellte Finowkanal eingeweiht.

1753 wird der Oderdurchstich zwischen Güstebiese und Niederwutzen fertiggestellt.

Weiterhin werden heute zwar untergeordnete, damals aber für die Versorgung Berlins bedeutende Wasserstraßen in Betrieb genommen:

Unter dem Großen Kurfürsten (genaues Datum unbekannt) Das Nottefließ
1732 Der Wentowkanal
1745 Die Templiner Gewässer
1746 Der Storkower Kanal
1765 Die Werbelliner Gewässer
1788 Die Ruppiner Gewässer.

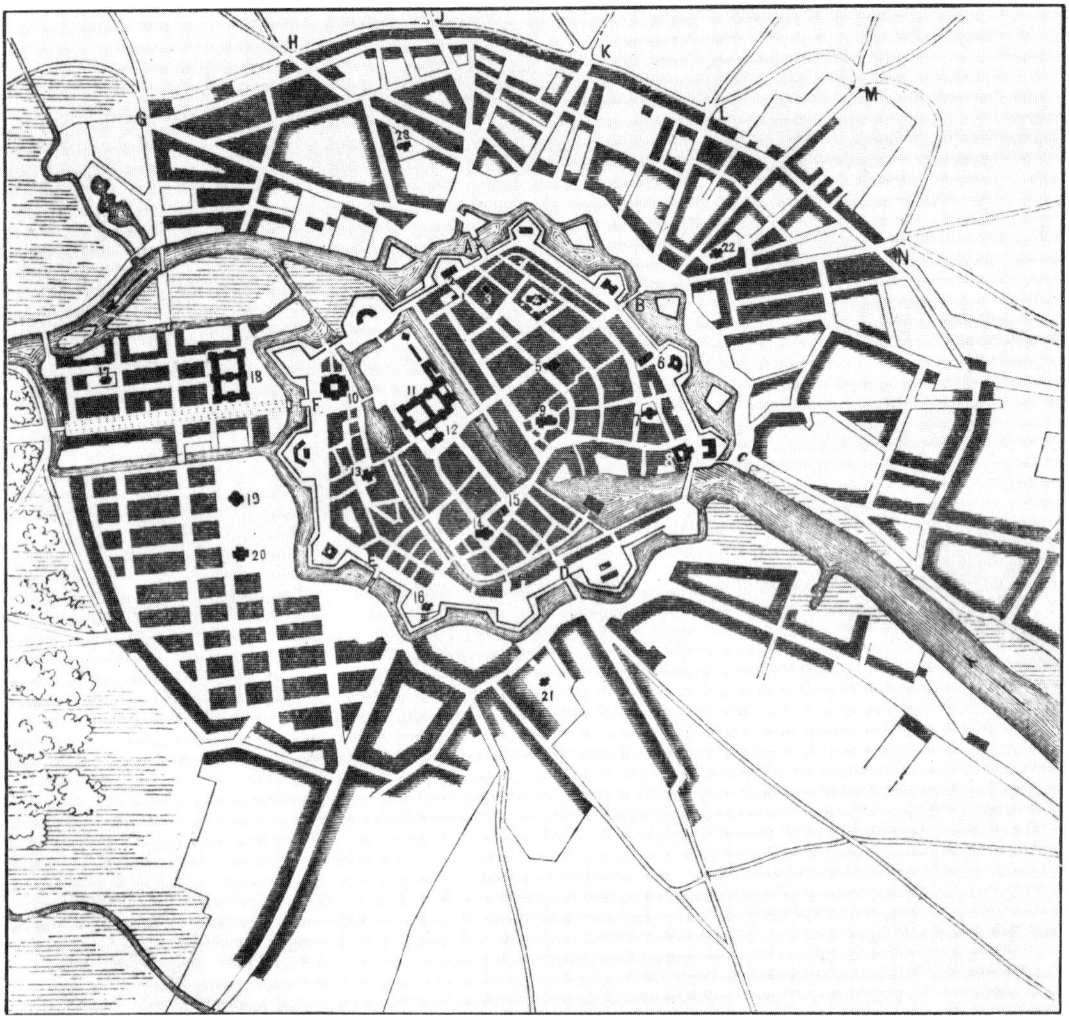

Bild 11.3 Berlin im Jahre 1723.
Quelle: Berlin und seine Bauten, 1877.

Im Laufe von 120 Jahren vergrößerte sich das Netz der Märkischen Wasserstraßen um etwa 290 km auf über 800 km Länge. Zum Ende des 18. Jahrhunderts liegt damit das märkische Wasserstraßennetz in seinen Grundzügen fest. Die Schiffe sind noch nicht viel größer geworden, erreichten aber auch schon Tragfähigkeiten bis zu 100 t.

Über das, was transportiert wurde, gibt es zwei ausgezeichnete Zeitzeugnisse, und zwar berichtet Marperger im Jahre 1714 über den Nutzen des Friedrich-Wilhelms-Kanals, „daß Schlesiens größter Handel durch den Kanal über Berlin nach Hamburg, Holland, England, Spanien und Portugal gehe. Aus Hamburg empfing Schlesien vor allem Spezereien, Zucker, Hering, Stockfisch, brasilischen und virginischen Tabak, Seiden-, Wollen- und Baumwollen-, Farb- und Drogneriewaren, Fischbein, Thran, spanische Früchte und Weine

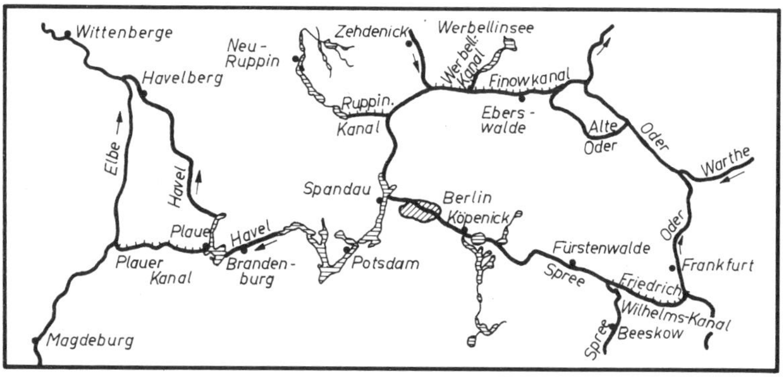

Bild 11.4
Das märkische Wasserstraßennetz nimmt Formen an; Stand 1790.
Zeichnung Autor

etc. Es exportierte auf diesem Wege besonders Garn, rohe und gebleichte Leinwand. Das erste ging meist nach Holland, wo es weiter verarbeitet wurde."

Das zweite Dokument ist ein „Tarif von den Ruppiner Kanalgefällen", der auf 43 Seiten über 700 mögliche zu transportierende Güter enthält, deren Liste mit Aale beginnt und mit Zwillich endet.

Über den Bereich der Märkischen Wasserstraßen hinaus muß noch erwähnt werden, daß erstmals auch das Stromgebiet der Oder mit dem der Weichsel durch den Bau des Bromberger Kanals verbunden wird. Dieser 25 km lange und mit neun Schleusen bestückte Kanal, der von der Oder über Warthe, Netze und Brahe nach Fordon an der Weichsel führt, wird von 1773 bis 1774 in der auch für heutige Verhältnisse fast unwahrscheinlich kurzen Bauzeit von nur zwei Jahren errichtet.

11.3. Die Zeit von 1800 bis zur Reichsgründung

Die Bevölkerungszahl Berlins, die bis 1810 auf 153 070 Einwohner abgesunken war (bei stark reduzierter Garnison), steigt von diesem Zeitpunkt an wieder unaufhaltsam. Über 328 692 (1840), 495 901 (1860) und 702 437 (1867) erreicht sie 1871 913 000.

Der Schiffahrt erwächst durch den Bau der Eisenbahn eine ernste Konkurrenz. 1838 wird die Berlin-Potsdamer Strecke eröffnet und 1846 bis nach Magdeburg verlängert. Neben dieser Eisenbahn entstehen von 1840 bis 1848 vier weitere bedeutende Strecken, und zwar

— nach Sachsen und Thüringen,
— nach Schlesien,
— nach Pommern und
— nach Hamburg.

Obwohl seit 1816 die ersten Dampfboote verkehren, wird die Schiffahrt in eine Nebenrolle gedrängt. Einige Wasserstraßen veröden, insbesondere der Plauer Kanal. Aber rasch teilen sich die Schiffahrt und Eisenbahn die Aufgaben. Insbesondere im Berliner Stadtgebiet gibt es große Aktivitäten. Zwischen 1845 und 1875 entstehen Landwehrkanal, Luisenstädtischer Kanal, Berlin-Spandauer Schiffahrtskanal und Charlottenburger Verbindungskanal. Von 1862 bis 1866 wird der Plauer Kanal erweitert und von 1865 bis 1872 der Ihlekanal gebaut. Der Querschnitt des Plauer Kanals wird dabei von 12 auf 21,5 m^2 fast verdoppelt.

Die Havel-Oder-Wasserstraße wird durch den Bau des Malzer Kanals (1827 bis 1828), des Oranienburger Kanals (1832 bis 1837), der Hohensaatener Schleusen und die Errichtung zweiter Schleusen im Finowkanal verbessert. Von den Nebenwasserstraßen wird eine rege Bautätigkeit an Notte (1856 bis 1864), Emster Gewässern (1866 bis 1872) und der Fehrbelliner Wasserstraße (1852 und 1866) gemeldet.

Die Abmessungen und Tragfähigkeiten der Binnenschiffe stiegen nur unwesentlich. Das bevorzugte Schiff auf den märkischen Gewässern bleibt der Finowmaß-Kahn.

Die transportierten Waren pegeln sich auf Massengüter ein: Baumaterialien, Brennstoffe, Zukkerrüben, Kartoffeln etc. Eine Zahl aus diesen Jahren sagt aus, daß von Glindow 1850 etwa 15 Millionen Ziegelsteine (entspricht etwa 52 500 t) nach Berlin transportiert wurden.

Größere Aktivitäten sind auf wasserbaulichem Gebiet auch aus den an die Mark angrenzenden Bereichen zu vermeiden. Mit der Bildung der Elbstrom- (1866) und der Oderstrombauverwaltung (1874) beginnt der wissenschaftlich fundierte und damit zielgerichtete Ausbau der großen Ströme.

11.4. Von 1871 bis zum 1. Weltkrieg

1871 wird Berlin Hauptstadt des deutschen Kaiserreiches und erhält einen enormen Impuls des Wirtschaftswachstums. Die Einwohnerzahl steigt bis zum Jahre 1900 auf 2 712 000 Menschen. Diese Verdreifachung der Einwohnerzahl in rund 30 Jahren zieht eine ungeheuere Bautätigkeit nach sich. Die Binnenschiffahrt und die Wasserstraßen werden aufs äußerste gefordert und reagieren auch dementsprechend.
Die letzte große Bauphase an den Märkischen Wasserstraßen setzt ein. Nicht nur neue Wasserstraßen werden gebaut, auch die Leistungsfähigkeit bestehender Anlagen wird durch den Bau größerer Schleusen und die Erweiterung der Kanalquerschnitte verbessert. Es entstehen folgende neue Wasserstraßen:

- 1874/76 der Sacrow-Paretzer-Kanal,
- 1880/82 der Voßkanal,
- 1887/90 der Oder-Spree-Kanal,
- 1901/06 der Teltowkanal,
- 1906/14 der Großschiffahrtsweg Berlin—Stettin,
- 1907/10 der Silokanal,
- 1912/14 der Neuköllner Schiffahrtskanal.

Die Untere Spree zwischen Spandau und der Mühlendammschleuse und die Untere Havel zwischen Bahnitz und Garz werden „kanalisiert". Der Oder-Spree-Kanal muß infolge des großen Verkehrsaufkommens zweimal verbreitert und mit zweiten Schleusen versehen werden. Auch der Plauer Kanal und der Ihlekanal sowie der Landwehrkanal werden erweitert. Am Plauer Kanal wird das Ursprungsprofil vom Jahre 1745 auf das 3,5fache gesteigert (42 m^2), und am Oder-Spree- bzw. Oder-Havel-Kanal werden im Jahre 1914 wasserführende Querschnitte von etwa 68 m^2 er-

Bild 11.5 Berlin im Jahr 1789.
Quelle: Berlin und seine Bauten, 1877

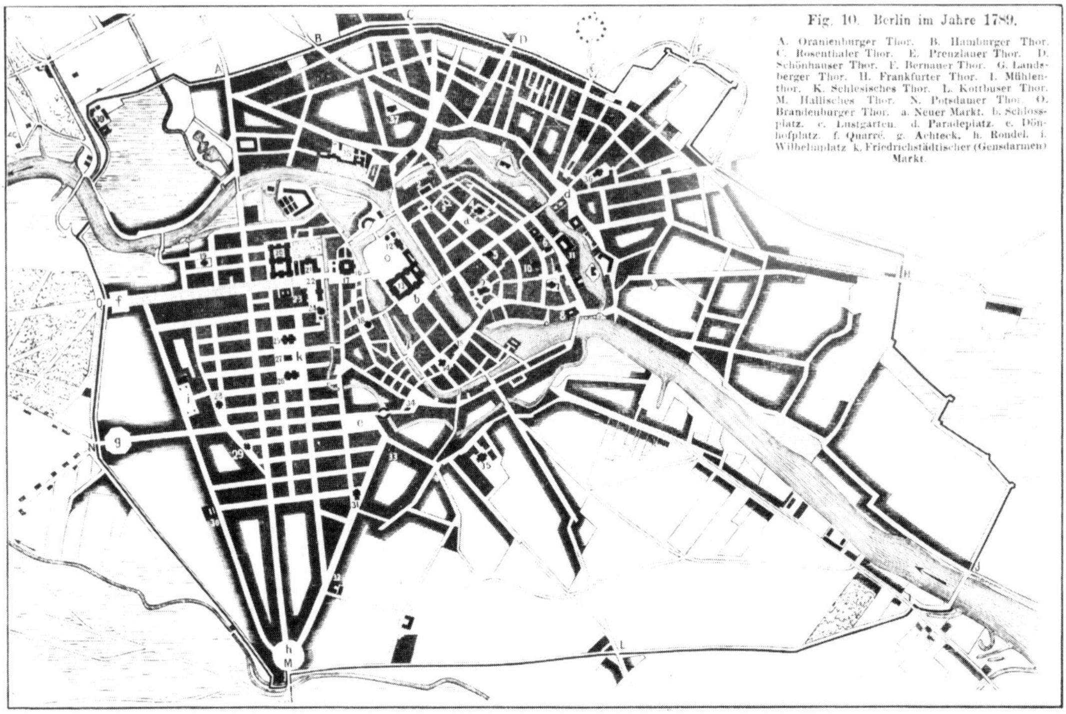

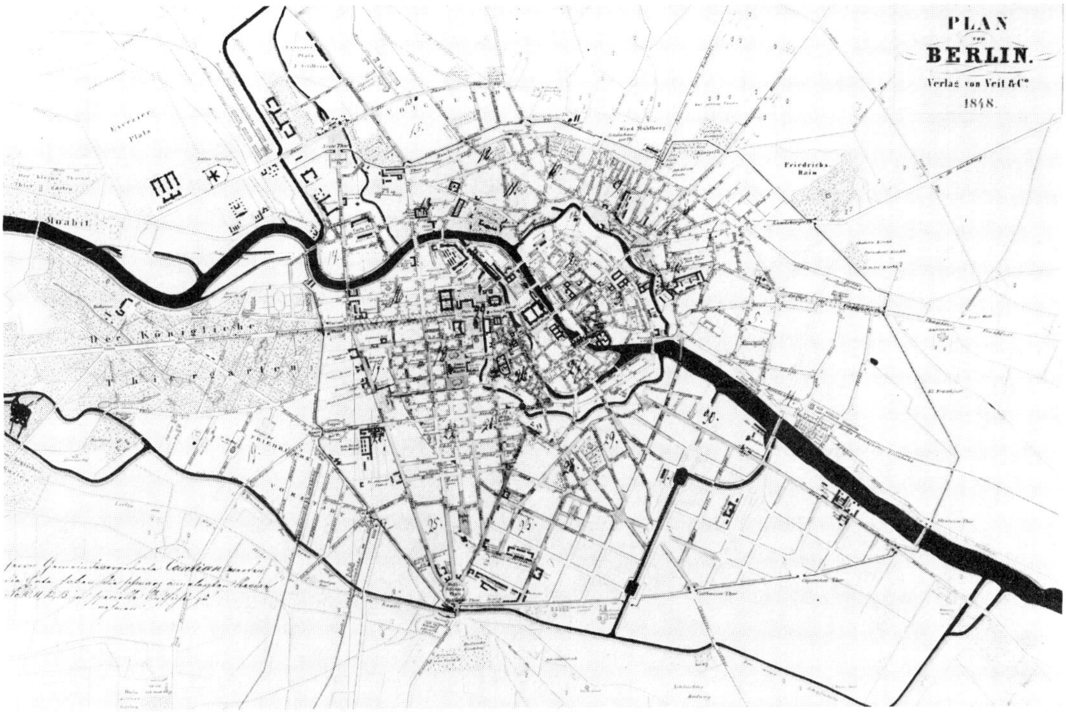

reicht. Weiterhin werden die Rheinsberger Gewässer schiffbar gemacht (1876 bis 1881) sowie die Wasserstraße Beetzsee-Riewendsee ausgebaut.
Prinzipiell ist 1914 der Verkehr mit Großplauermaß-Kähnen zwischen Elbe und Oder über den Großschiffahrtsweg möglich, obwohl dieser anfangs nur für Plauermaß-Schiffe konzipiert war. Der Schiffahrt stehen um 1900 in der Mark etwa 1 260 km Wasserstraßen zur Verfügung.
Berlin und Charlottenburg vermelden für das Jahr 1905 einen Güterempfang von 9 401 747 t, hiervon allein 5 949 630 t Baumaterialien, und einen Versand von 700 490 t. Hierzu kommen noch 1 633 397 t, die die Berliner Wasserstraßen nur passieren.
Für das Jahr 1906 registriert Berlin ein Rekordumschlagergebnis von 10,4 Millionen Tonnen!
Zwischen 1890 und 1905 hat sich der Wasserstraßenverkehr auf den innerberliner Wasserstraßen fast verdoppelt. Wie stark belastet einzelne Wasserstraßen sind, zeigt eine Zahl vom Voßkanal. 1914 vermelden die Zehdenicker Ziegeleien eine

Bild 11.6 Plan von Berlin aus dem Jahr 1848.
Landwehrkanal und Luisenstädtischer Kanal stehen kurz vor der Einweihung, der Bau des Berlin-Spandauer Schiffahrtskanals hat begonnen. *Repro Märkisches Museum*

jährliche Produktion von 500 Millionen Ziegelsteinen. Das entspricht etwa 1,75 Millionen t, die fast ausschließlich über den Wasserweg abtransportiert werden.

11.5. Zwischen den Weltkriegen

Im 1. Weltkrieg stagnieren sowohl die Entwicklung Berlins als auch die Weiterentwicklung des Wasserstraßennetzes. Bautätigkeit und auch der Transport auf den Binnenwasserstraßen sind in dieser Zeit stark rückläufig.
Im Jahre 1920 kommt es zur „Bildung einer neuen Stadtgemeinde Berlin". Die sieben Städte Charlottenburg, Spandau, Wilmersdorf, Schöneberg, Neukölln, Lichtenberg und Köpenick sowie

59 Landgemeinden und 27 Gutsbezirke wurden mit Berlin zu einer Verwaltungseinheit zusammengeschlossen. Damit wächst die Einwohnerzahl auf 3 858 000.

Als wichtigste Baumaßnahme an den Wasserstraßen fällt in diese Zeit die Vollendung des Mittellandkanals (1938) und damit der Anschluß des märkischen an das westdeutsche Wasserstraßennetz. An der Unteren Havel-Wasserstraße wird die Neugestaltung der Mündungsstrecke der Havel einschließlich des Baues der Schleuse Havelberg in Angriff genommen. In Berlin selbst entsteht der Gosener Kanal, und die Mühlendammstaustufe wird einem Umbau unterzogen. Am Oder-Spree-Kanal werden die Schachtschleuse Fürstenberg errichtet und die übrigen Staustufen für das Großplauermaß-Schiff ausgebaut. Am Oder-Havel-Kanal entstehen das Hebewerk Niederfinow und die Schleuse Lehnitz II.

Bautätigkeit und Transport stehen weiter in enger Wechselwirkung. Im Jahre 1928 erreicht die Umschlagsleistung der Berliner Häfen 11,1 Millionen t, ein auch später nie wieder erzieltes Ergebnis.

Eine Verkehrsstatistik des Jahres 1935 führt die Märkischen Wasserstraßen mit 10,045 Millionen t transportierter Güter auf dem zweiten Platz nach dem Rhein mit 66,396 Millionen t und vor der Elbe mit 9,027 Millionen t und der Oder mit 6,311 Millionen t. Die Güteranalyse zeigt in dieser Zeit folgendes Ergebnis:

Untere Havel: Mineralöle, Stückgut auf Selbstfahrern, westfälische Kohle, Getreide, Zuckerrüben, Ziegel, Natursteine, Kies, Erze, Schwefelkies und -abbrände, Schutt, Bleche, Formeisen

Großschiffahrtsweg
Berlin—Stettin: Westfälische Kohle, schlesische Kohle, Ziegel, Kies, Sand, Zuckerrüben, Rohzucker, Kartoffeln

Oder-Spree-Kanal: Schlesische Kohle, Getreide, Papierholz, Rohzucker, Stückgüter

Ihle-Plauer-Kanal: Braunkohle, Koks, Zuckerrüben, Zucker und Rohzucker, Palmöl, Natronsalz, Knochenfett, Schrott, Steine, Sand, Ziegel

Dahme-Wasserstraße: Braunkohle, Ziegel, Kalksandsteine, Sand

Obere Havel: Südlich Zehdenick Ziegel und Holz, nördlich Zehdenick Holz, Getreide, Stückgut.

Im Jahre 1940 stehen der Binnenschiffahrt im märkischen Raum etwa 1 500 km Wasserstraßen zur Verfügung.

11.6. Die Zeit nach 1945

Jurisch nennt für den Grad der Zerstörung an den Wasserstraßen im Bereich der Wasserstraßendirektion Berlin nach Beendigung des zweiten Weltkrieges folgende Zahlen:

Gesperrte Wasserstraßen	660 km	= 55 Prozent
Zerstörte Brücken	521	= 97 Prozent
Betriebsunfähige Schleusen	45	= 59 Prozent
Betriebsunfähige Wehre	21	= 40 Prozent
Versenkte Fahrzeuge aller Art		1 000 Stück

Damit ist der Güterverkehr von und nach Berlin so gut wie unterbunden, zumal es ja zu dieser Zeit auch kaum noch etwas zu transportieren gab. Die Anstrengungen der Wasserstraßenverwaltung, die einzelnen Wasserstraßen wieder befahrbar zu machen, sind an anderer Stelle schon gewürdigt worden.

Zur weiteren Entwicklung der Märkischen Wasserstraßen ist zu vermerken, daß als größere Neuanlage der Bau des Havelkanals zu verzeichnen ist, während untergeordnete Wasserstraßen, wie die Obere Spree-Wasserstraße ab Schleuse Neuhaus sowie die kanalisierte Notte, die Emster Gewässer, der Brieskower Kanal (vormals Friedrich-Wilhelms-Kanal) und die Dosse für die Binnenschiffahrt nicht mehr erreichbar bzw. befahrbar sind.

Heute hat das befahrene Netz der Binnenwasserstraßen im Bereich der ehemaligen Mark Brandenburg eine Länge von etwa 1 200 km, wobei sich der Verkehr in der Hauptsache auf die in Ost-West-Richtung verlaufenden Hauptwasserstraßen konzentriert. Viele Nebenwasserstraßen, wie die Ruppiner und Fehrbelliner Gewässer, Teile der Oberen Havel-Wasserstraße und ihrer Abzweigungen, der Finowkanal, die Werbelliner Gewässer etc., sind, insbesondere aus Mangel an Finowmaß-Schiffen, nur äußerst gering frequentiert. Dieser Mangel geht zurück auf den starken Trend zu immer größeren und damit wirtschaftlicheren Schiffsabmessungen. Ein volkswirtschaftlicher Vergleich von Binnenschiffahrt und Kraftverkehr müßte diese Tendenz aber in naher Zukunft korrigierend beeinflussen und damit zu einer Reaktivierung der genannten Nebenwasserstraßen führen.

Für die Hauptstadt der DDR und für Berlin (West) haben die Binnenwasserstraßen indes nichts von ihrer Bedeutung eingebüßt. So sind in den letzten Jahren etwa 10 bis 12 Millionen t Güter jährlich auf den Berliner Wasserstraßen transportiert worden. Wie Güterstatistiken zeigen, überwiegen

sowohl bei der DDR- als auch bei der BRD-Transportflotte weiterhin Massengüter, wie Kies, Sand, Zement, Kohle, Koks und Mineralöle. Das Statistische Jahrbuch der DDR für 1981 weist bei der DDR-Flotte einen Transportanteil für Baumaterialien von 53,2 Prozent und für Kohle und Koks von 12,5 Prozent aus. Die BRD-Flotte transportiert jährlich etwa $^1/_3$ des Gesamtgüteraufkommens Westberlins, wobei ebenfalls die Schwerpunkte bei Kohle und Koks, Mineralölen und Baumaterialien liegen. In nicht unbeträchtlichem Maße ist auch die DDR-Flotte an der Versorgung und Entsorgung Westberlins beteiligt.
Wichtig sind die Märkischen Wasserstraßen nach wie vor für den Durchgangsverkehr zwischen den westeuropäischen Ländern und der VR Polen.
Da von erheblicher Bedeutung, ist zu guter Letzt der hohe Wert der märkischen Gewässer, ob Haupt- oder Nebenwasserstraßen, ob Seen, Kanäle oder Fließe, für Freizeit und Erholung zu unterstreichen. Das trifft für Fahrgastschiffahrt und Sportbootverkehr gleichermaßen zu.
So bleibt abschließend nur noch zu konstatieren, daß

- das Stadtbild Berlins entscheidend durch die Märkischen Wasserstraßen mitgeprägt wurde und wird,
- die Entwicklung Berlins in hohem Maße durch einen sich auf großzügig ausgelegten Wasserstraßen entwickelnden, leistungsfähigen Binnenschiffsverkehr gefördert wurde und
- Binnenschiffahrt und Wasserstraßen auch in Zukunft einen wichtigen Faktor im Wirtschaftsleben Berlins darstellen werden.

12. Quellennachweis

Gesetzblätter, Denkschriften, amtliche Dokumente

— Instruction vor die Schleuse-Meister am Finow-Canal. Berlin, 22. Juni 1747

— Reglement wie es wegen des Wassers bey den Königl. Wercken und Mühlen auf dem Finow-Canal zu halten. Berlin, d. 22. Juni 1747

— Reglement nach welchen sowohl die Recepturen im Ruppiner Canal ... Berlin, den 28. April 1799

— Rangfahrts-Ordnung für die Wasserstraße von der Lieper bis zur Pinnower Schleuse, beide einschließlich.
Beilage zum 22sten Stück des Amtsblattes der Königlichen Regierung zu Potsdam und der Stadt Berlin; Potsdam, den 18. Jan. 1845

— Regulativ die Breite und Länge der Schiffsgefäße und Flöße auf Wasserstraßen zwischen der Oder und Spree betreffend. Beilage zum 52sten Stück des Amtsblattes der Königlichen Regierung zu Potsdam und der Stadt Berlin; Charlottenburg, den 21. Nov. 1845

— Denkschrift betreffend die im Preußischen Staate vorhandenen Wasserstraßen, deren Verbesserung und Vermehrung. Berlin 1877

— Denkschrift über die Verbesserung der Vorfluths- und Schiffahrtsverhältnisse in der unteren Havel.
Haus der Abgeordneten, 19. Legislaturperiode, III. Session; Berlin 1901

— Eintheilung und Bezeichnung der Märkischen Wasserstraßen.
Königliche Regierung in Potsdam; Potsdam 1901

— Führer auf den Deutschen Schiffahrtsstraßen. 4. Teil: Die Schiffahrtsstraßen zwischen Elbe und Oder. Reichsverkehrsministerium; Berlin 1940

— Binnenwasserstraßenverkehrsordnung. Gesetzblatt der DDR, Berlin, 15. Mai 1974, Sonderdruck Nr. 716

— Gewässerkundliches Jahrbuch der DDR, Abflußjahr 1969. Institut für Wasserwirtschaft; Berlin 1977

Bücher

— 100 Jahre Architektenverein zu Berlin, 1824—1924. Berlin 1924 Architektenverein zu Berlin

— Beiträge zur Gewässerkunde der Märkischen Wasserstraßen (Gebiet der Havel und Spree). Bearbeitet von der Verwaltung der Märkischen Wasserstraßen in Potsdam 1903; Berlin 1905

Bekmann, Johann Christoph: Historische Beschreibung der Chur und Mark Brandenburg, ergänzet, fortgesetzet und herausgegeben von Bernhard Ludwig Bekmann. 2 Bände; Berlin 1751

Berghaus: Landbuch der Mark Brandenburg, Bände I—III. Brandenburg 1854—1856.

— Berlin und seine Bauten. Berlin 1877

Borgstede: Statistisch-topographische Beschreibung der Kurmark Brandenburg. Berlin 1788

Bratring: Statistisch-topographische Beschreibung der gesammten Mark Brandenburg. Berlin 1804

Dehnert, Hans: Schleusen und Hebewerke. Berlin/Göttingen/Heidelberg 1954

— Der Elbstrom, sein Stromgebiet und seine wichtigsten Nebenflüsse. Bd. III, 2. Abteilung: Die wichtigsten Nebenflüsse der Elbe. Berlin 1898

Engelhard, Friedrich: Kanal- und Schleusenbau. Berlin 1921

— Festschrift zur Eröffnung des Großschiffahrtsweges Berlin—Stettin

— Festschrift zur Einweihung des Teltowkanals, verfaßt von Havestadt. Berlin 1906

Fontane, Theodor: Wanderungen durch die Mark Brandenburg Bd. I—IV (Die Grafschaft Ruppin. Das Oderland, Havelland, Spreeland). Berlin 1976—1979

Hagen, Gotthilf: Handbuch der Wasserbaukunst. II. Teil, 3. Bd. Berlin 1857

v. d. Hagen: Beschreibung der Kalkbrüche bei Rüdersdorf, der Stadt Neustadt-Eberswalde und des Finow-Kanals. Berlin 1785

Larssenhandbuch: Ausgabe 1938. Dortmund-Hoerder Hüttenverein AG

Leupold, Jacob: Theatrum Machinarum Hydrotechnicarum (Schauplatz der Wasser-Bau-Kunst). Leipzig 1724

Mengel, F. Hrsg.: Das Oderbruch Bd. I und Bd. II. Eberswalde 1934

Möller, Max: Grundriß des Wasserbaues, Bd. II. Leipzig 1906

Natzschka, Werner: Berlin und seine Wasserstraßen. Berlin 1971

— Der Oderstrom, sein Stromgebiet und seine wichtigsten Nebenflüsse. Bd. III 2. Abteilung: Die wichtigsten Nebenflüsse der Oder. Berlin 1896

Stiny, Josef: Technische Geologie. Stuttgart 1922

Teubert, Max: Die Binnenschiffahrt, Bd. I. Leipzig 1912

Toeche-Mittler, K.: Der Friedrich-Wilhelms-Kanal und die Berlin-Hamburger-Flußschiffahrt. Leipzig 1891

Wahnschaffe-Schacht: Geologie und Oberflächengestaltung des norddeutschen Flachlandes. Stuttgart 1921

Zeitschriften, Jahrbücher

ZBlatt	Zentralblatt der Bauverwaltung
ZfBau	Zeitschrift für Bauwesen
BT	Die Bautechnik
BPuBT	Bauplanung und Bautechnik
WaWi	Wasserwirtschaft (vor 1945 Deutsche Wasserwirtschaft)
ZfBinn	Zeitschrift für Binnenschiffahrt (später Zeitschrift für Binnenschiffahrt und Wasserstraßen)
WWT	Wasserwirtschaft — Wassertechnik

div. Verfasser: Arbeiten der Reichswasserstraßenverwaltung. BT 1928—1939

div. Verfasser: Arbeiten der Bundeswasserstraßenverwaltung. BT 1953—1973; ab 1974 ZfBinn

Arp: Gründung und Betonierung von Großbauten der Wasserstraßenverwaltung. BT 1943

Berg/Seidel: Das Schiffshebewerk Niederfinow. Bezirksvorstand der Urania, Frankfurt/O. 1981

Braun: Die Entwicklung des Verkehrs und Betriebes auf dem Oder-Spree-Kanal. BT 1936

Buchholz: Die Betriebseinrichtungen des Großschiffahrtsweges Berlin—Stettin. ZfBau 1913, 1914

Dehnert: Der Kanal Niederneuendorf-Paretz. BPuBT 1952.

Detig: Die Zwischenpfeiler der Kanalbrücke des Schiffshebewerkes Niederfinow. BT 1934

Dietrich: Die Entwicklung der Wasserstraßen in und bei Berlin und die Entwürfe für deren Verbesserung. ZBlatt 1884

Eckoldt: Die Entwicklung der Kammerschleuse. WaWi 1950

Eckoldt: Die Entwicklung des Kanalbaues. WaWi 1952

Ellerbeck: Die Entwurfsarbeiten für das Schiffshebewerk Niederfinow. BT 1927

Ellerbeck: Zur Betriebseröffnung des Schiffshebewerkes Niederfinow. BT 1934

Engelhard/Zimmermann: Der Bau zweiter Schleusen in Kersdorf und Wernsdorf. ZfBau 1909

Gährs: Die neue Entwicklung in der Reichswasserstraßenverwaltung. BT 1943

Germelmann/Offermann: Verbesserung des Spreelaufs innerhalb Berlins. ZfBau 1896

Greiff: Die Arbeiten des Reiches am Mündungslauf der Havel. ZBlatt 1937

Haesler: Die Erneuerung der Uferbefestigungen am Spreekanal in Berlin. ZfBau 1904

Haesler/Ostmann: Der Ragöser Damm im Zuge des Hohenzollernkanals. BT 1936

Halfar: Zur Situation im Binnenschiffsverkehr mit Berlin (West). ZfBinn 1974

Halfar: Normalisierung für den Teltowkanal. ZfBinn 1982

Havestadt/Contag: Der Bau des Teltowkanals. ZfBau 1906

Helfft: Der Landwehrkanal bei Berlin. ZfBau 1852

Jurisch: Die Arbeiten der Wasserstraßenverwaltung nach dem Kriege im Bereich der Wasserstraßendirektion Berlin. BPuBT 1948

Kaumann/Wiggers: Die Stahlbauten der Kanalbrücke des Schiffshebewerkes Niederfinow. BT 1934

Kersjes: Die Verbreiterung des Oder-Spree-Kanals. ZfBau 1899

Klehmet: Beiträge zur Geschichte der märkischen Wasserstraßen bis zum Jahre 1600. Wochenblatt für Architekten und Ingenieure 1908

Koenig: Der Elbe-Havel-Kanal von der Elbe bei Strom-km 343,71 bis zum Ihle-Kanal bei Burg. BT 1939

Kromrey: Die Schleusen des Finowkanals. ZfBau 1854
Kropp: Die geschichtliche Entwicklung des Staues am Mühlendamm in Berlin. ZBlatt 1941
Kropp: Umbau einer Staustufe (Mühlendamm Berlin). BT 1942
Mattern: Der Großschiffahrtsweg Berlin—Stettin. ZfBau 1913
Miehlke: Der Gosener Kanal. BT 1937
Möller/Sievers: Der Ausbau der Endstrecke des Oder-Spree-Kanals bei Fürstenberg. BT 1931
Mohr: Die Stauanlage in der Spree bei Charlottenburg im Zuge der canalisierten Unterspree. ZfBau 1886
Mohr: Der Oder-Spree-Kanal. ZBlatt 1888
Mohr: Der Oder-Spree-Kanal und seine Bauten, ZfBau 1890
Müller: Die Regulierung der Spree mit besonderer Berücksichtung der oberen schiffbaren Spree. ZfBau 1927
Ostmann: Die Havelregulierungsbauten bei Brandenburg. ZfBau 1915
Ostmann: Der Ausbau des Oder-Spree-Kanals. BT 1927
Ostmann: Der Ausbau des Plauer- und Ihlekanals. ZfBau 1930
Ostmann: Schiffshebewerk Niederfinow — Die Entwicklung der Havel-Oder-Wasserstraße. BT 1934
Ostmann: Der Ausbau der Endstrecke des Oder-Spree-Kanals bei Fürstenberg — Der Mündungsabschnitt. BT 1937
Petzel: Neuere Schleusenbauten im Bereich der Elbstrombauverwaltung. BT 1939
Plarre: Der Grundbau des Schiffshebewerkes Niederfinow. BT 1934
Plarre: Die Vorhäfen des Schiffshebewerkes Niederfinow. BT 1934
Plarre: Die Stahlbauten des Schiffshebewerkes Niederfinow. BT 1935
Schäfer: Über Vorhäfen von Schleppzugschleusen in kanalisierten Flüssen (Schleusen Grütz, Garz und Havelberg). BT 1933
Schäfer: Die Verbesserung der Vorflut- und Schiffahrtsverhältnisse im Rückstaugebiet der Unteren Havel. BT 1934
Schliemann: Die künstliche Dichtung des Kanalbettes in der Scheitelhaltung des Großschiffahrtsweges Berlin—Stettin. ZfBau 1910
Schmidt: Der Finowkanal. Mitteilungen des Vereins für Heimatkunde; Eberswalde 1938
Schumacher: Entwurf und Bauausführung einer Schiffahrtsschleuse (Lehnitz II). BT 1942
Sievers: Der Ausbau des Oder-Spree-Kanals bei Fürstenberg — Die Zwillingsschachtschleuse. BT 1936
Stahlenbrecher: Die Stadtschleuse in Berlin. ZfBau 1867
Thorwest: Ausbau 3er Schleusen des Oder-Spree-Kanals für den Verkehr mit großen Schiffen. BT 1930
Trebbin: Der Friedrich-Wilhelms-Kanal. Brandenburgische Jahrbücher 1938
Uhlemann: Die Entwicklung der Abfluß- und Schiffahrtsverhältnisse im Havelgebiet zwischen Zehdenick und Malz. WWT 1971
Uhlemann: Die Entwicklung der Binnenwasserstraßen und des Verkehrswasserbaues auf dem Territorium der DDR. Binnenschiffahrt — Organ der Leitung der SED-Grundorganisation im VE Kombinat Binnenschiffahrt und Wasserstraßen; 1980—1986 (125 Folgen)
Wiebe: Canalisierung der Unterspree von den Damm-Mühlen in Berlin bis Spandau. ZBlatt 1881
Wiebe: Die Canalisierung der Unterspree. ZBlatt 1888
Wiebe: Die Eröffnung des Großschiffahrtsweges durch Berlin. ZBlatt 1894
Zeidler/Überschär/Kreschel: Konstruktive und technologische Probleme beim Bau der Schleuse Brandenburg. BPuBT 1971

In Vorbereitung

P. Koehler / W. List

Das Bahnbetriebswerk zur Dampflokzeit

Reihe transpress Verkehrsgeschichte

1. Auflage
176 Seiten — 190 Abbildungen — 10 Tabellen
Format 165 mm × 230 mm
Broschur 01420/
Ausland 22,00 DM
Bestellangaben:
ISBN 3-344-00114-0
566 766 9/Koehler, Bahnbetriebswerk

Die Zeit der Dampflokomotive bei der Deutschen Reichsbahn währte 150 Jahre. Fünf Generationen Eisenbahner waren mit ihr befaßt, und darüber hinaus faszinierte sie Millionen Nichteisenbahner. Ihrem Zuhause, dem Bahnbetriebswerk, haben die Autoren Koehler und List in textlicher und bildlicher Darstellung eine bleibende Erinnerung geschaffen. Bahnbetriebswerke mit dem charakteristischen Lokschuppen werden zwar noch heute für elektrische Lokomotiven und für Diesellokomotiven genutzt, doch das Bahnbetriebswerk der Dampflokzeit ist Vergangenheit.

transpress
VEB Verlag für Verkehrswesen
DDR – 1086 Berlin

In Vorbereitung

D. Franz / R. Heinrich / R. Taege

Die Schmalspurbahn Gera-Pforten – Wuitz-Mumsdorf

Reihe transpress Verkehrsgeschichte

1. Auflage
Etwa 152 Seiten — 180 Abbildungen
Format 165 mm × 230 mm
Broschur 01320/
Ausland etwa 19,80 DM
Bestellangaben:
ISBN 3-344-00124-8
566.894 4/Franz, Schmalspurb. Gera

68 Jahre lang bestand eine 1000-mm-Spur-Bahn, die Gera mit dem Meuselwitzer Braunkohlenrevier verband. Diese Bahn, die im Zuge des Verkehrsträgerwechsels infolge unrentabler Betriebsführung aufgegeben wurde, hatte wesentlichen Anteil an der industriellen Entwicklung des nördlichen Thüringer Vorlandes. An technischen Besonderheiten bot die Schmalspurbahn einen Schienenbus und spezielle Selbstentladewagen. Es ist sicher im Sinne vieler Regionalhistoriker, Modelleisenbahner und Freunde der Eisenbahn, daß diese Bahn einer interessierten Öffentlichkeit nähergebracht wird.

transpress
VEB Verlag für Verkehrswesen
DDR - 1086 Berlin